"十二五"职业教育国家规划教材
经全国职业教育教材审定委员会审定

高校教材 高职高专学前教育专业系列教材

幼儿园经营与管理

主　编　蔡玉连

华东师范大学出版社

目　录

第一章　幼儿园发展战略

学习目标：
1. 掌握为幼儿园做战略规划的方法；
2. 理解幼儿园竞争战略选择的依据；
3. 掌握幼儿园品牌管理的方法。

第一节　幼儿园经营战略

一、幼儿园经营战略概述

一般来说，“战略”可以界定为：对战争全局起决定作用的计划与策略。① 通俗地讲，“战略”是一种对事物作全局性谋划的考虑与安排。经营战略是组织为求得长期生存、稳定发展，而对组织作出的全局性规划。幼儿园经营战略是指，以幼儿园的未来为基点，根据幼儿园的内外环境与可获得资源的情况，为寻求、维持幼儿园持久竞争优势、生存和发展，而作出的有关全局的重大筹划与谋略。

幼儿园经营战略作为幼儿园组织发展的全局性谋略，通常具有如下五个方面的特征：

（一）未来性

从发展观点来看，组织今天的行动是在执行昨天的战略，组织今天制定的战略是为了明天更好的行动。因此，幼儿园经营战略要着眼于幼儿园未来的生存与发展。幼儿园在制定经营战略时要立足当前，面向未来，而这个未来正是幼儿园所预期要达到的目标，也是幼儿园未来的生命状态。

（二）全局性

幼儿园经营战略是幼儿园维持持久竞争优势、生存和发展的全局性重大筹划和谋略。因此，在制定幼儿园经营战略时，必须以幼儿园的发展规律为基准，充分考虑幼儿园组织的内外部环境。另外，这种全局性不只表现为幼儿园自身的全局，也表现为幼儿园的经营战略要与国家的经济社会发展战略相一致，与国家发展的总目标相适应，与幼儿的身心发展规律相适应，与我国各教育阶段的承接变换相适应。只有从全局出发，幼儿园的经营战略才能切中要害，才能引导幼儿园可持续发展。

（三）竞争性

制定幼儿园的经营战略，目的是要使幼儿园在激烈的竞争中壮大实力，使幼儿园在市场和资源的竞争中占有相对优势。幼儿园教育是国民基础教育的一部分，从学理上讲，幼儿园所提供的教育服务应当具备公共产品性质，但是在我国，学前教育尚未列入义务教育范畴，幼儿教育服务在许多情境下都是由市场提供的，即使是公立幼儿园，不同的园所的生源状况也不一样。因此，幼儿园为了赢得生存、保证足够的生源和获得社会的认可，就必须保持持久的竞争优势。所以，幼儿园在制定经营战略时，要面对来自环境、竞争对手等多方面的冲击、压力、威胁和困难，并为应对这些挑战而制定长期的行动方案。

---

① 方林主编．新编新华词典[M]．长沙：湖南人民出版社，2009：727.

（四）稳定性

战略是关于组织未来的、全局性的、系统的和长期的发展谋划，因此，战略必须在一定时期内具有稳定性，才能在经营实践中具有指导意义。如果朝令夕改，就会使组织的经营管理发生混乱，从而贻误组织的发展时机。虽然战略在一定时期内具有稳定性，但这种稳定也是相对的，因为组织的经营发展不是静态的，组织的内外部环境也是动态变化的，因此幼儿园的经营战略必须具备动态适应性。幼儿园经营战略的动态适应性指的是，在一定时期内相对稳定的、总的战略方针指引下，留有幼儿园根据组织发展和内外部环境变化而作出相应调整的空间。

（五）系统性

幼儿园作为一个组织，具有自身内部的系统体系。同时，幼儿园作为一个服务社会的教育机构，又具有外在开放性，也就是说，幼儿园是一个开放系统。因此，在制定幼儿园的经营战略时，不仅要从其内部的组织系统来划分战略系统，同时还要考虑这些战略的对外开放性，即它与外部环境相互作用的适切性。从图 1－1 可知，幼儿园的经营战略系统可分为公司级战略、竞争战略和职能战略三个层次。此外，在幼儿园的经营战略中，还有幼儿园的品牌战略，它归属于经营战略系统中的第二层次。

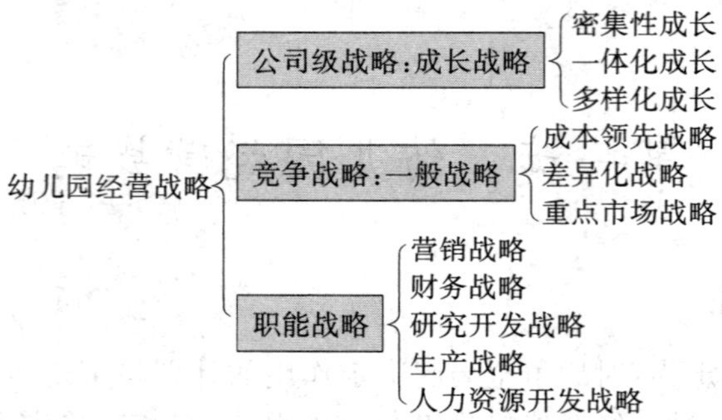

图 1－1　幼儿园的经营战略系统

二、幼儿园经营战略制定

战略思考框架图对制定幼儿园经营战略具有重要意义。从图 1－2 可知，战略路径思考的总体指导思想是组织要思考"做什么"、"如何做"以及"由谁做"三个问题。根据这个指导思想，项保华教授提出了组织的"三高"理论，即"方向正确（高明）＋运作高效（高效）＋心情舒畅（高兴）"，他认为符合"三高"要求的组织是能够存续的。① 因此，在这个指导思想下制定幼儿园经营战略，可遵循"质疑三问题——探思三假设——求解三出路"的路径来规划。

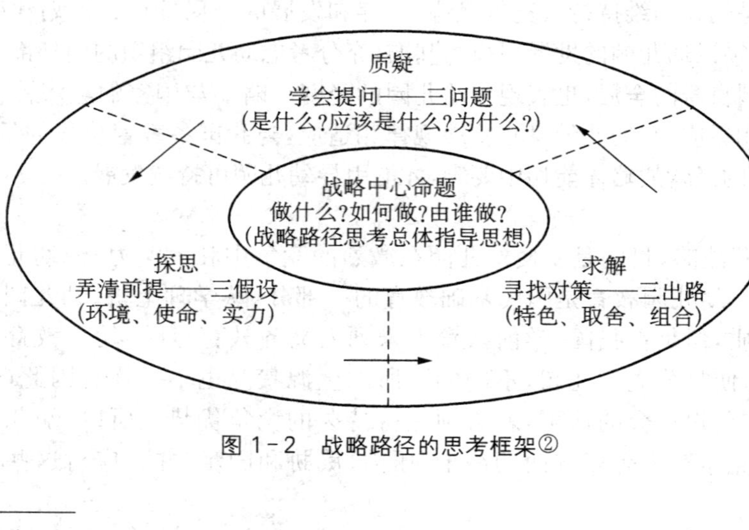

图 1－2　战略路径的思考框架②

① 江积海编著. 战略管理定位与路径[M]. 北京：北京大学出版社，2011：8.
② 江积海编著. 战略管理定位与路径[M]. 北京：北京大学出版社，2011：9.

上述只是制定组织经营战略的思维模式，我们在制定具体的幼儿园战略规划时应有更为具体的步骤。幼儿园战略的制定可以分为战略分析、战略选择和战略实施三个阶段（见图1-3）：

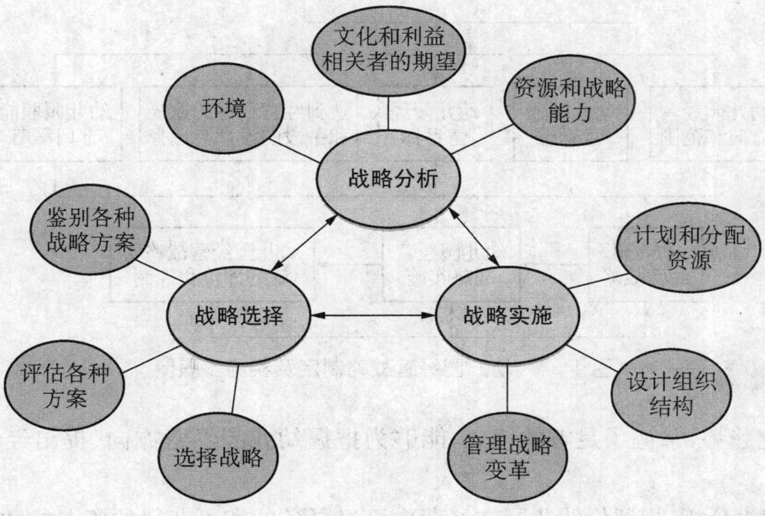

图1-3　幼儿园战略规划路径

（一）幼儿园发展战略分析

这一阶段需要对幼儿园的环境、文化和利益相关者的期望、资源和战略能力作充分分析，在分析的基础上提供可供选择的多种战略方案。需要说明的是，幼儿园发展环境分析需要考虑到一所具体幼儿园发展的政治、经济、文化等环境。幼儿园发展的利益相关者有政府、社会、家长、幼儿、教师和举办方等。在这一阶段还要对幼儿园发展的已有资源及战略能力作深入分析。

（二）幼儿园发展战略选择

这一阶段需要对战略分析提供的各种战略方案进行鉴别、评估，最后选择适合幼儿园发展的合理战略方案。战略选择是重要的决策，对幼儿园的发展至关重要。有两种思路，一种是发展的最优选择，也就是在战略选择时追求最优方案。但是，正如美国管理学家西蒙所指出的，由于决策者的理性有限，所以收集到的与决策相关的信息难以充分，以及有些具体决策方案难以量化、比较、排序，这就导致最优决策难以真正实施。所以，在做幼儿园发展战略选择时，可以考虑第二种思路，也就是满意决策。满意决策不是说决策者降低了决策的标准，以不认真的态度进行决策，而是强调决策时只需要把决策的目标理清，然后以决策目标作为衡量标准，只要能够实现决策目标，就可以了，不需要追求幼儿园发展战略决策的最优化。

（三）幼儿园发展战略实施

这一阶段需要根据选定的幼儿园发展战略方案，计划和分配资源、设计组织结构、管理战略变革等。这里需要强调的是，根据当代战略管理理念，是先有了幼儿园发展战略，再来设计组织结构。传统的幼儿园管理是先有了组织结构再来制定发展目标，当代管理理念产生了重大变革，是根据选择好的发展战略，再来重组结构。而且，在实施幼儿园发展战略的过程中，幼儿园外部环境与内部状况都可能有变化，所以幼儿园发展战略需要有变革。

一般地，战略流程是从“战略分析”到“战略选择”，再到“战略实施”，但是这三个阶段是相互影响的，而且这一流程是反复循环的，反复循环带来的是幼儿园发展水平的螺旋式上升。

图1-3展示的幼儿园战略过程较为抽象，下面介绍一个更为具体的幼儿园经营战略制定模式（见图1-4）：①

幼儿园的外部环境分析：从图1-4可知，外部环境分析是制定经营战略的第一步，它包括幼儿园的微观环境、中观环境和宏观环境，这些环境因素对幼儿园来说，基本上是不可控的，把握住外部环境的现

① 刘冀生编著. 企业战略管理[M]. 北京：清华大学出版社，2003：9—11.

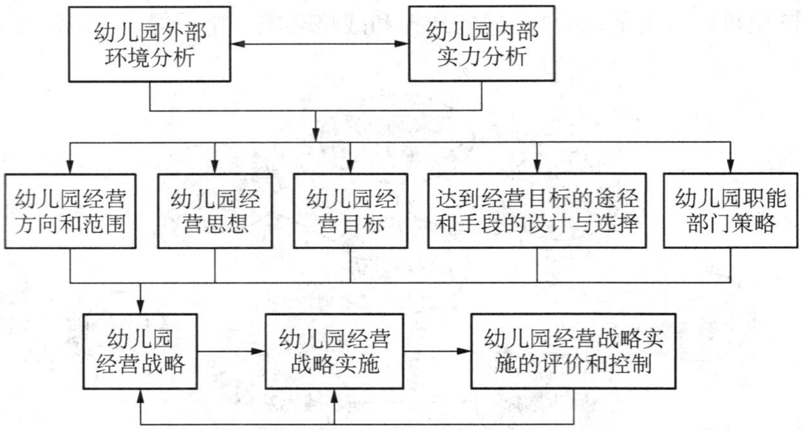

图 1-4　幼儿园经营战略制定及实施步骤图

状及未来发展的变化趋势，掌握了足够的信息，能够为把握幼儿园经营方向、提出经营目标、确定经营战略打下良好基础。

幼儿园的内部实力分析：指评价幼儿园在经营中已经具备的和可获得的资源的数量和质量，不仅包括人、财、物等物质资源，还包括幼儿园组织结构、信息、时间、园所文化，以及园所形象和信誉等无形资源。

对上述两方面的分析通常可以通过 SWOT 分析方式来进行，即通过对幼儿园组织的优势、劣势、机会与威胁等方面的分析来进行。

幼儿园的经营领域：指确定幼儿园将在哪些市场进行经营。

幼儿园经营思想：指在幼儿园正确认识了外部环境和内部实力后，为实现幼儿园经营目标，而在整个运行活动中坚持的指导思想。它是幼儿园经营的哲学，是确定幼儿园活动方式所依据的信念、价值观和行为准则，是制定幼儿园经营战略的灵魂。

幼儿园经营目标：指幼儿园在一定时期内，按照幼儿园经营思想，考虑内外条件和可能，沿其经营方向所要预期达到的理想目标。它是幼儿园经营战略的基本内容之一。

幼儿园经营战略的设计与选择：指对战略分析后的多种战略方案的选择与分析。在这个阶段要对多个方案进行逐个比较和评价，求得一个能最好地实现幼儿园经营“方向—目标—战略”的组合。在比较各种方案时，衡量标准十分关键，因此在确定衡量标准时要考虑幼儿园的整体和长远发展。不过，衡量标准的选择常常与决策者对待风险、稳定性、赢利率、发展速度，以及经营分散程度等因素的态度有关。幼儿园战略评价和选择的基本标准为：适用性，即与环境匹配；可接受性，即利益博弈可接受程度；可行性。当然，幼儿园所做的是教育事业，还要考虑其教育性和社会性。

幼儿园职能部门策略：指在事业部级战略指导下，按专业职能进行目标落实的对策。具体地说，它是将幼儿园总体经营战略转化为职能部门具体行动计划的指南，根据这些行动计划，职能部门管理人员可以更清楚地认识到本职能部门在实施总体战略中的责任和要求。

幼儿园的经营战略：指为实现幼儿园的长期经营目标的途径和手段的总体谋划，是幼儿园在动态环境中确定的幼儿园经营的重大战略决策。

经营战略实施：指幼儿园通过一系列的措施和手段，组织教职员工为实现幼儿园战略目标所采取的一切行动。

经营战略实施的评价与控制：该阶段主要确定在实施过程中在多大程度上实现了战略目标，以及通过实施过程中的形成性评价对实施过程进行有效调节和控制，以保证战略实施按照既定的方向和轨道行进。

上述几个步骤就是幼儿园经营战略规划的基本步骤，但必须注意的是，我们所采用的模板是一般企业的经营战略规划方式，企业的生存环境和目标与幼儿园有着一定差别，因此在实际战略规划过程中，规划者要明确幼儿园作为一个教育组织的独特之处，要以提供最好的教育服务为最高宗旨，而不是以经济赢利为优先目的。

相关链接

××幼儿园"十二五"发展规划(节选)①

(2011—2015 年度)

在上级部门领导的支持、帮助和指导下,幼儿园全体员工通过近几年的共同努力为幼儿园赢得了较好的社会声誉和集体荣誉。在新时期,幼儿园发展不可避免地面临着新的机遇和新的挑战,为了追求全面和谐的发展,我们将推陈出新,进一步开拓创新。

一、幼儿园发展基础

(一) 幼儿园概况

(二) 发展优势

1. 师资队伍有潜力

幼儿园拥有一支教育理念新、业务能力强、管理经验丰富的领导团队,教师队伍年轻化,充满活力,可塑性强,接受新鲜事物快,具有广大的发展空间。

2. 幼儿园发展有空间

(三) 存在问题

1. 目前,幼儿园新教师多,她们在专业思想、专业知识、专业技能、保育能力、研究能力等方面还比较欠缺,如何让青年教师尽快适应并胜任工作将是我们师资培训工作的重心。

2. 我园家长素质悬殊较大,面对新时期的家长和工作,在全面服务的基础上,在家长参与性、合作性等方面还需进一步提高。

3. 园本化课程研究还需进一步深入,并形成有关研究成果。

二、办园理念

培养幼儿良好习惯,促进幼儿健康成长。

三、发展目标

(一) 办园目标

打造健康教育乐园,以培养幼儿良好行为习惯为特色的省级示范园,并向优秀省级示范园迈进。

(二) 培养目标

以幼儿发展为本,使幼儿成为具有良好行为习惯、健壮的体格,学会学习的二十一世纪创造型人才。

四、幼儿园特色

五、家园共育

六、实施措施

七、保障机制

(一) 组织保障

(二) 制度保障

(三) 技术支撑保障

(四) 师资保障

第二节　幼儿园竞争战略

一、幼儿园的竞争力

使幼儿园拥有竞争力并保持竞争优势是幼儿园经营战略的重要任务之一。在市场经济条件下,幼儿

---

① 资料来源:http://lp.hgxy.com.cn/Article/news_view.asp?newsid=1484. 2012-4-30.

园作为一个组织，要想保持自身的独特性，并赢得社会的信任和支持，获得长久的生存发展，就必须拥有能够胜于其他幼儿园组织的竞争优势。

根据关于竞争的定义，结合幼儿园的独特性质，我们认为，幼儿园竞争是指，幼儿园在国家政策和市场经济条件的综合作用下，为了争取稳定和足够的生源，赢得政府、社会、家长的肯定和支持，从而实现自身生存、服务社会的崇高理想而开展的经营活动。

幼儿园竞争力则是指，在市场经济和国家政策环境下，相对于其他竞争对手，所表现出来的生存能力和持续发展能力的总和。通常来说，幼儿园的竞争力可以细分为三个方面，即幼儿园的内外部环境转化能力、生存能力和发展能力。

(一) 内外部环境转化能力

这一能力集中表现为幼儿园对外部政治、经济等环境变化的掌握能力、对幼儿园所承担的社会责任的履行能力、信息沟通能力等。

(二) 生存能力

生存能力是指，幼儿园在当前的环境下的实际竞争能力，主要体现在幼儿园能够提供的教育服务质量、软硬件设备条件、师资条件水平、社会信誉以及文化理念等各方面的综合能力，其中最为关键的是，幼儿园在大众心目中所拥有的心理地位，即被接纳和认可的程度。

(三) 发展能力

幼儿园的发展能力是指，幼儿园潜在的发展空间和可能性，集中体现于幼儿园所具有的设备先进程度、人力资源结构与可持续发展能力、幼儿园品牌效益，以及幼儿园资产的增值率和资信度。此外，还包括幼儿园能够获得内外部财务及政策支持的大小。

上述三种能力，在发挥幼儿园的竞争力时总是相辅相成、综合发挥功用的，因此，幼儿园在发挥竞争优势时要兼顾以上三方面的能力。在不同时期，对此三种能力的使用也应有所侧重，要根据具体情况来加以确定。

二、幼儿园竞争的战略分析

在制定竞争战略之前，需要对幼儿园内外部的各方面因素进行综合分析，以确定可选择的竞争策略。通常情况下，人们使用的分析方法主要有 SWOT 分析法和波特战略管理分析法。

(一) SWOT 分析法

SWOT 分析法的目标是为了发挥组织内部优势、利用外部机会、克服内部弱点和化解外部威胁，通过扬长避短，制定合理的战略方案。具体做法是，将与研究对象密切关联的各种主要的内部优势(strengths)、弱点(weaknesses)、外部机会(opportunities)和威胁(threats)进行调查分析，并依照一定的次序按矩阵的形式排列起来，然后运用系统分析的思想，把各种情报相互匹配起来加以分析，从中得出一系列相应的结论。[①] 它的分析步骤一般依次为明确目标，分析 S、W、O、T 因素，构造 SWOT 矩阵，制定行动计划。

简单地说，对幼儿园进行 SWOT 分析，就是要分析幼儿园发展的优势、劣势以及存在的机会和受到的威胁。

(二) 波特战略管理分析法(“五因素模型”)

这个模型也可称为“五力模型”，是组织在制定竞争策略时较常用的分析模型。这个模型主要从分析竞争来源、竞争因素和竞争强度入手。首先，从竞争来源来看，竞争者主要有：现有竞争者、新进入者、替代品、供应商和顾客五个方面。其次，从竞争因素来看，每个竞争主体都含有不同的对竞争可能造成影响的因素，如以现有竞争者为例，竞争因素可以分为竞争者数量、产品差异、品牌特征和转换成本等不同因素。最后，竞争强度也是作出竞争策略的重要参考指标，它是不同竞争主体围绕不同竞争因素展开竞争的状况，可以划分为大、中、小三个级别。在分析竞争强度时，要根据具体的实践情况，给不同的竞争主体划分不同的权重，最后统计出该行业在某一时期的具体竞争强度。

---

① 糜仲春著.企业竞争性情报[M].重庆：重庆出版社，2001：132.

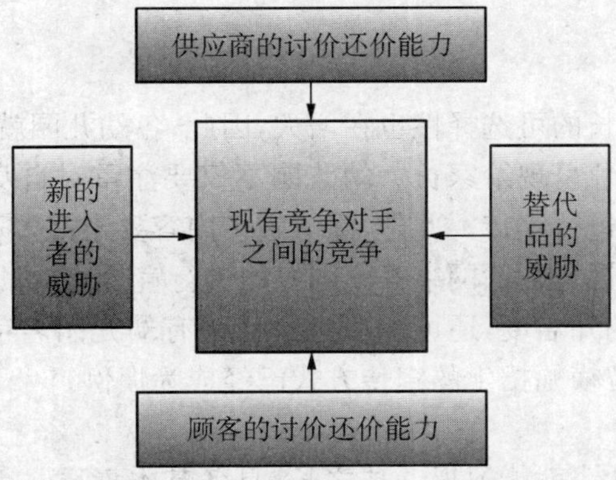

图 1-5　波特战略管理分析法（"五因素模型"）

利用"五因素模型"对幼儿园竞争进行战略分析，可以对幼儿园发展的如上五个方面因素进行深入分析，这一分析将为幼儿园发展战略的制定提供科学依据。

三、幼儿园竞争战略的类型

组织在制定经营竞争策略时，必须坚持以顾客为导向，因为组织不论采用何种竞争策略，都是为了满足顾客的需求。因此，幼儿园在选择具体的竞争策略之前，必须弄明白三个问题，即为谁服务、提供哪些服务内容，以及利用何种具有竞争力的方式来满足顾客的需求。通过对这三个问题的分析，幼儿园可以从满足顾客需要的角度来挖掘组织的核心竞争力。而这种核心竞争力可以通过如下三种方式来形成。

（一）集中化战略

集中化，指对服务对象做细分，然后选择自己将要服务的重点群体，并将其集中在某一个范围内。所以，集中化战略也就是重点市场战略。幼儿园在界定竞争策略时，可以首先根据幼儿园所处的地理位置、办学理念、特色、资源，以及能力来确定自己的最佳服务群体是谁，然后集中优势资源，重点和集中地服务于这一市场，而不是把资源和精力分散于所有细分市场。不过，幼儿园采用重点市场战略，一方面便于幼儿园形成核心竞争力，另一方面也可能存在一定的风险。因为狭小的竞争性市场随着新进入者的加入，竞争会变得日益激烈，并且这种细分市场，如果被替代品所取代，那么幼儿园的转型和生存将会变得比较困难。

（二）成本领先战略

成本领先战略是指幼儿园通过一系列管理活动，使幼儿园能够以低于竞争者的成本，提供满足顾客需要的服务。例如，幼儿园可以通过加强对物力和人力的管理，减少资源消耗，降低办学成本，以提高幼儿园的竞争能力。又或者，有的幼儿园利用小学并校后空置的校舍办学，或者依托知名幼儿园，提升幼儿园的整体形象、办学理念和员工培训效果，以此来节省幼儿园办园成本，增强自身的竞争能力。

（三）差异化战略

差异化战略是指幼儿园通过提供区别于其他幼儿园的、独特的教育服务，来营造幼儿园的核心竞争力。幼儿园的差异化战略可以体现为，提供差异化教育服务和差异化的定价，以获取竞争优势。通常而言，采用差异化战略的幼儿园，一般通过提供特殊的、与其他幼儿园不同的教育服务，来增强自身的竞争能力。它的核心点在于，凭借提供独特的教育服务而获得特别的收益。

四、幼儿园竞争的具体策略

各种幼儿园发展竞争战略的实现，都离不开具体的竞争策略。具体的幼儿园竞争策略至少有如下几种：

（一）提高服务质量

服务质量是衡量幼儿园保教效果好坏的最终砝码。一所幼儿园即便已经很有名气，但是一旦服务质量不能与品牌信誉相一致，品牌也会被瓦解。因此，幼儿园需要通过不断提高师资力量、幼儿园硬件水平、幼儿园管理水平、满足家长和幼儿的需求等各种方法来提高服务质量，以赢得家长和社会的肯定，从而获得自身长久的竞争力。

(二) 加大宣传力度

随着幼儿园数量的增多，家长的可选择性也在增大，因此，各幼儿园就必须通过加大宣传来吸引家长的注意，将自身的办园理念及特色呈现给家长。幼儿园不仅要注重对自身基本情况的介绍，还要注意对幼儿园的改善情况、取得的成绩进行宣传。此外，除了宣传内容要丰富多彩外，幼儿园采取的宣传手段也应多种多样。可以通过广播、电视、报纸、网络等不同媒体进行宣传，也可以利用节假日活动、文艺节目表演等一系列活动来扩大幼儿园的知名度，还可以通过设计带有幼儿园名字的园服来进行宣传。此外，在每年的招生阶段，通过发传单、拉横幅招生的宣传方式已经成为惯例。

(三) 特色吸引家长

当前很多家长都希望孩子从小就能习得一技之长，具备基本素质。因此，许多幼儿园在基本的保教工作基础上，开展了多种多样的艺术教育活动，如器乐、声乐和舞蹈等。还有的幼儿园开展珠心算、少儿英语等具有特色的、符合儿童成长规律的教育活动，以此吸引生源。当然，也有幼儿园是通过独特的教育理念，而不是开设种类繁多的技能培训课来吸引家长的。

(四) 打造幼儿园品牌

目前，幼儿园"入园难"现象屡见不鲜，可以部分地归因于家长们倾向于将孩子送入知名幼儿园的需求。由此可知，在通常情况下，一旦幼儿园树立起了品牌，就不愁没有生源。很多幼儿园通过获得市级、省级或国家级示范园认证的方式，来打响品牌，也有幼儿园通过与优质品牌园合作来分享品牌资源，或者通过独特的教育理念来树立品牌，还有的幼儿园通过平时的教育服务质量来逐渐树立品牌。总之，通过品牌的树立可以为幼儿园赢得持久的竞争力。

(五) 占领潜在市场

通常情况下，幼儿园一般招收 3—6 岁的学龄前儿童入园，但是当前也有些幼儿园招收 1—3 岁婴幼儿，为家长提供托幼服务。还有的幼儿园进入社区，为 0—3 岁婴幼儿家长提供育儿辅导。这些做法的目的一是为了扩大市场，二是为了吸引潜在客户。因为如果幼儿园为 0—3 岁婴幼儿家长提供育儿辅导，那么这些家长很可能会在孩子入园时，将孩子送入该幼儿园就读。

第三节　幼儿园品牌战略

一、品牌的本质与特征

品牌是组织的核心竞争力，是联系组织主观努力与消费者客观认知的纽带。品牌不只是产品服务的记号，更代表了产品服务的独特意义和深层文化价值。因此，通过对幼儿园品牌进行管理，可以获得更多的品牌溢价，以打造幼儿园核心竞争力，实现幼儿园竞争优势。

(一) 品牌的本质

关于什么是品牌，依次有三个不同的认识阶段：①

1. 第一阶段：标识论——品牌是产品的记号

这种观点认为，品牌是区别不同商品的标识，这种标识能够提供货真价实的象征和持续一致的保证。从消费者角度出发，品牌的主要功能就是，作为一种速记标识，与产品类别信息一同储存在消费者意识中，而品牌也就成为消费者搜寻记忆的线索，成为他们在众多产品类别中选择特定产品服务的指示牌。

2. 第二阶段：象征论——品牌是独特意义的信号

这种观点认为，品牌不只是一种区分标识，它还蕴含着更深层次的含义，它可以创造差异，具备个性，甚至是一种资产。象征论强调顾客对产品的感知，强调对顾客心理情感的满足，认为品牌具有象征意义，能代表消费者的身份和地位，甚至反映消费者的个性。象征论与标识论的区别在于，用"信号"取代了"记

---

① 蒋璟萍著. 新经济时代的品牌理论[M]. 北京：中国社会科学出版社，2009：24—28.

号”，是一种认识上的深入和进步。

3. 第三阶段：本体论——品牌是文化价值

随着认识的发展，人们逐渐把品牌从产品中分离出来，将其作为一种具有文化价值的特殊符号。一个品牌最持久的含义是它的价值、文化和个性，品牌的基础建立于此。[①] 品牌不仅是产品的标识，更有自己的内容，是自身内容的表示。品牌是代表特定文化意义的符号。[②] 因此，本体论认为，特定的文化意义是品牌的内涵，品牌是这些文化意义的符号，而实体产品仅仅是作为特定文化意义的物质载体而已。品牌是相对独立的。

综上所述，品牌的本质不只是组织向顾客提供商品的标识、信号、服务承诺和质量保证，而且更是独立表达“文化价值”的过程。但值得注意的是，虽然品牌的文化价值被日益重视，但这并不意味着，组织在打造品牌时可以忽略品牌应该呈现的商品基本信息，以及信誉保证的基本功能。

（二）品牌的特征

品牌具有其内在的特征，具体如下：[③]

1. 独有的品质承诺

品牌代表着企业在市场中的形象与地位，是企业参与市场竞争的资本。品牌作为企业的一种资本，在顾客消费时向顾客提供了特定的品质承诺，这是一种关系契约，即通过品牌向顾客提供服务和质量的无形承诺，从而赢得顾客的信赖。如果顾客在消费产品时并没有体验到品牌所给予的承诺，则顾客就会逐渐失去对这一品牌的信任，品牌就会瓦解。

2. 持久的生命活力

优质品牌是一种持久的生产力，它不仅具有鲜明的时代特征，而且具有历史遗产性。品牌的持久生命力源于它对一定社会中先进生产力的吸收、创造和运用，并能够不断调配、组合新的经济要素。此外，品牌持久的生命力更源于它的社会声誉，这种社会声誉为企业打造了良好的顾客群体基础，具有引领市场潮流、影响消费群体价值观的能力。

3. 鲜明的个性特质

在当代社会信息大爆炸的情境下，人们每天被淹没在繁杂的品牌、喧闹的广告之中，注意力经常被分散，难以集中于某个特定品牌，因此，品牌若要抓住顾客的“部分注意力”，就必须拥有鲜明、独特的个性，否则容易被遗忘。

4. 深厚的文化底蕴

品牌是特定文化的产物，它既是文化的载体，又是文化的表现；既有内在文化基因，又是这种基因的传播手段。品牌作为特殊文化的集合体，赋予产品以精神价值和文化内涵，浓缩着企业向社会传递的信息。这一特征表明，品牌认同首先是文化的认同，品牌发展必须与消费者的文化背景、宗教及政治背景相融合，否则将受到强烈抵御。

5. 无形的资产价值

品牌一旦塑造成功，就具有潜在的增值性，可以创造丰厚的附加价值，带来经济效益，并且可以进行交易。品牌的价值主要由成本价值、关系价值和权利价值三部分构成。品牌资产具有可计量的价值，并且有些品牌因其自身的知名度、美誉度等社会因素，其价值远远超过与其相关的有形资产，成为独立于产品之外存在的，并可进行交易的无形资产。

二、幼儿园的品牌定位

品牌定位是一种显示该品牌对其竞争对手占有的优势，以及与竞争对手的不同之处的方法，强调了产品和服务的特点、好处、用途、价值，以及为消费者解决问题的能力。[④] 品牌定位是幼儿园发展战略中的重要组成部分，对幼儿园的发展有重要影响。在对幼儿园进行品牌定位时，往往要进行如下几个方面

---

① 蒋璟萍著. 新经济时代的品牌理论[M]. 北京：中国社会科学出版社，2009：27.

② 资料来源：http://www.iwee.org. 2012-3-13.

③ 蒋璟萍著. 新经济时代的品牌理论[M]. 北京：中国社会科学出版社，2009：30—34.

④ [荷]西科·范·吉尔德著，朱务诚等译. 全球品牌战略[M]. 上海：上海人民出版社，2008：27—28.

的考量：

(一) 问题解决

问题解决是指，以一种可以消除消费者的挫折感、不安全感、无助感或软弱感的思路来提供产品或服务。① 换句话说，问题解决是指在为消费者提供一定产品或服务的基础上，为使其能够更好地享受这一产品或服务而做的更多努力。例如，幼儿园为家庭住址相对较远的家庭提供园车接送服务，为消除家长担忧，提供高质量的园车，并且聘请技术能力合格的驾驶员；为工作比较忙的家长延长幼儿的放学接送时间、增加双休托管服务，以及寒暑假的托管服务等。幼儿园的问题解决就是指，为幼儿提供基本的保教服务，或者进一步解决家长和幼儿享受在幼儿教育过程中可能出现的问题和困扰。

(二)“好处”

“好处”是指，某种产品或服务可以提高消费者生活质量，使他们生活得更加舒适、快乐、幸福和健康。② 对于幼儿园而言，它所能够提供的“好处”可以分为两方面：一是以何种方式为家长分担教育孩子的精力和时间，使家长能够从抚育孩子中得到时间和精力上的解放；二是通过保教过程使孩子获得健康成长的“好处”。“好处”是人们在消费时考虑的一个重要因素。

(三) 物有所值

打造品牌的目标之一就是让消费者觉得自己所购买的产品、服务是物有所值的，也就是人们所说的“值得”。同样，树立品牌也必须通过物有所值来实现。物有所值就是要在消费者付出的金钱和获得的东西之间达到平衡，甚至有时候做到“物超所值”来满足消费者的需求。物有所值要提供能与消费者付出的代价相符合的产品和服务。在考虑物有所值时，不仅要考虑幼儿园所能够提供的教育服务，更要考虑它能在多大程度上满足家长及幼儿精神层面的需求。

(四) 特色

提供独一无二的产品和服务，是定位品牌较常用的方法。因此，幼儿园在定位品牌时需要考虑提供何种有特色的教育服务来赢得竞争。值得注意的是，特色所能保持的时间有时候会很短，因为一旦特色被关注，其他的同业竞争者就会争相效仿，所以，没有一劳永逸的特色。幼儿园在打造特色时要保持经常创新的意识。

三、幼儿园品牌的构成

品牌由表象层、内在层和深层次三个方面构成，详细如图 1－6 所示。

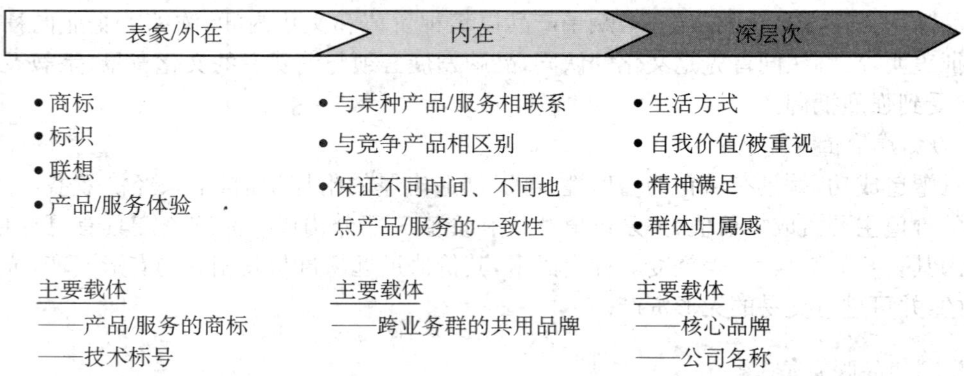

图 1－6　品牌的构成

根据图 1－6 所示的品牌构成理论，幼儿园在建立品牌时必须从品牌的表象、内在及深层次等三个层面来设计。从幼儿园品牌的表象来看，我们需要对幼儿园的名称、logo，以及幼儿园的网站建设等有深入的思考，这些都能给社会、家长展示幼儿园的形象。从幼儿园品牌的内在维度来说，需要让家长群体能够

① [荷]西科・范・吉尔德著，朱务诚等译. 全球品牌战略[M]. 上海：上海人民出版社，2008：29.

② [荷]西科・范・吉尔德著，朱务诚等译. 全球品牌战略[M]. 上海：上海人民出版社，2008：28.

从品牌联想到幼儿园所能提供的高品质幼儿保教服务，或者是有特色的教育服务，这些与其他幼儿园相比是一种区分。就幼儿园品牌的深层次维度而论，则具体幼儿园品牌所指向的是一种特定的生活方式，能够使接受这种教育服务的家长有一种精神满足感和群体归属感等。

四、幼儿园的品牌管理

图 1－7 呈现了一般品牌管理的基本步骤，虽然是以产品举例，但普遍适用于服务业。

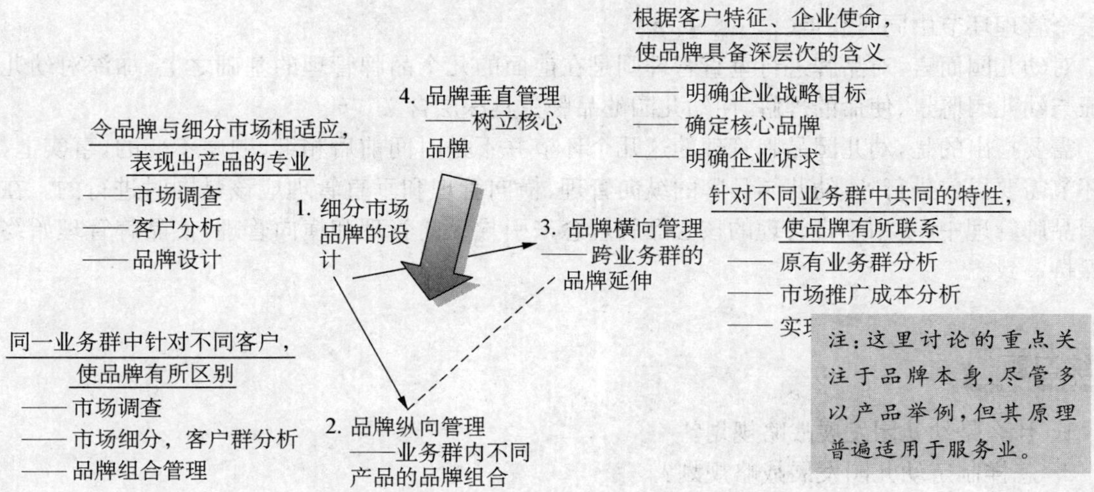

图 1－7　品牌管理分析图

1. 细分市场品牌的设计

品牌的设计是通过对市场的细分来实现的。在这个环节，通过市场调查、客户分析和品牌设计等步骤，使品牌与细分市场相适应，从而凸显服务的专业品质。具体要做三件事情：首先，对目标客户细分，即深入了解客户，通过了解"他们是谁"、"他们在做什么"、"他们想怎么样"、"他们需要什么"和"他们重视什么"等问题来深入了解客户行为，并对客户进行细分，以满足客户不同的需求。其次，进行品牌定位，树立品牌形象。主要考虑通过品牌来发挥什么样的功能，以及传递怎样的情感。最后，确定品牌的价值驱动因素和手段，即确定基本的市场行为。其间可以使用的因素和手段有：广告、促销、销售、服务特性、网店覆盖面、服务，等等。最后这个步骤的目的是为了将设计好的品牌推广到社会上去。

对一所幼儿园的品牌管理而言，在细分市场服务品牌设计阶段，需要首先对幼儿教育服务的目标客户进行细分。如一所高档精品幼儿园，它的目标客户群体应该是社会上的中高收入群体，这一群体家庭经济收入较高，一般都接受并认可中高端的教育，对幼儿教育有超越一般的认识和要求。然后，幼儿园需要根据这一市场细分来进行品牌定位，树立相应的幼儿园品牌形象。最后，需要根据以上的品牌管理基础，来确定基本的市场行为，为推广特定的幼儿教育服务而努力。

2. 品牌的纵向管理

这是指根据品牌将要服务的客户群体的不同而设计品牌内部的结构的组合管理。这个环节可以通过市场调查、市场细分、客户群分析以及品牌组合管理来实现。

在幼儿教育中，如果幼儿园确定将要招收的学生为 1—6 岁的学龄前儿童，那么它的客户群体应该分为两个层次，即普通幼儿班与托幼班。针对不同层次的幼儿，所要提供的服务和打造的特色是不同的，因此，幼儿园应该根据这两个不同层次的客户对象设计自身的品牌组合。

3. 品牌的横向管理

主要是指组织为了扩大业务群的一种品牌管理方式，即在原来的业务群的基础上，做品牌的延伸与市场的推广。品牌横向管理的立足点是不同业务群中的共同特性，通过对这些共同特性的利用，使不同业务群的品牌形成联系，从而达到推广品牌的作用。品牌横向管理的基本步骤依次为：对原有业务群进行分析、对市场推广成本进行分析、确定是否实施及如何实现品牌延伸。

在幼儿园教育服务中，可以根据原有的资源与品牌优势，拓展业务群。例如有些幼儿园不只做普通的幼儿教育，还向社会提供相应的亲子教育与家长教育服务。当然，这些亲子教育与家长教育服务是与原有的幼儿教育存在内在相关性的。

4. 品牌的垂直管理

这是树立核心品牌的环节。企业可以在对前面几个环节进行分析的基础上，根据对客户特征、企业使命的把握，使品牌具备深层次的含义。这个环节可以通过明确企业战略目标、确定核心品牌和明确企业诉求等三大方向来实现。这三方面的信息可以在企业设置战略管理目标、市场分析以及实施品牌管理这三个管理环节中同时获得。

对幼儿园而言，对品牌进行垂直管理则是在前面的几个品牌管理的基础之上，加深对幼儿园的客户特征与幼儿园愿景、使命的理解，使幼儿园的品牌更具深层含义。

需要指出的是，幼儿园品牌管理的这几个环节并不是时间前后相继、顺序不变的，事实上，除了第一个环节需要提前进行外，幼儿园品牌的纵向管理、横向管理和垂直管理应该是同时进行的。在实际的幼儿园品牌管理中，要用垂直管理的核心品牌理念来引导纵向管理和横向管理，使品牌管理始终与核心品牌保持一致。

练习题

1. 什么是幼儿园发展战略规划？
2. 怎样制定幼儿园发展战略规划？
3. 幼儿园竞争战略与具体竞争策略有哪些？
4. 怎样为幼儿园做品牌管理？
5. 结合案例及本章所学知识，试分析怎样实施幼儿园特色发展战略。

幼儿园如何特色化经营①

经过近20年的体制改革，我国幼儿园大部分都已自主经营、自负盈亏，招生市场竞争加剧。那么如何在竞争激烈的幼儿园市场获取一席之地，赢得较大的经济利益呢？相信这个问题是每个幼儿园经营者都会思考的问题。

专家指出，由于幼儿个性化成长及市场竞争的需求，特色化是我国幼儿园发展的必然方向。那么如何进行特色化经营呢？

首先，选择适合自己园所的特色课程。目前我国特色课程众多，有蒙氏（蒙台梭利）、奥尔夫、感统训练、思维训练、纸工创意、泥工创意和多彩创意课程、幼儿英语和幼儿阅读等。据华夏爱婴教育专家分析，在这些特色课程中，蒙台梭利班仍是幼儿特色教育的主流，奥尔夫教育的市场前景日益广阔，感统训练将普及到幼儿教育中来，思维训练将成为新兴的热门特色课，纸工创意课非常有吸引力，泥工创意课深受孩子们喜欢，多彩创意课受到家长们的信赖，幼儿英语仍是大市场，幼儿识字课拥有更大的文化课市场。可以说每一门课程都是很有市场前景的，但是对于幼儿园来说，应当选择适合自己幼儿园的、符合当地实际情况的课程。

其次，充分了解家长需求并据此开设课程。在幼儿园工作中，家长工作是非常重要的环节。只有真正了解了家长的需求之后，再结合婴幼儿生长发育特点选择的课程，才能更大限度地满足家长的需求，同时也能有效促进婴幼儿的健康成长。

但是，了解了自己幼儿园的特点和家长的需求之后选择的特色课程，也不能保证就一定是对的，还要考虑本园所是否有能够真正开展教学的老师。所以在选择特色课程的时候要分析，该课程的提供者是否有配套的教师培训。只有经过专业的、系统的培训，教师才能真正胜任课程，才能将特色课程的特点发挥出来，满足孩子和家长的需求，真正促进特色化教学，促进园所的发展。

---

① 资料来源：http://www.yr.jmw.com.cn/jingyingjiqy/93769.html. 2012-4-24.

第二章　幼儿园宏观管理

学习目标：

1. 理解管理中的各种人性假设理论；
2. 掌握幼儿园践行"人本管理"的方法；
3. 掌握建构幼儿园园长负责制的路径；
4. 掌握幼儿园组织环境建设的方法。

第一节　幼儿园管理理念

一、幼儿园管理理念的内涵

理念，一般被理解为人们对某一事物或现象的理性认识、理想追求及其相关的观念体系。管理理念是理念的进一步延伸，指人们对管理权利的分配、管理职能的配置、权利主体地位和作用的看法的总和。顾名思义，幼儿园管理理念是指，幼儿园管理主体在管理实践中所形成的对幼儿园管理的价值追求，是一种相对稳定的、具有延续性和指向性的指导幼儿园管理的观念体系。

没有理念指导的实践是盲目的，没有实践支撑的理念是空洞的。任何组织的管理者包括幼儿园的管理者，都必须掌握科学的管理理念，并能够把理念渗透到管理实践中去，这对组织的发展大有裨益。所以，幼儿园管理者必须全方位地理解、运用先进的管理理念，来指导幼儿园内的保教及其相关活动，使幼儿园的工作能够和谐有序地开展。在这些管理理念中，最为基本的是幼儿园管理的人性假设理念和人本管理理念。

二、幼儿园管理的人性假设理念

人性假设是管理的逻辑起点，每一种管理理论的提出都是根据对人性的某种假设或看法而形成的。管理中对人性的不同认识，必然会导致管理者采用不同的管理理论来指导自身的管理实践。因此，在幼儿园管理中，管理者对人性的看法将会影响到他们的价值观取向、管理制度和管理行为的选择。

（一）"经济人"假设

这是管理思想早期阶段对人的基本看法，也是古典经济学的核心理念。亚当·斯密认为：人的本性是懒惰的，必须加以鞭策；人的行为动机源于物质需求；人为了达到个人利益，特别是物质利益的最大化，理性地进行日常生活中的决策。在奖励制度方面，主要是用金钱来刺激工人的劳动积极性，同时对消极怠工者采用严厉的惩罚措施，即"胡萝卜＋大棒"的政策。而大卫·李嘉图则在斯密"经济人"理论的基础上提出了关于"经济人"方面的更为极端的"群氓假设"。他认为，社会是由一群无组织的个人所组成的，每个人以一种计算利弊的方式为个人利益最大化而行动；每个人为达到这个目的，尽可能地合乎逻辑地思考。① 泰勒的科学管理理论也是建立在"经济人"假设的基础上的，他认为，人在工作时并不是完全被

① 郭咸纲著. 西方管理思想史[M]. 北京：经济管理出版社，2009：52.

动机械的，人活动的背后是以经济利益的获得作为动机的。因此，在以“经济人”角度来实行管理时，薪酬的确定将会是管理的工作重心。依据“经济人”的假设，管理任务应当侧重于以尽可能满足人的经济需求的方式，来促进员工工作效率的提高。但是，这种人性假设忽略了人作为一个社会人在精神层面的需要，对人性的认识具有片面性。

（二）“社会人”假设

这一人性假设是由早期的行为科学学派，即人际关系学派的代表人物梅奥等人提出来的。梅奥认为管理中最为重要的是人与人之间的合作，而不是人们在无组织的人群中相互竞争，个人主要是为保护自己在集体中的地位，而不是利益而行动。霍桑实验的结果说明，人的思想和行动更多的是由感情，而不是由逻辑来主导的。① 梅奥的观点显然与“经济人”假设是对立的，他否认人是单纯的利益追求者，人并非全然理性地计算着利益得失，换句话，人们对于感情与精神上的追求，要胜于对物质的追求。对这一假设作进一步的理解，可以认为，任何人都不是原子化独立存在的，不管是管理者，还是被管理者，都处在人群关系中，都有归属感、安全感的需要，都渴望成为集体中的一员，并且，这种社会需要的作用，比经济需要的作用更大。因此，在“社会人”假设的基础上进行管理的重点是改善人际关系，满足人的社会心理需要。据此，梅奥提出了几条相关的管理措施：

首先，管理要关注非正式组织的存在，使正式组织的经济需求和非正式组织的社会需求保持平衡，以促进组织目标的实现。

其次，管理要通过提高员工的满足度来鼓舞员工的士气。

最后，管理者要善于倾听员工的意见，并能与员工保持充分的沟通，及时消除管理者与被管理者之间的隔阂与对立。管理者要能够与自己的下属建立良好的关系，营造出和谐的工作氛围。

（三）“X 理论”和“Y 理论”

麦格雷戈的“X 理论”认为，人的本性是坏的，人都是好逸恶劳的，人有尽可能逃避工作和责任的特性，对大多数人来说，仅仅用奖励的办法不足以战胜厌恶工作的倾向，必须进行强制、监督和指挥，并以惩罚进行威胁，才能使他们付出足够的努力去完成给定的工作任务。② 以“X 理论”为指导思想的管理工作要点是：管理者以利润为出发点来考虑对人、财、物等生产要素的运用；对员工的工作要加以指导、控制，并纠正其不适当的行为，使之符合组织的需要；管理者把人视为物，忽视人的自身特点与精神需要，把金钱当成人们工作最主要的激励手段；严格管理的制度法规，运用领导的权威和严密的控制来保证组织目标的实现；要采用“胡萝卜＋大棒”的管理方法。

“Y 理论”是与较为传统的“X 理论”相对的理论。以“Y 理论”为指导的管理工作要点是：管理要通过有效且综合地运用人、财、物等要素来实现经营目标。对人的行为的管理，其任务在于给人安排具有吸引力、富有意义的工作，使个人需要和组织目标尽可能统一起来。鼓励员工参与自身目标和组织目标的制定，把责任最大限度地交给工作者，相信他们的能力。外部控制、操纵、说服和奖惩不是促进人们努力工作的唯一方式，应用信任代替监督的方式来进行管理。

（四）“文化人”假设

“文化人”假设认为，人是文化的创造者，同时又是文化的载体和文化的产物。在“文化人”假设视野里，管理是一个合作的群体将各种行动引向共同目标的过程，其间，每个成员、每个群体的行为都要受到价值观的支配。“文化人”假设强调，作为“文化人”的员工是具有价值观念、道德规范、理想人格、使命感、荣誉感和责任感的主体，他们思想文化的沉淀始终发挥着潜在作用，制约着其行为。以“文化人”假设作为管理的指导思想时，管理者要善于引导员工们对幼儿园的办园理念和价值追求的认同，使员工将幼儿园的核心思想内化为自身的价值观念。

（五）“复杂人”假设

随着管理实践的发展和管理理论研究的深入，出现了“复杂人”的人性假设。美国行为科学家埃德加·沙因对人性假设进行了分析归类，提出了“复杂人”假设。他认为，每个人都有不同的需要和不同的

① 郭咸纲著. 西方管理思想史[M]. 北京：经济管理出版社，2009：165.

② 周三多，陈传明，鲁明泓编著. 管理学原理与方法[M]. 上海：复旦大学出版社，2003：74.

能力，工作的动机不但是复杂的，而且变动不居；一个人在组织中可以形成新的需求和动机，因此，一个人在组织中表现出的动机模式是他原来的动机模式与组织经验交互作用的结果；一个人在不同的组织和不同的部门中可能存在不同的动机模式；一个人是否感到心满意足，肯为组织出力，决定于他本身的动机构造以及他同组织之间的相互关系；一个人可以依靠自己的动机、能力和工作性质对不同的管理方式作出不同的反应。① 总体说来，“复杂人”假设认为，没有哪种需求和动机会一直占据支配地位，因此，在管理中要懂得权变。简言之，管理是环境的函数，即管理＝f（环境）。基于此，有效的管理必须根据不同的工作，采取适当的管理方式和选用适当的人，对有不同的需要和动机的人，应该安排不同的工作，并采取相应的管理方式。

以上五种主要的人性假设，对于幼儿园管理而言，都具有启发价值。首先，我们认为，作为幼儿园管理对象的教职员工，都具有一定程度的“经济人”人性成分，也就是，他们都以理性的方式追求个人利益，特别是物质利益的最大化。如果我们否认了这一点，认为幼儿园的教职员工，都是无条件的利他主义者，或者全都是“雷锋式”人物，则我们的幼儿园管理就脱离了实际，就不可能建立起有效的幼儿园激励机制。同样地，如果我们认为幼儿园的教职员工，只是具有物质动机，而忽略了其社会需求，则在幼儿园管理实践中也会出现问题。其次，文化对幼儿园管理也具有重要意义，幼儿园教职员工、学生都会受到幼儿园文化的影响。文化对幼儿园管理的影响往往不是显性的，而是隐性的，是在不知不觉中形成的。第三，我们认为，对幼儿园管理来说，人性是复杂的，不是简单机械的。幼儿园管理具有科学性，也具有艺术性，幼儿园管理最终走向的是建基于“复杂人”人性假设的权变管理。根据权变管理理论，幼儿园管理制度和行为等于具体管理环境的函数，即幼儿园管理由具体管理环境所决定。

三、幼儿园“人本管理”理念

一个组织的管理理念的演变与管理理论的发展是紧密相连的。西方管理理论经历了以“经济人”假设为基础的“物本管理”和以“社会人”假设为前提的“人本管理”两个阶段。同样地，幼儿园的管理理念也经历了这两个阶段。

从“物本管理”到“人本管理”的转变，既标志着管理理念的深刻变革，也反映了社会发展所带来的深刻变化。“物本管理”是以最有效地开发、利用生产过程中的物质要素为中心，以提高效率、产量和利润为目的的管理。管理就是为了完成任务而进行计划、组织、指挥和监控。“物本管理”忽视人的感情，把人当作机器的附属物，对人主要实行物质、金钱激励。

“物本管理”理念下的幼儿园管理缺乏人的气息，园所活动缺乏生机和活力。在管理实践中，更多地强调教师为保教工作而奉献，忽视了把园所作为教师生活与发展的家园。这种最大效率发挥物质功效的管理方式，使得园内教职员工只注重自己的工作，缺乏应有的主动性、积极性和创造性，形成了一种淡漠的人际氛围。

“人本管理”是以人为中心，以人的成长、发展为目的的管理。“人本管理”的思想主要包括以下三个方面：

首先，人是管理的主体。管理活动是一种主观见之于客观、主体作用于客体的过程。在管理中，人是管理系统的主体，离开了人，管理活动将难以为继。

其次，在众多的管理要素中，人的主观能动性的发挥尤为重要。管理的三大基本要素为人、物、环境。在这三大要素中，以人为中心，构建人与物的关系和人与人的关系。脱离了人这一关键要素，其他要素就无法运转起来。因此，发挥人的积极作用，是推动管理工作前进的关键动力。

最后，在管理过程中，必须最大限度地调动人的积极性、创造性。人的积极性、创造性是推动管理活动的关键力量。

综上所述，人本管理是对人的管理、为人的管理、依赖人的管理，是以合乎人性的方式开展的管理，同时也是以教职员工为评价主体的管理。要实现幼儿园的可持续发展，幼儿园管理理念必须由“物本管理”向“人本管理”转变。

---

① 郭咸纲著. 西方管理思想史[M]. 北京：经济管理出版社，2009：182—183.

“人本管理”的原则认为，现代管理的核心动力，是最大限度地调动人的积极性，一切以人为中心。幼儿园践行“以人为本”的管理理念，可以从如下几个方面来开展工作：

（一）坚持幼儿权利至上原则

幼儿的权利至上，是指在幼儿园管理中必须以维护每一位幼儿的权利作为根本出发点。儿童是希望和未来，他们的健康成长关系到国家的兴旺发达。同时，幼儿是弱势群体，在管理中，必须高度关注幼儿这一弱势群体，极力避免任何损害幼儿的行为和事件发生。幼儿权利至上，事实上也是人本理念的一部分。维护幼儿权利至上需要做到以下几点：

首先，维护幼儿的人格权利。教职员工面对的不是毫无思想的静止物，而是鲜活的生命个体，他们有自己的思想意识。必须给予幼儿充分的尊重，不能践踏幼儿的人格尊严。每个幼儿都具有差异性，不能要求每个幼儿都一样，不能经常对幼儿进行比较，更不能体罚幼儿。要特别注重幼儿生理和心理的健康。

其次，注重幼儿的生命安全权利。幼儿的安全是幼儿的基本权利，必须做好一切安全防范工作，保证幼儿的生命健康和安全，确保幼儿在安全的环境中生活、成长。

最后，维护幼儿游戏的基本权利。爱玩是幼儿的天性，必须为幼儿提供足够的时间和空间，让幼儿在自己的天地里快乐成长。同时，需要满足幼儿在玩耍过程中相互交往的需要，使幼儿园真正成为幼儿成长的乐园。

（二）注重调动教师积极性

幼儿园管理的对象和主体，其中主要是教职员工。因为，人是最积极、最活跃的因素，并且具有主观能动性。物质资源必须通过人来掌握、支配和使用，才能发挥其效用。因此，成功的幼儿园管理必然是“以人为本”的管理。然而，在实际的幼儿园管理实践中，由于对教师主体性的忽视，致使教师缺乏主动性、积极性和创新性，缺乏主人翁精神，不思进取的现象比比皆是。要改变这一现象，必须在整个的幼儿园管理过程中注重人的因素，坚持“以人为本”的管理理念，把人放在第一位，注重幼儿园内部人与人之间的关系，最大限度地发挥人的潜能。总之，“人本管理”就是要管理者注意提高每个人的素质，规范每个人的行为，调动每个人的积极性，使每个人的潜能都能得到充分发挥，这是管理工作的根本任务。

（三）树立“管理就是服务”的理念

在幼儿园管理实践中，所谓树立服务理念，主要包含两层意思：一是为家长服务，使家长有足够的时间参加工作，减轻他们培养、教育孩子的负担。二是为社会培养合格的、全面发展的公民。幼儿园管理必须坚持全面育人的思想，注重幼儿体、智、德、美的全面和谐发展，为幼儿以后的成长奠定良好的基础。同时，最大限度地满足家长的合理要求，当然，这并不是说要无条件地满足家长提出的不合规矩的任何要求。遇到问题时，必须及时与家长进行有效沟通，以确保幼儿能够快乐、健康地成长。

（四）通过幼儿园文化来管理

幼儿园文化管理理念来源于企业文化管理理论。幼儿园文化管理是指在管理幼儿园的过程中，以师生共同的价值观、信念的确立为核心，形成具有自身特色的幼儿园组织文化。通过幼儿园的组织文化，可以激励、规范幼儿园组织成员的行为，增强群体凝聚力，增加教职员工的归属感与凝聚力。

建立幼儿园文化管理理念应该做到：(1)必须确立属于本园的主流文化，树立全体教职员工共同追求的价值信仰；(2)必须体现人文关怀，建立组织成员的利益共同体；(3)不断提高师生素质，用教师的榜样去影响、教育孩子，使文化管理理念能够融入到幼儿园的管理实践中去。

（五）坚持民主管理理念

民主管理理念来源于人际关系理论，符合管理的效益原理、效率原则。民主管理理念是指将广大教职员工视为幼儿园管理的主体，赋予教师参与各项事务管理的权力，集中大家的智慧来推进幼儿园的发展。坚持民主管理理念的基本要求有如下几点：

首先，尊重、信任教职员工，激发教职员工参与管理的意识，为幼儿园的发展贡献自己的力量。在重大问题上，广开言路、集思广益，随时听取教职员工的意见和建议。可以充分利用网络资源，开设“网上建议信箱”，及时获取每一位教职员工的意见。

其次，建立教职工代表大会制度，或以教师为主体的教职工代表会议制度，使教职员工参与到民主管理中来，使其制度化、深入化和经常化。

第三，健全、完善民主集中制。园长要善于集中教职员工好的意见和建议，以此进行科学、合理的决策，防止主观武断和专制。

第四，幼儿园的管理工作应该增加透明度，做到合理公开，让教职员工充分了解、理解幼儿园的管理与运营。

最后，民主管理还要处理好园方与家长之间的关系，处理好教师与教师之间的关系。

第二节　幼儿园管理体制

一、幼儿园管理体制的内涵

管理体制是指管理系统的结构和组成方式，也就是，采用怎样的组织形式，以及如何将这些组织形式结合成一个合理的有机系统，并以怎样的手段、方法来实现管理的目标。① 具体地说，管理的体制是规定中央、地方、部门、企业的管理范围、权限职责、利益及其相互关系的准则，它的核心是管理机构的设置和权力的配置。管理机构职权的分配以及各机构间的相互协调，直接影响着管理效率和效能，在中央、地方、部门、企业的整个管理中起着决定性作用。

幼儿园管理体制是指幼儿园管理系统的职责权限、隶属关系、机构设置、组织制度等多方面的、综合的结构体系。幼儿园管理体制从宏观和微观两个方面来看，可以分别关涉幼儿园本身的隶属关系和幼儿园内部的领导体制。

二、幼儿园的两层管理体制

（一）幼儿园行政管理体制

幼儿教育事业是我国教育事业的重要组成部分。《幼儿园工作规程》(1996)明确规定了幼儿园是对3岁以上学龄前幼儿实施保教的机构，是基础教育的重要组成部分。幼儿园教育是学校教育的基础阶段。② 幼儿教育为幼儿的成长作出贡献，能够为提高中华民族的素质奠定基础。幼儿教育具有社会福利性和公益性，但在现阶段，尚不属于义务教育范畴。由此可见，幼儿教育不能仅仅由政府承包，它需要政府、市场和社会各个方面的支持和关心。

当前我国对各级各类教育实行中央与地方两级管理体制。具体地说，基础教育实行的是“地方负责、分级管理”模式。随着社会的发展，社会各界越来越重视幼儿教育事业，幼儿教育的管理体制也在逐步完善。《中共中央关于教育体制改革的决定》(1985)进一步明确了“把发展基础教育的责任交给地方”的原则。③ 幼儿教育属于基础教育的一部分，因此幼儿园的管理体制也应为“地方负责、分级管理”。

《关于明确幼儿教育事业领导管理职责分工请示的通知》(1987)指出，幼儿教育事业“必须在政府的统一领导下”，“实行地方负责、分级管理和有关部门分工负责”。1989年，经国务院批准，以法规的形式将这一制度确定下来，颁布实施了《幼儿园管理体制》。④ 在这一管理体制下，幼儿教育事业需要来自各方社会力量的支持。要在“政府的统一领导下，除地方政府举办幼儿园外，主要依靠部门单位和集体个人等方面力量兴办”。幼儿教育事业采用“地方负责、分级管理和有关部门分工负责”的体制，可以充分调动和发挥地方和各有关部门的积极性，建设和管理幼儿园。

1. 地方负责

地方负责指的是地方政府负责，主要是指各级人民政府应该承担发展和管理幼儿教育事业的责任。地方负责即可以在不违反中央有关幼教政策的前提下，因地制宜地制定符合本地方的幼教政策，并对地方的幼教事业进行科学规划，合理地对当地各类幼儿园进行有效的管理。

---

① 资料来源：http://baike.baidu.com/view/1849136.htm. 2012-1-12.

② 资源来源：http://www.moe.edu.cn/publicfiles/business/htmlfiles/moe/moe_621/201001/81893.html. 2012-3-12.

③ 张燕著. 学前教育管理学[M]. 北京：北京师范大学出版社，2002：61.

④ 张燕著. 学前教育管理学[M]. 北京：北京师范大学出版社，2002：61—62.

2. 分级管理

分级管理主要是指，要充分发挥中央、省，及地方各级教育行政部门对幼教事业的管理职能。教育部对全国的幼儿园进行管理，教育部作为最高教育行政部门，具有对全国幼教事业的方针、政策进行决策的权力。教育部的各司处按照“统一领导，分工负责”的原则，统一管理全国幼儿教育事业。《幼儿园管理条例》明确指出，地方各级人民政府的教育行政部门主管本行政辖区内的幼儿园管理工作。[①] 地方各级人民政府的教委或教育行政部门是教育部领导下的行政机构，在执行中央决策的同时，对地方幼教事业进行宏观管理，使地方幼教事业具有地方特色。县(区)、镇乡是管理幼教事业的基层机构，主要职责是制定符合本地区幼教事业发展的具体计划，以及实施方案，对本地区的幼教事业实施直接管理。

3. 分工负责

幼儿教育事业涉及的领域非常广泛，如教育、文化、卫生、安全和福利等多个方面，因此必须得到社会各界的支持与关心。除了各级政府及其教育职能部门的负责管理，还需有关部门分工负责。例如，卫生部门负责拟定有关幼儿卫生保健方面的政策法规，以保障幼儿的生命安全；财政部门负责制定有关幼儿教育事业经费开支的政策法规，以保障幼儿教育事业有足够的资金作为发展的物质保证；劳动人事部门必须和有关部门制定有关幼儿工作人员的编制、工资、福利等方面的政策法规。

在复杂的外部环境下，幼儿教育事业的管理体制必须是在中央政府的统一领导下，实施“地方负责、分级管理、分工负责”。只有按照这一管理体制，幼儿教育事业才能得以有序、快速地发展，各级各类的幼儿教育事业才会有强大的后盾作保障。但是，当前的宏观管理体制存在的问题是：怎样保障各级政府对幼儿教育事业有充分而有效的投入？近年来，中央政府越发认识到了幼儿教育事业投入的重要性，但是“地方负责、分级管理、分工负责”的宏观管理体制，以及由此形成的政府幼儿教育投入机制，需要有更多细分的、刚性的政策法规出台，以确保幼儿教育事业经费的投入充分而有效。

(二) 幼儿园领导体制

领导体制是指独立或相对独立的组织系统进行决策、指挥和监督等活动的具体制度体系，领导体制具有完整性、严格性、一致性和稳定性等特征。[②] 幼儿园领导体制是幼儿园管理的根本性组织制度，是幼儿园管理体制的核心。《中共中央关于教育体制改革的决定》(1985)明确提出，学校要逐步实行校长负责制，有条件的学校，要设立由校长主持的、人数不多且具有威信的校务委员会，作为学校管理的审议机构。[③]《幼儿园工作规程》和《幼儿园管理条例》都明确规定，幼儿园实行园长负责制，园长在举办者或教育行政部门的领导下，负责管理全园工作。科学合理的幼儿园领导体制，能够指引幼儿园的办园方向，使其适应现代幼儿教育的发展需要；同时，在幼儿园内部可以做到分工明确、职责分明，极大地调动工作人员的积极性，提高幼儿园工作效率。因此，幼儿园的领导体制对幼儿园的发展具有重要意义，是全园工作有序开展的前提条件。

根据幼儿园办园性质，园长负责制也有情形区分：一是在设立董事会的幼儿园实施的园长负责制。在这种体制下，园长是经过一定的程序聘任的，园长对董事会负责，与董事会签订年度责任目标书，董事会具有监督作用。二是小型独立经营性质幼儿园的园长负责制。在这一情形下，园长一般是幼儿园的创办者，或者是幼儿园的法人代表，这种性质的幼儿园缺乏必要的监督机构。三是合伙制幼儿园的园长负责制。在这一情形下，合伙人共同出资创办幼儿园，此类性质的幼儿园由出资者聘任合格的幼儿园园长，承担幼儿园的管理工作，幼儿园的一切事务由出资举办人进行监督。四是外资主导幼儿园的园长负责制。这一情形由中方和外方的园长共同管理，园长对投资方负责。五是公办民助性质幼儿园的园长负责制。如今，很多公办优质幼儿园在充分利用自身资源的条件下，与社会投资方共同创办幼儿园，这种幼儿园管理体制，保留了传统园长负责制中的管理架构，但同时也接受双方的共同监督。

无论哪种类型的园长负责制，其具体内容一般都有如下几个方面：

---

① 张燕著. 学前教育管理学[M]. 北京：北京师范大学出版社，2002：63.

② 资料来源：http://baike.baidu.com/view/1506507.htm. 2012-3-4.

③ 萧宗六著. 学校管理学[M]. 北京：人民教育出版社，2001：67.

首先，园长负责制的核心是：园长对幼儿园的工作全面负责。幼儿园园长在园内具有最高行政权力。园长具有决策指挥权、人事管理权和财务管理权，贯彻执行党和国家有关幼儿教育的方针、政策及教育法规。同时，还负责教职员工的思想工作，关心、改善教职员工的生活和工作条件，在幼儿园内实施民主管理。园长还必须主持幼儿的保教工作，做好幼儿园的安全保卫、卫生保健工作，促进幼儿身心发展。园长要对董事会或举办者直接负责。

其次，完善教职员工参与幼儿园管理的体制，是园长负责制的具体要求。完善教职员工参与幼儿园管理，需要建立相应的园务委员会和教职工代表大会。园务委员会是幼儿园重大事务的决策审议机构。《幼儿园工作规程》（下称《规程》）规定："幼儿园可建立园务委员会，园务委员会由保教、医务、财会等人员代表及家长代表组成，园长任命为园务委员会主任。"①园长必须定期召开园务委员会，以保证幼儿园所做的决策科学合理。教职工代表大会制度确保了教职员工在幼儿园管理中的主人翁地位，起到了民主管理和监督的作用。《规程》规定："幼儿园应该建立教职工代表大会制度，或以教师为主体的教职工代表会议制度，加强民主管理和监督。"②

三、幼儿园园长负责制的建构

当前，我国大部分公立幼儿园实行的都是园长负责制的领导体制。对中大型私立幼儿园而言，在实行园长负责制的基础上，往往还会设立董事会。园长由董事会挑选，园长需要向董事会汇报工作情况，对董事会负责。

构建高效的园长负责制需要从如下几个方面做工作：

（一）优化幼儿园管理结构

幼儿园的管理层一般由园长、教学副园长、行政副园长、后勤副园长等人员构成。管理结构的优化可以提高幼儿园管理工作的效率。首先是年龄结构。在年龄结构方面，应该是老、中、青相结合，向年轻化方向发展。管理班子成员的最佳年龄结构比率对组织的发展很重要。其次是知识结构。知识结构是指管理班子中不同成员的知识水平的构成状况。管理班子成员应该具有较高的知识水准和专业素养。第三是专业结构。专业结构是指管理班子中各位成员的配备应该由各种专门的人才组成，形成合理的专业结构，为组织发展作出各自贡献。最后是性格结构。管理层的性格结构也至关重要，管理成员的性格既要有外向型的，也要有内向型的。可以利用管理班子成员的性格差异，进行发散性思维，活跃议事气氛。

（二）建立良好的外部环境

良好的外部环境，是实施园长负责制的保障之一。这就要求上级教育行政部门简政放权，保证幼儿园管理者有足够的权力来完成园所管理工作；要完善园长的选拔工作，使得园长及其后备力量能够持证上岗；要注重从中坚骨干教师中选拔园长候选人，以此补充新生力量，为幼儿园的发展提供组织保障；要注重幼儿园园长的公开选拔，使园长工作职业化，具有竞争活力；要优化教职员工的聘任制，在定员、定编、定岗、定责的基础上，园长有权自己决定教职员工的聘任和任免。聘任教职员工的方式有高职低聘、低职高聘等。

还要强化幼儿园管理制度建设，它是幼儿园各项工作有序、高效进行的基本保障，同时，也是实施园长负责制的前提。管理制度具有制约与规范的作用，可以减少管理工作中的失误和人事冲突，提高幼儿园的管理成效。同时，完善幼儿园管理制度有助于增强教职员工的责任意识，使教职员工的工作有章可循，对于优秀园风的建立具有指导性的作用。必须严格、认真地制定、执行幼儿园管理制度，以促进幼儿园管理体制的完善。这些都是构建幼儿园园长负责制所应进行的制度环境的建设。

（三）挑选优秀的园长

构建园长负责制的关键一步是选聘园长。园长的聘任人选可以向社会开放，也可以由行政机关或董事会经过商议后直接任命。幼儿园在招聘园长时需要明确园长应当具备的基本综合素质、应当履行的主

---

① 张燕著. 幼儿园管理[M]. 北京：北京师范大学出版社，2004：53.

② 张燕著. 学前教育管理学[M]. 北京：北京师范大学出版社，2002：93.

要工作职责等。当选定园长后，需要有一套对园长工作绩效进行考核的机制，以确定此人是否胜任园长一职。其中，明确园长的具体职责是园长负责制的重要内容。目前，比较常用的是园长任期目标责任制，即确定园长任职期限，制定园长任职期间园所发展目标，并以目标的实现程度作为考核园长工作和业绩的主要依据。

需要说明的是，对私立幼儿园的领导体制而言，有种提法叫做“董事会领导下的园长负责制”。“董事会领导下的园长负责制”这一概念和制度设计本身是存在问题的。管理学中有一个著名的“管理责、权、利呈等边三角形”原理，是指在管理实践中，必须要在制度设计上保证管理者的“责任”、“权力”和“利益”三者对应一致，呈等边三角形形态，也就是管理者有多大的权力，就要负多大的责任，同时获得多大的利益。如果在管理实践中“责任”、“权力”和“利益”三者是失调的，则管理一定会出现这样或那样的问题。这一原理可以简单地理解为责、权、利三者对等原则。就幼儿园领导体制所谓的“董事会领导下的园长负责制”而言，存在的问题就是对园长来说，在这种领导体制下，责、权、利不对等，幼儿园的事务由董事会领导决策，但是由园长负责。所以，这种幼儿园领导体制的制度安排，在逻辑上存在问题，在实践中会产生责、权、利分配的混乱，必然也会带来幼儿园管理的责、权、利不清问题。鉴于此，我们认为，在私立幼儿园设立董事会的情形下，其领导体制不宜设计为“董事会领导下的园长负责制”，直接采用园长负责制更为合适。园长就相当于企业中的最高行政长官(CEO)，董事会与园长之间的权责分工可以借鉴现代企业的制度设计。

相关链接

×幼儿园领导班子分工(节选)①

园长：

负责本园全面工作。

1. 负责协调、监督、督促各室的工作；

2. 负责协调、优化领导班子，最大限度地发挥领导班子的整体效能；

3. 负责教师的政治学习和考勤工作；

4. 负责召开园务会议；

5. 负责教职员工的招聘工作。

保教副园长：

负责幼儿园的保教管理、继续教育及特色教学管理工作。

1. 在园长的领导下，协助园长做好全园工作；

2. 根据国家规定的幼儿园教育纲要，制定教育工作计划并组织实施；

3. 对教师的工作进行指导，检查、评估、考核并调配安排他们的工作；

4. 定期深入各班，看活动，看教学计划，有计划地指导、培养教师提高业务水平，抓好全园的业务管理、业务资料积累并归档等行政事务工作；

5. 组织教师业务学习和幼儿教育的研究活动；

6. 努力学习业务知识，及时了解吸收幼教工作信息、经验，推动促进幼儿园各项工作的开展；

7. 园长不在时，行使园长岗位职责。

后勤副园长：

负责幼儿园后勤管理工作。

行政副园长：

负责安全卫生、办公室、对外宣传等工作。

---

① 资料来源：http://www.heshanshi.gov.cn/show.asp?id=593. 2012-5-4.

第三节　幼儿园组织环境

一、幼儿园组织环境的内涵

每个组织都有自己的构成要素，除了包括正式组织与非正式组织的规章制度外，还包括组织所处的复杂环境。组织的环境包括组织文化和组织氛围，它们以无形的力量构成组织运行的内在驱动力。

霍桑实验发现，工人的心理和社会性层面对提高生产效率具有重要的启发价值，从而建立了人际关系理论。此后，管理研究者不再把关注重点仅仅放在工作场所的“硬性”物质环境上，逐渐转向了“软性”心理环境。这样，组织气氛的研究逐渐发展起来。

著名心理学者勒温曾经对群体规范、群体压力和群体凝聚力做过深入研究，发现这三者的结合会对群体中个人的行为带来很大影响，据此，他提出了群体动力理论。事实上，群体动力理论从本质上属于组织氛围的范畴，属于组织文化环境领域。从管理心理学的角度来看，组织环境包括组织文化和组织氛围。现在大家普遍认为组织文化是组织发展的底蕴，称之为“管理之魂”，而组织氛围是调节组织成员的重要动力来源，两者之间有着必然的联系。

（一）幼儿园组织文化

西方学者希恩认为，组织文化是特定组织在处理外部环境与内部整合过程中出现的种种问题时所发明、发现，或者发展起来的基本规范。① 现在，我们一般地将组织文化定义为，组织在长期的实践中所形成的、为组织成员所普遍认可和遵循的、具有本组织特色的价值观念、团体意识、行为规范和思维模式的总和。组织文化由表层文化、中介文化和深层文化三个方面组成，它的表现形态有：物化文化、管理文化、制度文化、生活文化和观念文化等。

幼儿园组织文化是指在幼儿园管理实践中所形成的、为全园教职员工所接受的价值观念与意识形态。良好的组织文化环境能够给教职员工认同与归属感，使得教职员工个人的行为、思想、感情、信念和习惯能与幼儿园整体有机地统一起来。所以，我们必须注重幼儿园组织文化建设，这样才能使幼儿园正常有序地运转。

（二）幼儿园组织氛围

组织氛围是指个体对组织环境各个方面的认识，是组织成员对组织客观特征的知觉、认知与评价的心理感受，是一个组织区别于另一个组织的特征。氛围是一种看不见、摸不着的东西，但是，它的确在员工之间的不断交流和互动中逐渐形成。没有人与人之间的互动，氛围也就无从谈起。所以，组织管理活动中必须充分发挥人的作用，人是环境中最重要的因素，良好的组织氛围是由人创造出来的。

组织氛围与组织领导者的个性直接相关。也就是说，一个组织的领导者对组织氛围的好坏有直接影响，甚至起到决定作用。例如，个性比较外向、开朗的领导者，善于调节组织内的气氛，愿意花时间与下属沟通，善于组织集体活动。这种性格有利于领导者为组织营造轻松、愉悦的氛围。相反地，个性内向的领导者，一般比较沉闷，习惯于独立思考，在组织氛围营造方面可能缺乏内在的主动性，在言语表达方面会比较贫乏。太过内向的领导者常常不苟言笑，很可能会令下属望而生畏，从而导致领导者与员工之间的关系疏离，甚至给员工带来不必要的心理压力。

组织氛围包括个体的自主性、工作职务赋予的结构化程度、奖励的取向，以及对员工的关心与支持四个维度。个体自主性是指个体在多大程度上成为自己的主人，能够持有多大的个体自由决策权。个体自主性赋予的多少要因人而异，对决断能力强、好胜，且希望自己能够主宰自己行为的员工应赋予更多的自主性；对依赖性较强的员工，则应当提供更多的帮助与引导。工作职务赋予的结构化程度是指上级能够将某项工作任务的目标、实现这一目标的路径等工作信息向从事该项工作的员工进行沟通的程度。奖励的取向是指组织选择何种指标作为对员工进行奖励的标准，如对员工进行奖励是根据组织的利润，还是

---

① 周三多，陈传明，鲁明泓编著．管理学原理与方法［M］．上海：复旦大学出版社，2003：203.

根据销售额的增长。对员工的关心与支持是组织氛围的核心内容，它直接影响着组织内的人际关系状况。管理者如果希望在组织内营造良好的上下级，以及员工与员工之间的人际关系，管理者应该学会主动关心、支持员工，在组织内形成正向的行为、舆论导向，引领大家以互相帮助、互相体谅的方式来进行沟通合作。

良好的组织氛围对幼儿园发展具有不可忽视的作用。幼儿园组织氛围是一所幼儿园区别于另一所幼儿园，并影响组织成员行为的一系列内部心理特征。① 幼儿园的组织氛围对教职员工的工作满意度有直接影响，如果一所幼儿园氛围民主、轻松，那么便会增进教师的专业认同感，降低教师对职业的倦怠。同时，良好的组织氛围能够激发教职员工的工作潜能，使他们乐于为幼儿园的发展贡献自己的才华。

二、幼儿园组织环境的建设

当前，幼儿教师面临的压力越来越大，他们不但要照顾好自己的家庭，还要做好幼儿的保育与教养工作。无论生理上，还是心理上，教职员工承担的压力都非常大。幼儿园应该为教职员工创造良好的组织环境，为他们营造温馨、轻松的工作氛围。良好的幼儿园组织环境主要指良好的组织文化，以及教职员工互帮互助、沟通顺畅、人际关系良好的和谐氛围。为了给幼儿教师创造良好的组织环境，需要做到以下几点：

（一）明确幼儿园各部门、岗位的职责

各个部门、岗位的合作是否顺利，是组织氛围好坏的一个重要标志。只有明确各个部门、岗位的职责，才能杜绝推诿扯皮现象的发生，各部门之间才会形成良好的合作关系。因此，明确幼儿园各个部门、岗位的职责，是营造良好幼儿园组织氛围的前提条件之一。

（二）选择适合幼儿园发展的领导者

组织氛围的建设与人直接相关，组织的领导者对组织氛围有着直接影响，甚至起到决定作用。不同的领导方式会营造出不同的组织氛围；不同组织氛围下的组织成员会有不同的行为方式。专制型领导方式，即领导者自行决定一切，要求下属绝对服从。这种领导方式下的组织氛围比较紧张，甚至会使员工害怕与上级沟通。放任型领导方式，即领导者什么都不管，对下属没有一定的约束力，这种领导方式下的组织氛围非常涣散，员工工作缺乏热情。民主型领导方式，即领导者主动与下属进行讨论，共同商量，集思广益，这种领导方式下的组织氛围融洽友好，整个组织更能处于和谐状态。在幼儿园管理实践中，应该选择适合本园发展的领导者，为整个幼儿园发展创造一个和谐轻松的组织氛围。

营造良好的组织氛围，除了选择合适的领导者外，还需要园长能够充分发挥其领导艺术。具体要求是，领导在做好自己本职工作的同时，能够善于与教职员工交谈沟通，倾听下属意见，时刻了解幼儿园的发展动态和教职员工的想法，并且信任关心教职员工，对所有教职员工一视同仁。

（三）采取“以人为本”的改进措施

管理者可以在幼儿园内部实施一些积极的改进措施，例如，实行轮休制度、组织娱乐活动、给教职员工适当的自由度等，以缓解教职员工工作压力，确保其有属于自己的时间、空间。让教职员工在干好本职工作的同时，也能照顾好自己的子女和家庭。只有这样，教职员工才能全身心地投入到幼儿园工作中去。

（四）赋予教职员工主人翁地位

幼儿园管理者在管理实践中，应该提高教职员工参与幼儿园决策的广度和深度。运用有效的管理方法，支持并鼓励教职员工参与幼儿园活动的各个方面，如课程设计、幼儿园招生和设备购买等，以此来增强教职员工的主人翁意识，为幼儿园的发展发挥个人的积极性、能动性。只有建立起对幼儿园的归属感、认同感，教职员工在工作时才会更认真，更热情，也更自信，才会更愿意发挥自己的潜能。

（五）构建和谐融洽的人际关系

和谐融洽的人际关系对幼儿教师专业成长具有很大的作用。在这种组织氛围中，教师之间能够自由地沟通与交流。教师通过与同事的沟通发现自己的不足，从而能够不断地完善自己。幼儿园管理者应该尽可能多地为教职员工提供交流沟通的渠道与机会，例如，经常组织教研活动，增加教职员工互相学习的

---

① 姜勇，刘爱云．幼儿园组织氛围的访谈研究[J]．学前教育研究，2007(2)：54—57.

机会等。

（六）注重幼儿园的组织文化建设

组织文化对组织氛围有着强烈的影响，组织文化影响了员工的价值观和行为模式。因此，组织文化也会影响员工对待事物的态度与情感。幼儿园必须注重组织文化建设，为教职员工营造一个信任、理解和温馨的组织氛围，以此来激发教职员工的工作热情，稳定他们的工作情绪。只有教职员工之间做到互相融洽地相处与合作，幼儿园才可能出现和谐、温馨的画面。

练习题

1. 什么是幼儿园管理理念？
2. 怎样才能做到幼儿园的"人本管理"？
3. 我国幼儿园的两层管理体制内容是什么？
4. 怎样建设幼儿园组织环境？
5. 请就以下案例说明：怎样才能实施好幼儿园园长负责制？

园长负责制幼儿园园长的苦恼（节选）①

某单位所属幼儿园的陈老师，在日常工作中不能很好地遵守劳动纪律，时有迟到、早退、串班聊天等违章情况发生。在年底奖金发放时，园长根据奖罚制度从其年终奖金中扣发150元作为处罚，并奖给出满勤、工作积极认真负责的李老师，以期起到奖优罚劣、奖勤罚懒、调动职工积极性的作用。陈老师感到心理很不平衡，认为幼儿园工作量大，放松一下没什么了不起，况且也没出现什么意外情况，要求园长退还扣发的奖金。园长认为，既然制定了规章制度，就该认真贯彻执行，否则会挫伤本园职工的积极性，因此拒绝了陈老师的要求。陈老师很愤怒，认为园长对自己有看法，是打击报复，还对园长进行人身攻击，并让家里人和她一起到园里大吵大闹，看到园长没有让步的意思，又找到单位主管幼儿园的上级领导哭闹，歪曲事实。而此领导在没有调查清楚的情况下，轻率地表态，认为批评一下就可以，让园长把扣发的奖金还给陈老师，这样就使园长处于被动地位和两难境地。但该园长并不盲从上级领导，而是写材料呈报上级，讲明情况：如果不能贯彻执行幼儿园的规章制度，那么自己就无法胜任园长的工作，况且自己的做法是正确的。上级领导对此很重视，经反复调查研究，做出决定：给陈老师记处分一次，扣发奖金不必退还；表扬该园园长对工作认真负责、能把制定的方针政策贯彻执行到底的做法。

① 张燕，邢利娅主编. 幼儿园管理案例及评析[M]. 北京：北京师范大学出版社，2002：29—30.

第三章　幼儿园课程领导

学习目标：

1. 掌握科学合理的幼儿园课程理念；
2. 理解幼儿园课程开发的特点；
3. 了解当前幼儿园课程实施中存在的问题；
4. 了解幼儿园课程评价的原则。

第一节　幼儿园课程理念

一、幼儿园课程领导与理念

课程领导是课程实践的一种方式，是对课程开发、课程实施与课程评价等活动的引领，其目的在于影响课程实践的过程与结果，实现课程实践的目标。① 对幼儿园来说，课程领导是指对幼儿园课程的理念、精神、文化和行为等多种因素的综合管理。幼儿园课程领导不仅要体现社会的价值取向，遵循幼儿身心发展规律，也应充分体现幼儿园特有的课程理念、课程开发、课程实施与课程评估，以及渗透在这些因素之中的课程文化。

幼儿园课程理念是指导幼儿园课程改革与发展的核心思想，也是课程在开发、实施与评价等实践过程中的灵魂。《幼儿园教育指导纲要(试行)》(以下简称《纲要》)中明确指出："坚持以幼儿发展为本的理念，以幼儿素质教育为目标"，"幼儿园的教育活动，是教师以多种形式有目的、有计划地引导幼儿生动、活泼、主动活动的教育过程"。《纲要》还指出，幼儿园教育活动的组织实施过程，是教师创造性开展工作的过程。教师要根据《纲要》的精神和规定，从本地、本园的条件出发，结合本班幼儿的实际状况，制定切实可行的工作计划，并灵活地执行。

二、课程以幼儿发展为本

幼儿是幼儿园课程的主体，所以幼儿课程应该尊重幼儿的特点、兴趣与爱好，符合幼儿身心发展规律。课程目标和实施应当建立在充分考虑幼儿特点和幼儿需要的基础上，这是课程开发的前提条件，也是课程实施、课程评价的依据。当前，一些幼儿园课程偏重认知技能的传授，一味向幼儿灌输知识，而缺少幼儿园应有的游戏活动，同时也忽略了幼儿情感与社会性的培养。不少家长也简单地认为，提前学习小学教材，就可以减轻将来小学入学的压力，就是为入小学做准备，因而有不少幼儿园将小学课程搬到幼儿园来，幼儿园课程"小学化"的现象非常严重。这种忽视幼儿接受能力，忽视其所处的特殊身心发展阶段的做法，不利于幼儿的健康成长，不是以幼儿发展为本。

另外，幼儿园应尊重幼儿的天性，尊重幼儿对游戏的需要。幼儿园课程因其教育对象的特殊性，呈现出丰富而感性的特点：游戏成为幼儿园课程的重要组成部分。总之，幼儿园在课程实践时应当充分

① 杨明全.试论中小学校长的课程领导[J].河南教育，2003(2)：14—15.

考虑到幼儿的生理、心理特点，以及幼儿的真实需要，切实从幼儿的角度出发，真正关注幼儿的身心健康发展。

三、课程旨在全面的发展

《纲要》明确指出，幼儿园的教育内容是全面的、启蒙的，可以相对划分为健康、语言、社会、科学、艺术等五大领域，各领域的内容相互渗透，从不同角度促进幼儿情感、态度、能力、知识和技能等方面的全面发展。幼儿全面发展教育是指，以幼儿身心发展的现实与可能为前提，以促进幼儿在体、智、德、美诸方面全面和谐发展为宗旨，并以适合幼儿身心发展特点的方式、方法，实施着眼于培养幼儿基本素质的教育。对幼儿实施全面发展教育是我国幼儿教育的基本出发点，也是学前教育的基本任务。

全面发展是针对片面发展而言的，偏重任何一个方面或忽略任何一个方面的发展都不是全面的发展。但是，全面发展并不意味着个体在体、智、德、美等方面齐头并进地、平均地发展，也不意味着个体的各个侧面可以孤立地发展。因此，幼儿园全面发展教育在保证幼儿体、智、德、美等方面全面发展的基础上，可以允许幼儿个体在某方面得到突出发展。同时，应注重幼儿各方面发展的和谐、协调。当前，由于受传统课程观念的影响，许多幼儿园课程偏重于认知和技能，忽略了对情感、社会等方面的教育，这不利于幼儿的全面发展。因此，全面发展的幼儿观要求幼儿园在课程设计之初，就必须考虑到各个方面的因素，为培养体、智、德、美素质全面发展的幼儿而努力。

四、课程注重整合性教育

当前我国幼儿园课程实践的基本趋势是更多采用整合性课程。① 整合性课程不仅强调课程内容的整合性，也注重课程体系中其他要素的整合，如家长资源、社区资源等等。同时，整合性课程摒弃了原有的过分分科的课程体系，不再简单地将课程分离成一门门孤立的科目。具体来说，实践整合性课程需要做到以下几个方面：

（一）课程设计要注重幼儿、家长和社区的参与

幼儿是学习的主体，社区有着独特而丰富的教学资源，因此，幼儿园应当充分吸收家长和社区参与到课程实践中来。在课程实施上，要求三方都积极推进小组学习，组织幼儿互相学习，提倡师幼及同事之间的合作。同时，也要充分利用家长和社区的教学资源，努力为幼儿提供丰富多彩的课程。

（二）课程内容要与幼儿日常生活紧密相联

由于幼儿身心发展的独特性，学前教育更多的是培养幼儿的基础素质，重点在于促进幼儿的全面发展。因此，幼儿园课程应尽可能地同幼儿生活和社会现实相联系，引导幼儿关心周围的人和事，培养幼儿对社会的关爱之心。

（三）课程开发与实施要走向多学科深度整合

学前教育以促进幼儿智力因素与非智力因素协调发展为目标。要实现这一目标，必须将幼儿认知、情感与行为等方面的教育紧密结合起来，建立整合性课程正是实现这一结合的有效途径。课程的整合强调的是，课程目标、内容、实施及评价等的全面综合，这有益于高级学习能力的形成，有益于幼儿的全面发展。整合性课程避免了分科教学的"孤立"等缺点，将教育过程的知识性、趣味性、情景性和活动性有机地结合在一起，充分激发了幼儿学习的主动性。

总之，幼儿园课程整合的目的在于促进幼儿的健康成长。因为幼儿的身心特点与大、中、小学生不一样，幼儿园课程实践要有别于其他学校系统，真正做到把幼儿作为课程整合的中心，促进幼儿认知，特别是社会、情感等方面的全面发展。

---

① 侯莉敏．幼儿园整合性课程的思考与建构[J]．早期教育，2002(8)：21—23.

相关链接

瑞吉欧的教育理念(节选)①

瑞吉欧是意大利东北部的一座城市，自20世纪60年代以来，洛利斯·马拉古齐(Loris Malaguzzi)和当地的幼教工作者一起兴办并发展了该地的学前教育。数十年的艰苦创业，使意大利在举世闻名的蒙台梭利之后，又形成了一套“独特与革新的哲学和课程假设，学校组织方法以及环境设计的原则”。人们称这个综合体为“瑞吉欧·艾米里亚教育取向”。

瑞吉欧教育理念主要有以下几个方面：

走进儿童心灵的儿童观。 在《孩子的一百种语言》一书中，马拉古齐的一首诗《其实有一百》充分表达了这一思想。他说：“孩子，是由一百组成的，/孩子有，一百种语言，一百只手，一百个念头，一百种思考方式、游戏方式及说话方式；/还有一百种……/孩子有一百种语言(一百一百再一百)，但被偷去九十九种……”在这首诗中，我们可以体会到他视儿童为一个自己能认识、思考、发现、发明、幻想和表达世界的栩栩如生的孩子；一个成长中自己做主角的孩子；一个富有巨大潜能的孩子。面对这样的孩子，成人应如何应对？最重要的是要承认“其实有一百”。其次，要以孩子的思维、儿童的立场来看待一切。另外，千万不要压制孩子，应让孩子充分表现其潜能。瑞吉欧的教育成就应该归功于这种“走进儿童心灵”的儿童观。

强调“互动关系”和“合作参与”。 “互动合作”是瑞吉欧教育取向的一个重要理念，也是贯彻在整个教育活动过程中的一项原则。“互动合作”包括教师和学习者的互相沟通，关怀和控制的不断循环，以及教育活动的相互引导。

瑞吉欧教育主张：儿童的学习不是独立建构的，而是在诸多条件下，主要是在与家长和教师、同伴的相互作用过程中建构的，是在特定的文化背景中建构知识、情感和人格。在互动过程中，儿童既是受益者，又是贡献者。互动存在于以下几个方面：①存在于发展和学习之间；②存在于环境和儿童之间；③发生在不同符号语言之间；④发生在思想和行为之间；⑤发生在个人与人际之间(这一点最重要)。这种对家长、教师和儿童互动、合作关系的看法，不仅使儿童处于主动学习的地位，同时还加强了儿童对家庭、团体的认同感，让每个幼儿在参与活动时，都能感受到归属感和自信心。有人认为，瑞吉欧的课程取向是：人类发展理论与社会文化环境的价值观、信念及目标之间密不可分的关系，是成人与幼儿共建的深入主题的项目活动的基础。

第二节 幼儿园园本课程开发

一、园本课程及其开发

园本课程是幼儿园根据国家、地方的课程政策，从幼儿园实际出发，充分利用园内外教育资源，通过对课程的创编、选择和整合而形成的、体现本园特色的个性化课程体系。它强调的是幼儿园在拥有了课程决策权后，自主地进行课程开发。一般地，园本课程体现了幼儿园特色，符合幼儿需要。

《纲要》对幼儿园课程开发与管理并没有制定统一的标准和教材的文本要求，全国各地的幼儿园可以根据当地的实际情况，自行开发能体现本地、本园特色的课程。因此，幼儿园课程与中小学课程理念的一个很大不同之处是，幼儿园更重视园本课程的自主开发与实践。园本课程的实质是，幼儿园在结合本园的实际情况下所实施的能够体现幼儿园特点的个性化课程，它应该是在园长的积极引领下，多方人员参与研发的课程体系。

---

① 资料来源：http://wenku.baidu.com/view/ba5b8d0d6c85ec3a87c2c56ehtml?from=rec&pos=0&weight=50&lastweight=25&count=5. 2012-5-4.

课程开发是指通过需求分析，确定课程目标，再根据这一目标选择某一个(或多个)学科的教学内容和相关教学活动进行计划、组织、实施、评价和修订，最终达到课程目标的整个工作过程。广义幼儿园课程开发包括非园本课程开发和园本课程开发。幼儿园非园本课程开发的主体可能是国家、地方，甚至是市场机构，而幼儿园园本课程的开发主体则仅限于幼儿园。一般地，幼儿园课程开发取其狭义，即指幼儿园园本课程开发。《纲要》要求，应把幼儿园课程开发看作一个革新的动态历程、一项自主决策的系统工程，幼儿园课程开发的复杂性要求幼儿教师积极主动地参与到课程开发中来，充分发挥其参与课程开发的主体作用。①

从幼儿发展角度看，幼儿园园本课程开发的出发点是，幼儿园要充分考虑幼儿园自身的特点，以及幼儿发展的实际需要。在幼儿园保教情境中，幼儿接受教育的途径主要是课程的实施，因此课程的选择、重组和整合的效果直接影响幼儿受教育的效果。课程领导的基本理念与幼儿园园本课程开发的理念是一致的。课程领导为园本课程开发提供了必要的制度保证与环境支持，使课程决策、制定、实施更加科学高效。在课程领导理念的指导下，幼儿园科学有效地进行园本课程开发，会对幼儿的发展起到积极的促进作用。

园本课程开发不能仅仅局限在幼儿园内部的资源上，家长和社区是幼儿园可以运用的丰富资源。在园本课程开发的过程中，课程发展既需要家长的积极配合，也需要社会主动而有力的支持。因此，园长在推动园本课程开发的过程中，需要考虑家长和社区方面的想法与意见，在许多方面需要家长的参与和社区的支持。另外，与家长、社区的沟通及配合还需要幼儿园有一个民主开放的组织结构，以及一套完善的管理制度，以便给予家长、社区人士更多参与幼儿园课程决策的机会。园本课程的开发是一个持续、动态和逐步完善与探索的过程，园本课程开发的目标在这个探索过程中具有灵活性和开放性，因此园本课程是一种不断生成的探索性课程。这一特点也赋予了园本课程以生机和活力。②

二、园本课程开发的特点

幼儿园园本课程开发具有如下特点：

(一) 多样性

园本课程开发没有统一固定的模式，园长和教师可以根据具体情况对幼儿园的课程进行选择、改编、整合、补充、拓展或新编。园本课程的开发是灵活多样而非固定不变的。

一般地，课程选择是众多幼儿园普遍进行的园本课程决策行为。幼儿园园长和教师根据自己对教育幼儿的要求，以及自身的条件，从众多可供选择的课程中选择合适的课程，在具体的实施过程中，教师还可以对原有课程进行一定的修改，以适应具体的教育情境。就目前而言，因为综合课程在幼儿园中占有较为突出的地位，幼儿教师也常常把跨学科的课程进行重新设计与整合。当然，根据教育教学的需要，教师有时也会补充一些课程材料，以增加幼儿对课程的感知和兴趣。有时教师还会把课程进行延伸、拓展，以发展幼儿的个性，这方面的活动在幼儿园科学教育活动中较为常见，但是这一工作对教师的素质要求较高。对课程进行新编是一项比较复杂的活动，幼儿园新编课程通常以专题的形式进行，如园庆活动、三八妇女节活动，等等，形式多样，既适合幼儿的特点，又能联系幼儿周围的生活环境，深受教师、家长和幼儿的欢迎。

(二) 独特性

幼儿园间的教育理念与办园宗旨可能有异，加上各个幼儿园的师资条件和环境不同，以及本来就存在的地区差异，因此，开发出来的园本课程具有明显的园际差异，即每一幼儿园园本课程都有其独特性。这种独特性的表现可归属于幼儿园办园特色。长期以来，我国各地幼儿园在条件千差万别的情况下，形成了几乎完全一样的幼儿教育模式。与此同时，教师习惯于模仿，不善于创新。这些因素直接或间接地导致我国幼儿园园本课程在目前很难表现出鲜明的独特性。

(三) 民主性

从参与园本课程开发的人员来看，园长、教师、课程专家、幼儿及家长和社区人员都有权提出自己关

① 栾文彦. 民办幼儿园教师参与课程决策的个案研究[D]. 西南大学，2010：1—2.

② 蔡红梅. 幼儿园课程开发的内涵及特点分析[J]. 南京晓庄学院学报，2004(4)：98—103.

于课程方面的见解，所以，园本课程开发的过程也就必然体现出一定的民主性。国外幼儿园园本课程的开发充分考虑了各个方面的参与程度，美国在这一方面表现得尤为突出。由于幼儿年龄尚小，还不能对自己的行为进行理性决策，家长的意见就常常成为幼儿园园本课程决策的重要依据。例如，教师欲组织一次户外活动，就必须事先征询家长的意见，如果家长不同意其小孩参与，教师则不能带这个幼儿出去。我国的幼儿园在组织类似的活动时，往往把家长抛在了一边，忽视了家长对课程的决策权。①

（四）灵活性

园本课程开发鼓励家长和社会人士参与幼儿园的课程建设，这样容易融进最新出现的课程资源，因而具有相当的弹性。同时，园本课程开发使幼儿园、家庭、社区和社会紧密地联系在一起，促进了幼儿课程的本土化，彰显其灵活性。

三、园本课程开发的条件

园本课程在我国长期处于探索阶段，尚未形成合理的发展势态。总结相关的园本课程开发经验，我们认为，有效而高品质的幼儿园园本课程开发应具备如下条件：

（一）高素质的师资队伍

一般而言，园本课程开发在具有受过良好教育的、高素质师资的幼儿园中更易实现。所以，幼儿教师的敬业精神、专业知识与专业技能等都是影响园本课程开发成功的重要因素。由于课程开发对幼儿教师来讲，是一个新的领域，所以要致力于这一活动，必须具备相关的知识和技能。显然，目前幼儿教师中的大多数还没有承担这一任务的能力。因此，在园本课程开发之前，对幼儿教师进行相关知识的培训，全面提高他们的素质就显得尤为重要。

（二）明确独特的教育理念

一般地，国家对各级各类学校（包括幼儿园）的培养目标、培养规格都有统一的规定，但是，这种规定只是最基本的原则性要求，不可能照顾到各地、各类、各级学校的具体特殊性。而且千校一律、千人一面的培养目标、培养规格也难以满足当今丰富多样的社会与个人发展需求。这就要求幼儿园要有自己独特的教育理念，也就是，幼儿园要根据具体的师生特点、教育资源与环境，以及教育者的办园旨趣，确立幼儿园的独特发展方向。同样是为幼儿创造活动条件的场所，不同幼儿园的办园特色和办园品位很可能大异其趣。有的幼儿园的办园宗旨突出身体锻炼，兼顾其他；而有的幼儿园则强调文艺，发展幼儿的个性与特长；还有的幼儿园注重兴趣的培养，等等。在美国，不同幼儿园办园的指导思想经常是不同的，有的宣扬自己主张福禄倍尔的教育理念；有的则强调自己是蒙台梭利的嫡传；还有的打着杜威或皮亚杰的旗号。我国有些地方的幼儿园在办园特色方面已走出了关键一步，但还不成熟。至于教育理念具体的文本表达，我国幼儿园呈现的是千园一律的窘人景况："撒向孩子的都是爱"，显得空洞；"一切为了孩子，为了一切孩子"，更有空中楼阁之感。这样延伸到幼儿园园本课程的开发上，就会显得特色不鲜明。

（三）民主开放与科学管理

幼儿园园本课程开发是根据国家、地方的规定，以及学校的特点，由众多的参与者共同完成的，不是单个人的行为。这就要求幼儿园有民主、开放的组织结构，而不能是"一个人说了算"，更不能是"闭门造车"，它需要幼儿园园长纵向和横向的协调，需要幼儿教师广泛积极的参与，需要家长的配合，也需要社会主动有力的支持。

园本课程开发是幼儿园自主进行的，它的实施成效不可能依赖于国家用类似于外部统一考试等评价手段来进行检测。所以，园本课程开发更多地需要幼儿园自身的科学管理机制，确切地说，是自觉自律的自我评价机制。幼儿园要不断反思园本课程开发过程中出现的问题，进行自我批评、自我改进和自我激励，以保证园本课程开发的顺利进行。幼儿园的科学管理还应包括对时间、场所和资金的管理，以便在开发、利用课程资源时，能从各种渠道得到有力的支撑。

（四）高效的监督服务机构

当前，有些地方在开发园本课程时，往往由某位行政负责人召集园长或教师编纂完成，然后通过行政

---

① 王萍. 幼儿园课程实施现状与特征的个案研究[D]. 东北师范大学，2010：29.

指令的方式让各幼儿园购买，整个过程也是半强迫、半建议的。这种看似带有地方特色的幼儿园课程，其实质并不是真正的园本课程。这种课程的完成没有得到课程专家的指导，没有家长和幼儿的参与，充其量只是其他课程的翻版。真正的园本课程应该有一套完备的服务与监督机构。一方面，这个机构能够为园本课程开发提供有效的服务，使社会各界广泛地参与到决策和管理活动中来，同时，它又能起到监督作用，对不符合课程原则的幼儿园课程，或者违反幼儿身心发展的课程能够及时发现、果断纠正，使园本课程不至于落入"一哄而上"的境地。这一点也是历史的教训。当然，服务是主要的，监督是其次，只有在出现不科学的园本课程开发行为时，监督的作用才凸显出来。①

四、园本课程开发的路径

我国幼儿园尽管多年来一直在进行着某种意义上的园本课程开发工作，但由于多种原因，这种开发还不够成熟。科学的园本课程开发应从如下几点做起：

（一）发挥师生双主体的作用

幼儿是有尊严、有需要和有动机的相对自主的、不断变化发展的个体。教师则是具有教育主体性的人，即教育主体，代表着教育的正确方向。教师、幼儿和教育情境是园本课程开发的条件，教师对园本课程的开发应以发挥幼儿的主体性为前提，因为幼儿在认识过程中不是被动消极的，而是积极主动的，幼儿与环境之间的关系也是互动的。与此同时，幼儿与教师的关系也应是互动的，是主体与主体之间平等的交往关系，即"主体间"的关系。儿童不能被看作是被动接受知识的容器，教师也不能被认为是知识的灌输者，教师应通过园本课程的开发，来调动幼儿的主动性，通过幼儿的主动学习，来培养其兴趣，发展其才能。

（二）强调通过游戏活动开展教育活动

游戏具有假想性和愉悦性，适合幼儿的年龄特点，因此被确定为幼儿园的基本活动，成为对幼儿进行教育的最为基本和主要的形式。《幼儿园工作规程》明确指出："幼儿园的教育活动应是有目的、有计划地引导幼儿生动、活泼、主动参与的、多种形式的教育过程。""教育活动"这一概念的提出，反映了一种新的幼儿教育观与儿童发展观，是新时代教育思想的具体体现。课程开发应立足于科学的儿童观、教育观和课程观，尊重幼儿身心发展规律，发挥幼儿的主动性，尊重幼儿的主体性，调动教师的积极性与主动性，注重各种课程资源的开发，以生动活泼的形式组织活动，开展游戏，促进幼儿全面和谐的发展。

（三）重视潜在课程的教育影响

园本课程开发不能只是盯着课程表上、计划中的教学内容，应更多地关注幼儿园的特色，关注幼儿园的各种教育因素，加强家园合作、幼儿园与社会的合作，重视各种潜在课程的教育影响。特别要注意，当前动画片质量参差不齐，有的教育性很差，这些都有可能会潜在地给幼儿传输不正确的价值观念和行为习惯。

（四）避免形式化，减轻师生负担

园本课程开发过程中要避免形式化，避免增加教师、幼儿的负担，其关键在于对园本课程要有正确的理解。首先，园本课程开发可以通过多种渠道实现，教师对现有课程进行改编（包括整合、选择、补充与拓展）或新编，要根据自己的特点和风格，同时还要考虑本园的条件，以及幼儿的要求。其次，园本课程开发是一种政策导向，并不是上级给下级的指令。目前，许多地方的课程改革具有盲目性，或简单模仿他人，或单纯追求"花样翻新"，这些均加重了教师和幼儿的负担。

（五）建立和谐科学的课程体系

幼儿园园本课程开发应在促进幼儿和谐发展思想的指导下，涉及幼儿教育的健康、语言、社会、科学和艺术等各个领域，开展实质性的探索，形成科学的园本课程体系。发展是促进幼儿个性的发展，而不是千篇一律的、万人一面的发展；是促进幼儿各个方面全面的发展，而不是某个方面单一的发展。

总之，幼儿园园本课程的开发是指以幼儿园为基地进行课程建设的过程，它集中体现了新的课程理念。课程园本开发实践的成功与否有赖于教育的每一个利益相关者的共同努力，教师参与园本课程开发

---

① 陈时见，严仲连. 论幼儿园的园本课程开发[J]. 学前教育研究，2001(2)：41—43.

对幼儿园课程的发展有着至关重要的作用。因此，幼儿园园本课程开发便成为园长、教师共同协商、合作及决策的过程，教师与园长被同时赋予了课程开发的责任。同时，园本课程开发是我国幼儿园今后若干年内课程改革的重要课题，所以，我们应大力宣传园本课程开发理论，提高人们在这方面的认识，深入开展园本课程的研究，从而促进园本课程开发的快速发展，以进一步提高幼儿教育的服务质量。

第三节　幼儿园课程实施

一、幼儿园课程实施的特征

幼儿园课程实施是将编制好的课程计划付诸实践的过程，是实现预期课程理想、达到预期课程目标的基本途径。本质上，幼儿园课程实施是动态的过程，它应成为有计划、有组织的互动过程。一方面，它促进了教师的专业成长；另一方面，它发展了幼儿的课程体验，最终指向预期教育目标的实现。

幼儿园课程实施具有如下特征：

（一）人文性

幼儿园课程实施是一种以幼儿为对象的实践活动，所以，课程实施不是按自然规律开展的活动，而是由人支配的文化生产活动，必须通过教师与幼儿这两个主体才能实现，是一种主体性活动。并且，这些活动是课程得以实现的基础。在课程实施过程中，自始至终都包含着幼儿教师与幼儿的价值选择与价值追求，所以，幼儿园课程实施必须考虑到幼儿和教师两个方面的因素，关注两个方面的人文性。

（二）复杂性

幼儿园课程实施是以人为对象的人文活动，同时，幼儿和教师的复杂性决定了课程实施过程的复杂性、不确定性与随机性。课程实施的复杂性由课程计划，教育资源，幼儿入学的基础、兴趣爱好、接受能力，幼儿园的社区环境，教师的知识经验，幼儿园文化，园长的改革态度等一些相异的因素所决定的。

（三）动态性

幼儿园课程实施是一个复杂的过程，这种复杂性决定了它动态的本质。课程实施不可能只是简单地按照课程计划原封不动地实施。由于幼儿自然生成的兴趣有即时即景性，幼儿教师要根据幼儿的兴趣，随时改变教育活动的内容与步骤，有时甚至还要改变教学目标。所以，在实施过程中，对其做出相应的调适与创造是必要的。这些都充分体现了幼儿园课程实施的动态性。

（四）本土性

幼儿园课程实施的本土倾向根源于各地的文化传统，文化传统具有一定的稳定性、相对的独立性、本土的倾向性、相互的差异性等特征，它无形地影响着人们的价值取向和行为方式。幼儿园课程在实施的过程中，同样也受到文化传统的影响，本土倾向十分明显。更小范围地看，幼儿园课程实施受到了其所处社区环境的影响，社区环境体现的就是本土性。

二、幼儿园课程实施的影响因素

幼儿园课程的实施是一个复杂的、动态的过程，是以幼儿教师和幼儿为主体的一项人文性活动。在这项活动中，幼儿是课程实施的对象，教师是课程实施的执行者。因此，影响幼儿园课程实施的因素包括了幼儿、教师等多个方面，具体主要有如下几种：

（一）教师是课程实施的主要执行者

幼儿教师作为课程实施的主要执行者，在其中具有不可替代的作用。幼儿教育理念必须通过教师进行实践，幼儿教育的目标也必须通过教师的努力才能得以实现，因此，幼儿教师是幼儿园课程设计与课程目标实现等环节重要的联结者。幼儿教师课程实施的效果也是课程活动是否能够促进幼儿真正发展的决定性因素之一。

（二）幼儿是课程实施的重要参与者

幼儿是幼儿园课程的实施对象，所以幼儿对课程实施的参与度直接影响了课程实施的效果。一个真正符合幼儿发展规律、满足幼儿需求的课程，必然能够吸引幼儿参与其中。幼儿是一切课程的基点与目标，也是最佳的课程设计者，他们的想象力、创造力、生成性与多变性是课程发展的重要源泉。园本课程新模式主张幼儿作为课程实践的重要参与者。幼儿作为拥有丰富想象力、创造力的群体，应成为课程研究、开发与实施的重要参与者。

(三) 园长是课程实施的关键指导者

在课程实施的过程中，幼儿园园长作为课程领导的第一责任人，起着举足轻重的作用。园长课程领导的品质是决定课程活动能否取得良好效果的重要因素，也影响着幼儿、教师和幼儿园的长远发展。

三、幼儿园课程实施中的问题

通过对幼儿园课程实施的观察，可以发现，当前国内幼儿园在实施课程中存在如下问题：①

(一) 课程计划落实不到位

幼儿园课程计划经过充分讨论制定出来后，在实施的过程中往往会出现落实不到位的现象。在落实过程中最容易出现的问题有如下两类：

一是落实课程计划时，周游戏活动比例失当。应平衡一周各类型游戏的比重，每周至少开展各类型游戏1次，保证每日幼儿游戏活动的时间不少于一个半小时。许多幼儿园对幼儿游戏活动的开展重视不够，尤其是没能认真组织角色游戏、表演游戏和音乐游戏。而且，幼儿活动区的活动时间也得不到应有的保证。

二是落实课程计划时，其他课程内容比重失衡。尽管国家要求幼儿园课程应涉及健康、语言、社会、科学和艺术五大领域，各领域的内容应相互渗透，从不同角度来促进幼儿情感、态度、能力、知识和技能的全面发展。但是在具体落实的过程中，因种种原因，幼儿园往往更注重显性知识的培养，而忽略了对幼儿情感及其他非智力因素的培养。

(二) 教师课程实施能力有限

教师是课程实施的关键，但是由于教师实施能力有限而带来的课程实施问题也是比较常见的。

第一，教师对活动目标理解不透，活动组织不力。不少幼儿教师在组织教学活动之前，对教学活动的目标并不十分明确，在教学过程中盲目指导，造成课程实施效果不佳。并且，在课程实施过程中，过分依赖既定的方案，对教学过程中出现的“意外”情形处理得不够灵活，不能适时改进课程实施，使得教学过程生硬呆板。

第二，教师在日计划落实时生搬硬套。由于一些幼儿教师在缺乏创造性的同时，也缺少对教材的钻研与理解，不能把日计划真正变为适合儿童需要、促进儿童发展的活动内容，缺乏对教学材料进行再次筛选、加工与设计的意识和能力。在实施日计划的过程中，教师的教学反思也经常流于形式，对所发现的问题缺乏有效的分析与改进。部分教师将教学反思的重点放在了大多数幼儿的需求上，那些“吃不了”、“吃不饱”的少数幼儿却很少被教师所关注。还有的教师不知道该反思些什么、怎样全面透彻地反思、怎样多角度地反思，这些都反映出教师多角度思考分析的能力比较弱。

(三) 课程管理制度不全，职责不明

幼儿园大小事务极多，管理复杂，很多制度只是简单的复制与沿袭，没有及时更新，因此远远跟不上课程改革的变化。在不少幼儿园，从园长到年级组长，再到教师，均存在着职责分工上的混乱现象，造成幼儿园各级管理人员对自己的课程职责认识模糊，对各类课程计划的指导审核流于形式，对课程实施缺乏有效的管理。

(四) 课程实施监督控制乏力

课程实施是一个复杂的动态过程，幼儿园应该有相应的制度和人员监督、控制课程实施的各个环节。然而，常见的情形是，园长是课程实施的监督者，虽然园长会定期查看各班课程实施的情况，但很多也是流于形式，没有及时指出并解决课程实施中出现的问题。而且，监控人员对课程实施的评价也还存在问题，对课程实施的效果重视不够，对课程实施中呈现的问题不能及时地给予反馈，从而影响了课程实施的

① 殷静，向建秋. 幼儿园课程实施的问题及对策[J]. 成都大学学报(教育科学版)，2008(11)：57—60.

质量。

四、幼儿园课程实施的建议

为了更有效地在幼儿园进行课程实施，可采纳如下建议：

（一）采取有效措施，提升幼儿教师素质

幼儿教师的素质是决定课程实施有效与否的关键因素之一，教师在课程实施中发挥着重要作用。由于幼儿园课程没有国家统一颁发的标准，更没有国家组织编写的教材，幼儿园在确定了本园所开设的课程后，主要是由教师按照《幼儿园教育指导纲要（试行）》的精神，根据本班幼儿的实际情况，制定课程计划，确定课程目标，选择课程内容与方法等。教师在课程时间的安排、课程计划的制定、教育活动目标的确定、教学方法的选择和教育活动开展形式的确定等方面有着相当大的自由度。

当前，我国幼儿教师的理论与实践水平偏低。随着幼儿园课程改革的逐步深入，教师理论水平不足的问题日渐显露出来，主要表现为，教师对课程改革的本质理解不透，不能从社会发展的需求和幼儿终身发展、全面发展的层面上来认识课程，把课程改革仅仅理解为操作层面上某些具体方法的变革，表现在课程实践上就是"换汤不换药"。因此，要保障幼儿园课程的有效实施，就必须提高幼儿教师的基本素质。

要提高教师的专业素养，需要从两个方面着手，一是切实提高幼儿教师职前教育质量，促进教师专业成长；①二是强化教师职后培训，帮助教师自我成长。②

（二）加强课程实施领导，完善课程管理制度

幼儿园园长作为幼儿园课程领导者，要持有正确的教育理念，把握科学的课程观，坚持将促进幼儿完整个性的形成与发展作为办园宗旨。园长不仅是行政领导者，更是教育教学改革的决策者与引领者。面对幼儿教师在课程实施中遇到的困难与问题，园长应该积极组织并参与到课程实施中来，通过组织教研活动，与教师们共同探讨实施课程的有效途径，成为课程实施的支持者、促进者与领导者。

另外，幼儿园课程实施是复杂的、动态的过程。幼儿园应该有相应的制度和人员对其进行管理，监督课程实施的各个环节。当前，为了进一步完善课程实施的效果，幼儿园必须加快建立合理且高效的课程管理制度。

（三）重视家园共育，争取家长支持

以往，家长在幼儿教师的心中只是一个支持者、配合者，不是消费者、监督者，而今，教师们需要转变观念，才能真正吸引家长参与到幼儿园的课程实施中来。幼儿园应从管理上找问题，依托园本培训，深入理解《幼儿园教育指导纲要（试行）》精神，增强课程意识，树立大课程观，将幼儿园课程实施与幼儿一日生活进行有机融合，相互渗透。同时，要让家长了解现代幼儿园管理制度与家园合作的相关信息，结合实际问题，通过探讨达成共识，使教师、家长能够分享新的理念。在班级课程实施中，要主动听取家长的意见与建议，使家长真正成为育儿的伙伴。还需要加强家园合作，让家长参与课程教材选取等方面的实际操作，认真听取家长对幼儿园课程的意见，让家长代表参与幼儿园课程的决策，并通过家长积极利用和挖掘课程实施所需要的资源，在幼儿园形成有利于课程实施的环境与氛围。

第四节　幼儿园课程评价

一、幼儿园课程评价概论

幼儿园课程评价是指针对幼儿园课程的特点与组成要素，通过收集、分析、比较系统而全面的课程资料，科学判断课程的价值与效益的过程。幼儿园课程评价在整个课程运行系统中占有重要地位，它既是课程运作的"终点"，又是课程继续发展的"起点"，伴随着课程运行的全过程。

---

① 王萍. 幼儿园课程实施现状与特征的个案研究[D]. 东北师范大学，2010：158—159.

② 陈海燕. 幼儿园社会课程实施的个案研究[D]. 西南大学，2008：33.

幼儿园课程评价的目的在于：一方面，满足教师、课程专业人员、幼儿园管理人员，以及其他负责课程编制人员的需要，以便检验、完善原有的幼儿园课程，或者开发新的幼儿园课程；另一方面，幼儿园课程评价可以满足幼儿教育政策制定者、幼儿园管理人员，以及社会其他成员获得教育方面信息的需要，以便管理课程，作出影响课程的决策。

幼儿园课程评价的内容主要包括如下四个方面：

第一，对照《幼儿园教育指导纲要（试行）》与科学的幼儿教育理念，检查、评估已经拟订的课程计划在目标、内容、组织和方法等方面的合理性。

第二，定期对照《幼儿园工作规程》和《幼儿园教育指导纲要（试行）》中的教育指导思想与各项要求，检查评估教师的行为和态度、教师与幼儿的关系，以及师生互动方式是否有利于课程目标的实现。

第三，及时记录幼儿在教育过程中的反应，并以此定期对照教育教学计划中的预定目标，检查评估该目标本身，以及所实施的教育内容、组织、方法与手段等的适当性。

第四，对照课程目标，测查评估幼儿身心诸方面发展的整体性与均衡性。①

二、幼儿园课程评价的原则

幼儿园课程评价是课程建构、生成与发展的重要环节，是对课程价值做出判断的过程。幼儿园评价课程的价值在于，诊断课程、修正课程、对各种课程的相对价值进行比较、预测教育需求，以及确定课程目标达成程度等。幼儿园在进行课程评价时，应注意把握如下几个原则：

（一）发挥教师主体性原则

幼儿园课程评价的过程，是有关主体运用幼儿教育专业知识审视课程实践，发现、分析、解决问题的过程，也是激励教师不断学习，持续提高的重要途径。在幼儿园课程评价中，应强调以教师自评为主，园长、其他教师参与评价，发挥教师群体的作用，共同研究，共同提高。调动和发挥教师、园长和其他有关人员改进课程的主动性、积极性和创造性，是幼儿园课程评价的总原则。

（二）有利于幼儿发展原则

幼儿园课程评价的最终目的是要促进幼儿的全面发展，所以，涉及幼儿发展水平的课程评价应特别注意：

第一，要注意多渠道、多方面地收集资料，客观地加以整理分析。

第二，应承认并尊重幼儿的个体差异，以个人评价为主，让幼儿看到自己的优点与进步，增强自信心。

第三，要了解幼儿发展的全面性，防止片面性，尤其要避免只重知识技能的掌握，忽略情感、社会性和实际能力提升的倾向。

第四，课程评价要在日常活动与教育教学过程中，采用自然的方法进行。要使幼儿感到自然，没有压力。

第五，除了用作课程设计和课程改进的目的之外，要慎用评估结果。在与家长沟通时，要考虑怎样才能有利于家园合作，共同促进幼儿的发展，特别注意不能伤害到家长的教育热情和对孩子成长的信心。

（三）科学有效的原则

幼儿园课程评价要使用正确的指导思想与评价标准，评价的指标要与《幼儿园工作规程》的精神相一致。课程评价要讲求实效性，为改善、提高教育质量提供有用的信息。对评价结果的科学解释和合理运用也非常重要。科学有效的幼儿园课程评价需要教师、园长、教研员和有关人员的通力合作，才能达到改进课程、帮助幼儿成长的目的。②

（四）有利于发展课程原则③

幼儿园课程评价的目的在于，发现课程中的问题，找出原因，并提出改进建议与措施，解决问题，调整、改进、完善课程，不断提高课程质量。因此，要发挥课程评价的诊断与改进课程的作用，而不宜把评价

---

① 姜勇，刘霞．当前我国幼儿园课程评价存在的问题与对策[J]．教育导刊，2002(6)：21—23.

② 王志成．幼儿园园长课程领导的个案研究[D]．西南大学，2007：26—27.

③ 王志成．幼儿园园长课程领导的个案研究[D]．西南大学，2007：26—27.

仅仅作为对教师工作或幼儿发展水平的鉴定手段，以免使被评价者产生消极抵触情绪与应付行为，从而带来不良效果。

三、幼儿园课程评价中的问题

自20世纪80年代以来，我国幼儿园课程改革呈现出欣欣向荣的态势，涌现出了许多课程模式，在一定程度上丰富、推进了课程的理论研究与实践。但遗憾的是，在幼儿园课程改革层出不穷，甚至是繁荣的背后，课程评价却没有得到实质性发展。各种幼儿园课程改革往往是课程目标、课程内容、课程实施与课程形式等方面的改革，课程评价上仍然存在如下问题：①

（一）评价主体失落，师幼被单一客体化

目前，在幼儿园课程评价的实践中，通常将教师与幼儿仅仅看作是评价的客体，认为衡量一个课程优劣的标准，主要是看教师与幼儿能否在课程实践中得到发展。只将教师、幼儿看成是评价的客体，会忽视教师、幼儿在课程实践中的主体地位，忽视他们的能动作用。事实上，教师与幼儿是课程实践中最有发言权的主体，课程实践的好坏，在很大程度上取决于教师与幼儿的态度。

（二）评价对象单一化，只关注"幼儿园中"的课程

传统上我们所指的幼儿园课程，常常只是指"幼儿园内的课程"，这种课程观是将在幼儿园中进行的活动视为幼儿经验的"生长点"，而对幼儿园之外与幼儿发生密切联系的各种场景与因素视而不见。事实上，影响幼儿发展的不仅是幼儿园，更重要的是其赖以生长的各种环境，包括家庭与社区。后现代课程论专家舒伯特指出，课程不是单数，而是复数，意指课程不仅是幼儿园之中的教育活动，而且包含与幼儿生活紧密相联的各种小环境，如社区也会为幼儿提供相应的发展支持资源。

（三）"完人"式评价忽视发展的差异性，有悖终身教育理念

当前，我国幼儿园课程评价中多采用"完人"式标准，即在每一次集体教育活动中，在每一次分组活动中，在每一次个别教育活动中，管理者与教师总是希望通过活动将幼儿培养成理想的"完人"，并依此来对幼儿与课程进行评价。"完人"式的课程评价忽视了人的差异性，也不符合终身教育的理念。终身教育理念认为，教育是一个持续进行的过程，没有终点，是一个终身学习的过程。在幼儿园阶段要把幼儿培养成"完人"的想法是不科学的。

（四）课程评价与生活疏离，不能真正反映幼儿发展

幼儿园课程评价的关注重心与幼儿生活相疏离是当前评价中遇到的一个重要问题。不少家长、社会人士，甚至教育工作者在对幼儿课程进行评价时，都过分强调幼儿对抽象知识的记忆，过分注重对抽象能力的培养等。这些倾向都脱离了幼儿的生活世界，不符合幼儿成长规律，难以真正反映幼儿的发展水平。

（五）单一重视结果评价，忽视过程价值

杜威的观点认为，儿童是教育的起点，教育的中心，也是教育的目的。教育中幼儿的个性、性格比教材更为重要。教育目标，不应仅仅是知识的传播，更应是自我实现。幼儿教育中的活动过程本身具有教育价值，其重要性超出了知识记忆之类的结果。

综上所述，是当前我国幼儿园课程评价中存在的一些问题，而这些问题能否解决，会影响到幼儿园课程改革的前景。基于对课程评价的深入思考，我们认为，树立动态性评价和发展性评价的课程评价观，是解决当前幼儿园课程评价问题的关键所在。

练习题

1. 什么是幼儿园课程领导？
2. 怎样做好幼儿园园本课程开发？
3. 当前幼儿园课程实施中存在哪些问题？
4. 幼儿园课程评价的原则有哪些？

---

① 姜勇，刘霞. 当前我国幼儿园课程评价存在的问题与对策[J]. 教育导刊，2002(6)：73—77.

5. 请比较华德福教育理念与当前国内主流的幼儿教育理念之间的异同，并对华德福教育理念进行评价。

华德福教育理念简介①

华德福教育的创始人是一位奥地利的哲学家。他为什么有这样的想法呢？1919 年，第一次世界大战以后，目睹欧洲战争以后的破败和人性的混乱，他觉得西方的这种思维方式再这样发展下去非常危险，为了寻找另外一条路，他从印度等东方的哲学里吸收了大量的精神财富。原来西方的教育，主要依靠大脑的学习，使得人类越来越离开自然，越来越依靠一种纯粹的理性的思维认识，就是单一化。越是单一化，人类越危险。第一所华德福学校 1919 年创办于德国的斯图加特。到了 80 年代，作为一种独立的教学思想和体系，世界上许多国家和地区都有了华德福学校，全球已经有不少孩子在这里接受过教育。

华德福教育在培养个性化方面比较有特点，这也是其区别于其他教育的最大特色。它是感受性的，要求全身心地投入学习。它有大量的艺术活动，唱歌、舞蹈、演奏乐器等，还有大量的手工劳动。它不是单一的用头脑来了解知识，而是全方位地发挥人的个性。我们讲教育的目的是为了培养人，培养合格的劳动者与合格的公民，那么华德福教育能达到这种目的吗？事实上，华德福教育其中的一个目的是掌握一种技能。比如说可以用锯子等工具做一样东西，我们国内也有这种劳技课，但是国内的劳技课是一个半成品的东西，孩子们把木板拼贴一下就可以了。华德福教育是让孩子们到木工房去，找一块木头，或者是一个树干，然后从头开始做一样东西。这些劳动包括把羊毛变成线，把线织成围巾、地毯，让孩子们体会整个制作过程。

华德福教育里的一个很重要的特点，就是让每一个人展现他的个性，而且老师从来不评价谁最好，谁最差。比如说你英语很差，但是老师从来没有说过你要向谁谁学习，或者说你这句话说得怎么不好。每一个同学都有上台说话的时间，以及表演的机会，它给每一个人的时间都是一样的，不会说因为你的英语好，或者你的英语差，就给你不等的时间。你坐在下面，当你看到周围每一位同学展现他的个性、他的表演成就的时候，你就会想，原来每一个人都有他独特的方面。因此，华德福教育可以有效地发展孩子的个性。

① 资料来源：http://edu.pcbaby.com.cn/brain/hdf/1002/896940.html. 2012-2-12.

第四章　幼儿园保教管理

学习目标：

1. 掌握幼儿园保教结合的原则；
2. 掌握各年龄段幼儿的发展特点；
3. 了解幼儿园保教管理的内容；
4. 掌握幼儿园保教的重点难点。

第一节　幼儿园保教概述

一、幼儿园保教工作沿革

自英国人欧文创建世界上第一所幼儿园以来，社会性的学前教育机构至今已有近两百年的历史。正规的学前教育已经逐步成为当今世界大多数国家不同家庭背景的孩子的启蒙教育，原先具有慈善兼福利色彩的学前教育机构，正日益转变成为国民教育体系的基础部分。学前教育发展及其机构管理，也从各种非政府组织的分散运行，渐趋转变为由国家运用法制进行规范，以及政府通过公共政策与权力的使用予以支持和资助。幼儿教育的这种发展，在很大程度上受益于各国政府采取的积极发展政策。因此，政府是推进学前教育发展的最重要的角色，政府采取的相关政策、策略，对学前教育发展具有极其重要的推动作用。

回顾我国幼儿园发展的历史，不难看出，保教结合是我国幼儿教育的优秀传统。早在幼儿园创立之初，在《蒙养院章程法》中就提出，蒙养院的主要宗旨就是保育和教导儿童，“当体察儿童身体、气力之所能为，心力知觉之所能为，断不可强授以难记、难解之事或使为疲乏过度之业”。其意思就是，在蒙养院的教育中，也要注重对身体的保育。

在20世纪末、21世纪初，《面向二十一世纪教育振兴行动计划》、《中共中央国务院关于深化教育改革　全面推进素质教育的决定》和《国务院关于基础教育改革与发展的决定》等文件都进一步肯定了幼儿教育的基础作用。《幼儿园教育指导纲要（试行）》指出，“幼儿园教育是基础教育的重要组成部分，是我国学校教育和终身教育的奠基阶段”，“为幼儿一生的发展打好基础”，重点培养幼儿积极主动的态度、强烈的学习兴趣，以及与环境互动的能力、初步的合作意识、责任感等可持续发展的基本素养。

《关于幼儿教育改革与发展的指导意见》（2003）进一步明确，幼儿教育是基础教育不可缺少的重要组成部分，发展幼儿教育，对于促进幼儿身心的健康发展，普及义务教育，提高国民整体素养，实现全面建设小康社会的奋斗目标，具有重要意义。在21世纪的今天，幼儿园保教结合工作及其管理，对幼儿全面发展的积极作用，正在得到社会越来越多的认可和支持。

二、幼儿园保教结合原则

幼儿园保教工作要遵循如下两个主要原则：

（一）“保”和“教”各自作用，相互联系

“保”是保护幼儿的健康。通常是指为保护幼儿生理、心理健康，增强体质，促进生长发育而进行的锻炼体格、预防疾病、执行科学作息制度和保健卫生制度等内容的活动。“教”是幼儿园的教育教学，是按照体、智、德、美的要求，有目的、有计划地对幼儿进行全面发展的教育。“保教”通常是指有目的、有计划、系统地创设良好的环境，合理安排幼儿生活，培养幼儿良好习惯，丰富幼儿知识、经验，发展智力，培养良好的社会适应性等活动的过程。但是，幼儿园“保”和“教”的侧重点不同，“保”更多地在生活环节上占优势，“教”更多地在教育活动中占优势。幼儿身心发展是一个统一的整体，所以，保教对幼儿的影响也应是统一的。保教结合意味着“保”和“教”同时对幼儿的发展产生影响。“保”和“教”是不可分割且相互联系的，“教”中有“保”，“保”中有“教”。

（二）“保”和“教”是核心要素，具有整体性

保教结合是一个整体概念，“保”和“教”是幼儿园教育整体的不同方面，同时对幼儿产生影响。“保”和“教”是幼儿园工作的核心要素，要在同一过程中实现。①

第二节　各年龄段幼儿发展特点

一、小班幼儿身心发展特点

作为幼儿教师，要做好保教工作，前提是要把握各年龄阶段幼儿的身心发展规律，能够根据这些发展规律，开展科学的保教工作，促进幼儿身心健康、和谐地发展。国内幼儿园通常是按照幼儿年龄进行分班教学，班级设置主要是小班、中班和大班。各个年龄段幼儿的身心发展有不同的特点。

小班幼儿年龄一般是3—4周岁。幼儿出生后，在一定的社会生活和教育条件下，经过三年的时间，已经能够行走自如，广泛操纵器物，进行初步的言语交际，并且从事一些基本的游戏活动。这为幼儿进入小班学习奠定了身心发展的基础。小班幼儿身心发展有如下特点：

（一）生理发展特点

婴儿在出生时，脑重仅400克左右，2岁末能够达到约900克，3岁时则增长到1000克左右，三年中增长了约600克。2岁后的幼儿脑神经纤维开始出现分支。随着年龄的增长，神经纤维的分支继续增多和加长，为形成复杂、众多的神经联系提供了物质基础。婴儿出生时，大脑皮质的结构已经基本成熟，但一些更为重要的皮质区要到3岁左右才开始发展。幼儿脑结构的成熟，使脑的机能也发展起来，皮质兴奋和抑制过程均有所加强，条件反射也容易建立且较为巩固。学习与条件反射的建立速度、牢固程度有直接相关。3岁后，幼儿学习儿歌只要唱几遍就能记住，且不易遗忘。

幼儿在3岁这个年龄阶段身体发育非常快，其动作能力也发展迅速。就全身运动的发展而言，3—4岁的幼儿已掌握行走、跑、闪避、扔、停、拐弯和减速等动作，而且能够短暂地单足站立，会骑儿童三轮车、投球、扣解纽扣和自己倒水，并能使用积木搭桥，或叠起9—10块方形积木，还能自己吃饭，较平稳地使用调羹。这个阶段，幼儿的绘画处于“前描述性”绘画阶段，儿童开始对人、物和事件产生兴趣，但这时的兴趣远远超出了他们的实际能力。

（二）心理发展特点

小班幼儿心理的发展从认识、社会性和自我意识三个方面来看，具有如下特点：

1. 认识的发展

（1）感知觉的发展

小班幼儿的视觉发展主要表现为“视力”发展和“辨色力”发展两个方面。3岁以后，幼儿喜欢看图画书和绘本，用眼睛看近距离和细小东西的机会不断增多，能够分清基本颜色，如红、绿、黄、蓝、黑等。对于色调相近的颜色，如红与粉红，黄与橘黄等则易混淆。幼儿听觉发展较早，到了3岁基本完成。在空间与时间知觉上，能辨上下，但不能很好地辨别前后、左右；能领会“昨天”、“今天”和“明天”的时间概念，但还不能掌握“过去”、“现在”和“将来”的概念。在观察力方面，还刚处于萌芽阶段，只是停留在表面肤浅的观

① 罗长国，胡玉智主编．幼儿园管理[M]．北京：高等教育出版社，2011：62—64．

察上，还不会有目的地去观察，且观察兴趣常常会替代成人要求的观察目的。

(2) 注意的发展

小班幼儿仍以“无意注意”为主，“有意注意”正在逐步增加。3 岁幼儿的注意中无意注意占明显优势，凡是鲜明、生动、活泼和形象的事物就容易引起幼儿的注意。在此年龄阶段，幼儿“有意注意”的水平仍然很低，一般只能维持 3—5 分钟。小班幼儿的注意转移、分配能力都较差，主要表现在观察图片时，仅能注意其主要与鲜明的部分，而忽视其他部分；在做律动时，只能在听琴声时，两手上下挥动或者双脚小步跑，而不能将身体各部分的运动有机地结合起来。

(3) 记忆的发展

小班幼儿主要以“无意识记”、“机械识记”为主，对自己感兴趣的、印象生动且强烈的事物，就容易记得住。由于幼儿爱机械背诵，所以不要以为他们会背就等同于理解了。

(4) 想象的发展

想象是幼儿成长过程中一个非常关键的因素，想象能力与创造能力高度相关。小班幼儿想象的特点之一是没有预定目的，受当时事物的影响较大。例如，给孩子一支笔，一张纸，你如果对他们说：“你先想想画什么，想好了，再画！”那他们就会坐在那里不动，不知道要想什么。他们只有在画的过程中，想象才活跃。由于幼儿的想象没有预定目的，所以其想象是发散的、不稳定的，容易受当时情境的影响。此阶段幼儿玩过家家的游戏时，不管他们手里拿着什么，这个正拿着的东西都可能一会儿变成吃的，一会儿又变成了用的。总之，幼儿根据情境的需要，会把它们想象成自己所需要的任何物件。

(5) 思维的发展

由“直觉行动思维”向“具体形象思维”发展是小班幼儿思维的主要特点。3 岁前幼儿的思维主要是“直觉行动思维”，他们的思维与动作、行为紧密联系，一旦动作停止或转移，其思维活动也就随之停止或转移。

此阶段幼儿一般只能掌握日常生活中的具体概念，如幼儿所见过的实物概念。比如，如果和幼儿说：“吃东西前要洗手，否则小虫虫会到你肚子里，肚子会疼的。”幼儿就会不明白，往往会问：“哪里有小虫虫？我没看见呀！”要是大人接着解释：“是一种细菌，你看不见的。”幼儿就更弄不明白了。

小班幼儿在判断推理时，常常以事物的外部联系为依据，而不是以事物的内在联系为依据，往往说不出导致某一结果的真正原因。他们理解事物要依靠具体形象。例如，小班幼儿常常要借助插图、教具和形象化的语言才能理解故事内容。

2. 社会行为、技能的发展

儿童在入园前交往的重心往往是父母，而入园以后，交往的重心则由父母转移到了同伴、教师身上。他们对社会行为以及如何与他人相处的许多知识，不是由父母传授的，而是通过与同伴、教师的交往习得的。刚入园的一段时间内，幼儿还处于自我中心阶段，关心的常常只是自己，从来不去关心身边的同伴在干些什么。这一点，在游戏中表现得特别明显。随着时间的推移，慢慢地，幼儿之间开始相互交往，语言成为交往的重要形式，他们掌握了一些简单的交往规则，在教师的指导下，会产生一些助人、分享和合作的行为，当然也会产生一些不良行为，如争抢及其他攻击性行为等。

小班幼儿出现了助人行为的萌芽，但是，幼儿往往不能考虑到助人出现的后果，常常会出现好心办坏事的情形。小班幼儿的分享行为通常是在教师的启发下产生的。他们的合作行为在游戏中会经常出现，时间较短，相互协调性发展得较好，但有时也会在合作行为中发生冲突，这说明在这一阶段，幼儿解决问题的能力还有待培养。

3. 自我意识的发展

自我意识是指主体对自身特性，以及自身与他人、周围事物关系的认识。自我意识包括对自己的思想、言行、身体外貌、内部状态和人际关系等方面的认识，如自我感觉、自我评价和自尊心等。婴儿没有自我意识。到 2—3 岁时，幼儿才能叫出自己的名字，并掌握代词“我”，从而产生真正的自我意识。与此同时，幼儿产生与成人不合作的行为，如常以沉默、退缩、身体的抗拒来拒绝成人的要求，并常以“我自己来”来拒绝成人的帮助。这种“违拗”通常于三四岁时达到高峰，心理学上称这一时期为“第一反抗期”。对于处于这一阶段的幼儿，成人可让他们学会自我服务。比如，让幼儿自己穿、脱衣服，自己上床睡觉，自己洗手绢、系鞋带等。①

二、中班幼儿身心发展特点

就身体与运动发展来讲，走、跑、跳、跃、攀、爬已难不住中班幼儿，而细致的手工活动对他们而言却十分困难，如按图形轮廓剪波浪，他们会剪成狗齿状；对照细小的实物画画，画下来肯定是大而走形的。不过和小班幼儿相比，他们已经有了较大的提高，手工作品已经能够模仿物体的基本特征。可以多为中班幼儿准备一些美工用品，发现孩子画出、捏出、折出什么形状来了，就要加以表扬，对不敢动手的幼儿，要陪着他们做。应经常搞一些美工活动，这些活动有利于提高他们的动手能力，提升自信心，还能培养良好的学习习惯。

中班阶段的幼儿非常喜欢模仿，并且模仿得很出色，语言学习能力也得到了大大的提高。具体地说，认知和心理发展方面的表现如下：

（一）观察力的发展

幼儿的观察是随自身的兴趣产生和结束的。中班幼儿由于见识不多，对事物的理解有限，因此观察过程依赖成人，结论也难以脱离成人的帮助。以观察手表为例，他们感兴趣的是里面那根会走动、发出声响的长针，但当放下手表，问他们里面有几根针时，他们就不一定说得对。教师若能引导他们全面地观察，如了解有几根针，有哪些数字，表面形状是什么，表带上有什么图案，等等，那么，幼儿的收获与独自观察所得就大不一样。还可引导他们观察长短针的关系，然后让他们总结，与他们一起寻找正确的答案。发展中班幼儿的观察力，需要教师多角度的指引，多问一些问题，以促使幼儿深入地观察。

（二）注意力的发展

中班幼儿仍以“无意注意”为主，“有意注意”在逐步发展，呈现出“无意注意”向“有意注意”转化的趋势。比如，当幼儿看图书显出失去兴趣的样子，进而要丢掉图书时，表扬激励的话就能使他们又认真地翻阅下去，这就表现出了孩子的“有意注意”。但中班幼儿的“有意注意”还十分有限，他们虽然在受表扬之下能够继续看图书，但过不了多久，便会弃书去另找新的乐趣。根据以上特点，教师在引导幼儿学习时应当选择动感、色彩明艳、能吸引幼儿的教具，以及生动有趣的语言和表情，采用故事或游戏的形式，寓教于乐，使幼儿集中注意力，并且要多采用正面教育的方式，促进孩子“有意注意”的发展。

（三）记忆力的发展

中班幼儿记忆的特点是无意中进行的记忆较多，也能进行有目的、有意识的记忆。例如，在游戏时无意中看到妈妈切洋葱时让洋葱熏出了眼泪，以后便不敢弄碎它了。中班幼儿记忆的另一特点是会较快遗忘。比如，要他们学一首儿歌，他们反复朗诵几遍就记下了，但如果长时间不复习，就会忘得一干二净。当然，这跟幼儿学儿歌时对儿歌的理解程度有关，如果不理解，只是机械记忆，那么背得快，但短时间里也就会忘记。相反地，如果是在理解的基础上进行记忆，那么他们记忆的时间就会长一些，但也必须重新巩固，否则也会忘记。要发展中班幼儿的记忆能力，关键是锻炼他们的注意力，同时要提高幼儿对语词的理解能力。当幼儿听得懂故事和父母解说的各种现象时，那么，他们学习的积极性就高了，学习能力就会增强，记忆效果也会明显提高。

（四）想象力的发展

想象力提高是儿童创造性发展的基础。中班幼儿的想象，常常是在游戏、制作和观察活动中有所发现，从而产生的突发奇想。比如，捧起米来，米粒从指缝间落下来，他们会叫：“下雨啦！”但如果给他们定下主题，让他们想象着去创作，就困难了。因此，需要教师帮幼儿找一个着眼点，或是示范想象，这样就容易让幼儿开窍了。到中班后期，一般的幼儿都能大胆想象，独立创作了。比如画大象，他们能在没见过的情况下，画出大象的多种形态：洗澡、吃苹果和卷木头等。幼儿的想象力与其本身掌握的知识很有关系，因此，要不断扩大幼儿的视野，幼儿的想象才能丰富。特别重要的是，作为教师，不能对幼儿的想象作负面的评价，这样会打压幼儿想象力的发展。

① 唐淑，虞永平主编. 幼儿园班级管理[M]. 南京：南京师范大学出版社，2007：92—102.

三、大班幼儿身心发展特点

5—6 岁是幼儿园大班幼儿的年龄，这也是即将进入小学的年龄。在这一阶段，幼儿身心都有了进一步的发展，儿童的观察力、理解力增强，求知欲和好奇心旺盛，爱说好动，而且，逐渐显现出较强的情感，有一定的独立个性，自我意识有了一定的发展，喜欢自由活动，渴望参加成人活动，盼望自己快点长大。具体表现为如下几个方面：

（一）身体发展迅速，动作协调性增强

大班幼儿身体较为结实，活动量大，手部动作精细、准确和熟练，更能独自活动。他们的基本活动习惯已经初步形成，并能够自理，但是自我保护能力较差。大班幼儿初期，男孩的平均身高为109.6厘米，女孩为108.7厘米。男孩平均体重为18.5千克，女孩为18.1 千克。随着年龄的增长，大班幼儿的动作开始呈现出协调性和稳定性，基本掌握了主要的全身运动，会把几个运动要素统一为一个运动，并能做些复杂运动。比如，会跳绳、翻单杠和爬树等。手指的灵活性也在增强，能做复杂些的手工，会灵活使用筷子等。

（二）抽象思维能力明显萌芽

大班幼儿的思维仍然具体，但是明显地出现了抽象思维的萌芽。例如，5—6 岁幼儿能够根据概念进行分类。如果给幼儿一些画有车、船、桌、梨、桃等物体的图片，要求他们对物体进行分类，4 岁幼儿往往不会独立分类，5 岁以后则能够按交通工具、家具、水果等概念进行分类。4 岁幼儿往往还弄不清楚“车子”和“卡车”这两个概念的关系。5 岁以后，幼儿能够知道“车子”包含“卡车”。5 岁半以后，幼儿对于“这里车子多呢，还是卡车多”之类的问题，能够作出正确回答。他们能够懂得“合起来多，分开来少”的含义，个别大班幼儿甚至能说出：“因为合起来是总数，分开来是一部分，卡车是一部分，比总数少。”可见，这个年龄的儿童，已经掌握了部分与整体的包含关系。

（三）开始掌握简单、初步的认知方法

5—6 岁幼儿出现了有意地控制和调节自己心理活动的行为，在认知活动方面，无论是观察、注意与记忆过程，还是思维与想象过程，都有了简单的方法。比如，在观察图画时，5 岁后幼儿已不再是胡乱地看，而是能够按照一定的方向或路线，如从上到下，从左到右，依次地扫视。由于不掌握方法，年幼的学前儿童的观察带有很大偶然性，遗漏较多。4 岁前幼儿往往不会比较两个或几个图形的异同，而 5 岁后幼儿则能较好地完成任务，这是因为他们已经掌握了对比的简单方法，能够把图形或图形的相应部分一一对应地进行比较。

一般地，在注意活动中，5—6 岁幼儿能够采取一些方法使自己不分散注意，比如，自觉地把眼睛盯着需要注意之物，把双手放在身旁，或用两手掩着耳朵防止杂音干扰，等等。大班幼儿进行有意记忆时，也能运用多种方法。用思维解决问题时，他们会事先计划自己的思维过程和行动过程。在绘画活动中，小班幼儿毫不思索就能动手去画，大班幼儿则会在画前“想一想”。他们在头脑中先进行构思，以确定有意想象的目标，并作出行动计划，然后基本上按预定计划去画。

5—6 岁幼儿不仅在认知活动中能够采取行动计划与行动方法，在意志行动中也往往会用多种方法来控制自己。比如，在一个“延迟满足”的实验里，实验者要求 5—6 岁幼儿不去碰诱惑物，而等待实验者回来给予诱人奖品时，5—6 岁幼儿运用了多种方法抗拒诱惑，有的幼儿把背朝着诱惑物，有的幼儿则干脆趴在桌子上打瞌睡，有的还唱起歌来，这些都是使自己不被诱惑物所吸引的方法。

（四）好奇心增强，具有好问好学的特征

幼儿都很好奇，但是 5 岁后幼儿的好奇心和以前不同。他们不再满足于了解表面现象，而是要追根问底。5 岁后幼儿的活跃主要不是停留在身体活动上，而是表现在智力活动的积极性上。他们有强烈的求知欲和认知兴趣。

这个年龄的幼儿经常提出各种各样的问题，他们不像过去那样只问“是什么”，他们提出没完没了的“为什么”。如果 5 岁前幼儿问：“谁是好人？ 谁是坏人？”成人回答了谁好谁坏，他们就不再提问。大班幼儿则不然，他们要接着问：“他为什么坏？ 他做了什么坏事？”在日常生活中，大班幼儿什么都问，许多教师感到难以应付。他们的问题涉及天文、地理、物理、化学和生物等各个方面。这个年龄的幼儿几乎都要问“孩子是从哪里来的”，回答他们的问题，既要有足够的知识，又要有一定的技巧。

大班幼儿的淘气，有时是求知欲的表现。许多孩子都想知道，为什么收音机能说话？电视机里那些小人躲在哪里？为此，他们会拆开玩具或其他物件，但由于知识经验的局限性，他们常常闯祸，然后还自以为有理。比如，两个大班幼儿在自来水管下面的小水槽上横架着一块搓衣板，让水通过搓衣板的小沟流下来，玩得正起劲时，老师批评他们浪费水，他们却感到很是委屈，认为“一个水管变出了那么多小水管，可以节约水”。

5—6 岁的幼儿喜欢学习，愿意听课，在学到新的知识后，会感到满足，而且喜欢对别人讲。他们已经能够坚持稍长时间的智力活动。在课堂上，他们喜欢新课，喜欢一些动脑筋的活动，如编故事或进行其他的具有一点创造性的活动。在课外，不少这个年龄段的幼儿热衷于下棋、猜谜，或者做一些简单的智力游戏。

（五）幼儿个性得到发展，初具雏形

5—6 岁幼儿对事物已经开始有了自己比较稳定的态度。比如，在自由活动中，5—6 岁幼儿表现出相对稳定的兴趣，有的幼儿总是去玩球，有的则总是去玩“娃娃家”，还有几个总是凑在一起看绘本，讲故事。

大班幼儿的情绪也不像中、小班幼儿那么容易变化。不愉快情绪有时会持续较长时间。例如，有的幼儿早上来园时受到了批评，会整天闷闷不乐。大班幼儿的思想情感已经不那么外露。例如，某 5 岁半幼儿很喜欢画画，可是有一天突然不画了，家长和老师都不解其因，幼儿只是说：“不画了。”经过奶奶耐心的沟通，才发现是由于老师没有把她新作的画贴出来，她因此误以为老师嫌她画的不好看。大班幼儿还会对自己的行为会产生某种顾虑。

以上这些表现，说明 5—6 岁幼儿的心理活动已经开始逐渐形成系统，也就是个性的形成过程已经开始。儿童的各种心理活动互相紧密地联系起来了，先前的心理活动与先前形成的态度，影响着后来的心理活动以及对事物的态度。心理系统的活动方向开始逐渐稳定起来。

大班幼儿个性开始形成，是和幼儿认识活动抽象概括性的发展，以及与各种心理活动有意性发展相关。从此，幼儿的心理活动，不再是孤立零碎的，而是在心理系统背景下的活动，各人有各人的特色。不过，应该着重指出，幼儿期所形成的，只是个性的雏形，其可塑性还非常大。①

相关链接

华德福教育理念的发展“三段论”②

聂明智

华德福教育认为，当一个人来到尘世，特希望找到一个天堂，一个美的地方，有三种东西是来到人世间孩子所盼望的：善、美、真。

在生命的最初 7 年里，善的原则对孩子最为重要，他们观看我们，观看周围的世界，他们内心会感到这个世界是善的。

7—14 岁的孩子接近这个世界，并寻求美，他们享受各种美的事物，他们也发自内心地想要创造美——绘画、唱歌、朗诵诗……

14—21 岁期间，他们寻求真，他们在世界范围内寻找真实和真理。

21 岁左右的年轻人达到了自身的成熟，现在他们面临要为别人创造善真美的挑战。

尊重孩子成长的规律，最初对孩子的教育应该“慢”。

在孩子的最初 7 年，应该让孩子感觉到和父母、兄弟姐妹以及在他周围的家庭成员有着密切的关系，如果家里人张开双臂欢迎他的到来，他对世界的第一印象就是亲切的善意。如果老师们伸出双手欢迎他的到来，他就会感到世界的善意。

在孩子的最初 7 年，他们具有模仿周围世界的天赋，尤其是周围的成人。他们的走路、说话、思考等

① 王义熙. 大班幼儿身心发展的特点[EB/OL]. http://www.ankang06.org/space/?action-viewgroup-itemid-1208662862. 2011-11-14.
② 资料来源：http://wenku.baidu.com/view/4dca19232f60ddccda38a099.html. 2012-5-5.（经过笔者编辑整理）

等都是通过模仿学会的。例如孩子的走路,如果没有看到成人的走路,他们是不会走路的。就像印度的狼孩,由于从没有看到过走路,就不会像人一样去走路。孩子带着奇妙的潜能来到世界——走路、说话、思考等等,能够让这些潜能充分得到发挥和实现的唯一方式,就是周围的成人提供榜样供其模仿。

模仿其实就是一种学习的方式。有不少人总是认为儿童是"教"出来的。在幼儿阶段,我们其实不用"教"孩子,而只需要成为一名仁慈的、主动的、发挥榜样作用的长者。在幼儿阶段,他们不仅模仿大人们的劳动,也模仿成人们对待工作的整个态度,以及有目的的意志活动,然后他们把看到的、感受到的转化到有目的的游戏之中。一个大人正在做一个布娃娃,就会有孩子走过来:你在做什么?我也要做。当成人工作时,孩子不仅模仿大人的工作,还模仿大人工作时候的专注神态,以及投入的热情。大人紧张烦躁,孩子也会变得紧张烦躁。大人们安宁、平静,孩子也会表现得安宁、平静。如果大人在敷衍潦草地做事,孩子也会变得敷衍潦草。正如惠特曼的诗:一个孩子不断地向前走,他看到了东西,他就变成了那样东西,那样东西就变成了他的一部分。这种简单的模仿能力,是孩子的一种成长,是简单的,又是意味深长的。大人总是没有意识到自己要成为一个主动的、善于创造的、仁慈的榜样。大人总是不停地叫孩子学习字母、电脑、数字,但实际上有许多首先要学会的事情。幼儿的教育、幼儿的智力开发并不是越早越好。就像植物王国一样,人也有一个内在的成长时间表,比如何时生长,何时开花,何时结果。如果照管一棵树,给它施大量化肥,它会长得很快,但木头的内部会变得脆弱。

华德福教育的价值在于培养一个完整的人。一个完整的人,即全面发展的人,具备最佳素质的人。一个完整的人,意味着他们是一个善于思考的人——为世界上的各种问题找到解决的新途径。一个完整的人,意味着他们心地善良,对其他人富有爱心和同情心,乐于为别人着想,并能够为关爱他人付出时间,采取行动。这就是完整的人的概念。

华德福教育观认为,孩子中出现的健康问题主要有三个:

第一是家庭生活发生了根本的变化。比如父母离异,或整天外出打工,孩子有规律的生活难以得到满足,用餐、就寝等常规生活缺乏节奏。

第二是媒体、电脑对孩子的影响。每天看3—5小时电视,或坐在电脑桌子前,这样的静坐,长期不动,孩子们不是变得麻木,懒得动,就是过度活跃,不能以创造性的方式控制自己的意志。说到电视,华德福的观点是:电视是一种现代毒品。如果一个孩子每天看电视,就会显得和别的孩子不一样,他的内心几乎无法平静下来,不能很好地建立起自我意识。孩子的想象力处于微妙的阶段,电视图像进入脑海,会压倒他的想象力,孩子抵抗不了电视中的形象,因为电视的形象是从外面进入大脑的,看得越多越难唤起孩子内在的形象。

第三个因素是强调早期的智力开发。尽可能早、尽可能多地唤醒孩子的神经系统,对孩子将造成不良后果。华德福教育不倾向7岁以下的孩子以智力的方式学习不同的事物。在生命的第一个七年里,孩子一直忙于建造自己的身体,比如出生时3公斤,7岁时23公斤,他的生命以7倍的速度在成长,因此,有助于身体生长的活动就是最能发挥创造力的活动。所以,我们不能一开始就对准孩子的神经系统,从三四岁就开始学认字,学文化,是不适当的。

第三节　幼儿园保教管理内容

一、幼儿园日常生活管理

幼儿园保教的主要内容是幼儿园一日活动安排,其中包括日常生活、游戏活动和集体教学等多个方面。

(一) 日常生活及其管理的对象

日常生活是指幼儿园一日活动中除集体教学、游戏活动以外的一切日常活动,是满足幼儿基本生活需要的活动,它是幼儿园所生活的重要组成部分。

日常生活活动包括幼儿入园、进餐、喝水、盥洗、入厕、睡眠和离园等环节,不同的活动具有不同的内容与要求。幼儿园日常生活管理的对象就是上述日常生活活动。

（二）日常生活管理的方法

幼儿良好的生活习惯、个性、安全、保健和礼仪等方面的教育，是幼儿学会生活、获得成长的基础。日常生活是一种综合性活动，包含了丰富的教育内容，是幼儿生活养成教育的主要途径之一，对幼儿的成长具有特殊的教育功能。

在对幼儿日常生活进行管理时，保教人员应采取符合幼儿的年龄特点、具体教育情境的相应办法。

1. *行为练习法*

行为练习有两种：一种是在自然生活情境中的行为练习，另一种是在特设情境中的行为练习。幼儿园的一日生活为幼儿提供了在自然生活环境中进行行为练习的机会，教师可以让幼儿反复进行相关的练习。特意创设的情境对幼儿来说新鲜刺激，会给幼儿留下深刻印象。教师可以根据幼儿实际生活中出现的问题，有针对性地创设情境，为幼儿提供练习的机会。

2. *表扬激励法*

表扬激励法是指对幼儿的良好行为表现及时给予肯定与表扬，以激励、巩固其良好生活行为的教育方法。这种表扬激励可以是物质的，也可以是精神的。教师应充分利用幼儿的心理需求，及时肯定幼儿的良好行为，特别是对能够自觉遵循生活常规的幼儿，要及时表扬激励，这样就可以使幼儿因正确的行为而获得正面的强化刺激，从而使其固化下来，逐渐养成良好的行为习惯。

3. *图示图表法*

图示法是以简洁、形象和连续的图示替代传统的示范、讲解等指导方式，将抽象的生活要求用直观形象的画面展现出来，并注上简单的文字提示，以引导幼儿在反复观察、思考和尝试的过程中，完成对新技能、新方法的掌握。例如，在入厕环节中，可制作入厕图示：脱裤子→蹲马桶→提裤子→洗手。

图表法是用来记录幼儿表现的，包括幼儿姓名、记录项目和奖励标志等。教师可以组织幼儿、家长一起收集漂亮可爱的各式图案作为奖励标志，如小红花、红五星、小樱桃和小白兔等，对幼儿的日常生活行为进行检查评比，在检查中对生活行为好的幼儿，以贴奖励标志的方式进行表扬，使其产生自豪感与荣誉感，强化其良好行为。当然，如上过程中要注意对幼儿虚荣心的适度掌控。

4. *榜样示范法*

榜样示范法就是通过为幼儿提供正确的行为典范，利用榜样的力量，激发引导幼儿模仿学习的方法。榜样示范法将规则要求具体化和人格化，以生动具体的典型形象影响儿童心理，使教育具有很强的吸引力、说服力和感染力。在幼儿生活中，榜样无处不在，既可以是发生在幼儿身边的，也可以是在文学作品中的。但是，榜样的选择要健康、具体、生动和形象。榜样运用的形式也是多种多样的，可以通过故事或情境表演的方式，也可以是组织幼儿游戏的形式。

值得注意的是，教师的榜样示范、以身作则在幼儿的生活指导中起着举足轻重的作用，教师的一言一行都会成为幼儿模仿学习的榜样。而且，教师榜样的影响还具有长期作用，教师的身教胜过说教。①

模仿是幼儿的本能，所以在幼儿园的日常生活管理中有意或无意的榜样教育至关重要。

二、幼儿园游戏活动管理

福禄倍尔早在一百多年前就对游戏有了深刻认识。他认为，游戏是发展儿童创造性的最好路径。儿童在游戏中能够观察自己、感受自己、认识自己、发现自己。正是通过游戏活动，儿童表现出其创造性。他还认为，许多有趣的游戏，只有在集体性的游戏中才可能进行。这种集体游戏使幼儿学会尊重别人，获得愉快，从而培养幼儿之间的友爱与信赖的情感。幼年时期就应该是幼儿生命的游戏岁月，游戏是儿童内心的需要和冲动的外部表现，喜爱游戏是儿童的天性。在他看来，一个游戏着的幼儿、一个全神贯注地沉醉于游戏之中的幼儿，正是幼儿时期童年生活的最美好表现。②

受传统学习观的影响，大多数幼儿家长甚至包括不少幼儿园教师，还在一定程度上存在“重上课，轻

① 陶金玲著．民办幼儿园管理概论[M]．天津：天津教育出版社，2010：348.
② 吕英著．民办幼儿园的创办与管理[M]．北京：学苑出版社，2010：149.

游戏”的思想，对游戏的功能认识不足，把游戏看作与认知发展无关甚至对立的活动，认为游戏与教学活动是不能相提并论的，游戏中幼儿不能学到知识，游戏是休息和闲暇，只能作为课程结束后的放松与娱乐。由于教师对游戏的认识不够深入，带来了游戏作为幼儿园课程最为重要组成部分的实践困难。对游戏的认识和实践通常存在如下误区：

（一）误区一：游戏工具化

这一认识与实践的误区在于，追求游戏活动的热闹场面，给任何活动都冠以游戏的名称，这些活动都一味地去追求游戏的外在形式，追求热闹的场面，教师设计和选用的游戏只是用来取悦儿童，游戏作为调味品存在于幼儿园的一日生活当中。游戏被工具化，就是教师多是利用游戏这一形式调动儿童的直接兴趣，引发儿童的注意，从而为教学服务，而幼儿并没有真正地在体验游戏。教师在导演游戏。他们精心设计、准备并组织游戏，安排游戏的框架和结果，将游戏模式化，对幼儿游戏控制得过严，导致游戏变味，窒息了幼儿积极性、主体性、创造性的发挥。真正自然状态的幼儿游戏被驱逐出了幼儿园课程范畴。

（二）误区二：游戏自由化

这种认识与实践的误区在于，认为幼儿游戏不应受到成人的干预，反对施加任何自觉的教育指导，对游戏的指导由过去那种教师完全的“导演”，演变成了“放羊式”的让幼儿自由玩耍，游戏变成了幼儿随便玩玩的活动。游戏的自由化导致了游戏活动的低水平，游戏在层次性、变换性和角色性上都体现不够，内容与形式的贫乏甚至导致了幼儿在游戏中因无所事事而自行打闹。①

三、幼儿园集体教学管理

（一）集体教学及其特点

集体教学是指根据教育目标，教师有目的、有计划地组织幼儿学习特定内容，从而促进幼儿发展的一种活动形式。

幼儿园集体教学活动可以是主要关注某一个学科领域的活动，如音乐活动、体育活动或科学活动等，也可以是整合几个学科领域的综合活动。幼儿园集体教学具有鲜明的计划性、目标性、系统性、组织性和直接指导性等特点，具体表现在以下几个方面：有特定的活动要求和活动目标；有具体而细致的教学计划与设计；有由教师规定的活动内容，并提供统一的活动材料；全班或几组幼儿在同一时间内进行同一种操作活动；教师须为幼儿的活动提供较大空间；教师的直接指导较多，幼儿基本上在教师的指导下分步骤地开展活动；幼儿参与活动的时间基本上由教师掌握。②

（二）集体教学的评价

集体教学评价是集体教学活动的一个重要组成部分。集体教学评价有助于了解教学活动的适宜性、有效性，有助于调整和改进教学，更有效地提高教学质量，促进幼儿的全面发展。

评价以幼儿的发展为主，一般地，其指标包括如下几个方面：

1. 目标制定

是否符合幼儿的年龄特点和认知水平；是否体现目标的整合（情感态度、认知和能力）；目标是否表述明确，重点突出。

2. 内容选择

是否源于生活，建立在现有经验基础之上；是否把握幼儿年龄特点，符合幼儿的兴趣；是否具有一定的挑战性。

3. 环节设计

是否体现目标的有效渗透，重难点解决措施是否得力；活动过程是否合理，环节是否层层递进；是否能引发幼儿生动活泼、积极主动地活动；是否留有让幼儿生成活动的空间。

4. 教师策略

教师语言是否简洁、适宜、有效，能够推进活动的开展；提问是否清晰、明确、有价值，具有开放性；是

① 陶金玲著. 民办幼儿园管理概论[M]. 天津：天津教育出版社，2010：234—236.
② 陶金玲著. 民办幼儿园管理概论[M]. 天津：天津教育出版社，2010：237.

否能运用多种教学策略，激发幼儿参与活动；是否为幼儿提供了师生互动、生生互动的时间、空间；是否能随机筛选与判断幼儿自然生成的各种表现，并作机智的回应；教学中是否能做到个别关注、分层指导和面向全体三者相结合。

5. 环境材料

环境是否能体现安全性、开放性和启发性；材料是否能体现丰富性、层次性和多功能性。

6. 幼儿表现

幼儿参与教学是否积极、主动，兴趣是否能持续；是否乐于表现自我，有自主表达、表现的欲望；行为习惯是否良好。

7. 目标达成

是否有利于幼儿现有经验的提升；是否有利于幼儿多元智能的发展。

第四节　幼儿园保教的重点与难点

一、“入园焦虑”与“常规建立”

（一）减轻“入园焦虑”

3岁的孩子会跑、会跳，能自由行动，也能在一定程度上使用语言表达自己的意见、愿望、情感，并和人交谈。他们无论从生理上，还是从心理上看，都具备了参加集体生活、进行各种活动的条件。3岁是幼儿进入幼儿园的最佳年龄。

幼儿初入园时，由于生活条件发生重大改变，生活中心从家庭生活转移到了幼儿园的集体生活，幼儿要离开亲人和熟悉的环境单独生活了。刚到幼儿园时，一切都是陌生的，幼儿有了更新的学习活动，和更复杂的人际关系，不能想做什么就做什么，要遵守集体规则，这些都会使初入园的幼儿觉得处处受限制，样样受束缚，很不自由，这样幼儿就难免在生理、心理上感到不适，从而产生分离焦虑与陌生人焦虑，主要表现为：要回家、哭闹不止、逃跑、不吃饭、不午睡、长时间独处等。这些现象往往会持续一两周，甚至更长时间，导致教育教学活动无法正常开展。如何帮助幼儿跨过这一门槛，就成了家长和教师所面临的现实问题。对幼儿园来说，可从如下方面着手减轻幼儿的“入园焦虑”：

1. 提前参观幼儿园

幼儿园可以请家长带领幼儿入园参观、玩耍，观察幼儿园的环境，有了一定的感性经验，再加上和蔼可亲的老师、优美的环境，这些都会深深地打动幼儿幼小的心灵，从而产生对幼儿园和老师的向往之心。

2. 举行入园前亲子活动

为了帮助幼儿尽快适应幼儿园生活，使家长了解幼儿园，幼儿园可以在入园前就开展新生亲子活动。此类活动使幼儿对幼儿园的活动及环境有了进一步的了解，还能增进教师、孩子、家长之间的情感。

3. 即时召开家长会

家长把幼儿送到新环境，心理上也会不适应，甚至会怀疑教师的爱心水平、教养态度及方式，担心孩子的生活起居等。幼儿园应即时召开家长会，让家长了解幼儿园，对家长提出有关教养子女方面的具体要求，比如，培养孩子初步的生活自理能力和良好的生活习惯，放手让幼儿独立吃饭，自己大小便，给孩子安排与幼儿园相应的作息时间，早睡早起，每天中午坚持午睡等。在日常生活中，家长要与幼儿平等相处，不能威胁恐吓幼儿，更不要以“不听话就送你到幼儿园”之类的话强迫幼儿服从自己，使幼儿心理上对幼儿园产生恐惧。给幼儿讲有关幼儿园环境及其有关的趣事，以引发幼儿入园的愿望。①

4. 合理安排入园初的活动

应该合理安排好幼儿入园初的活动，使幼儿能够真正感受到幼儿园生活的愉悦，真正喜欢上幼儿园。可以通过各种活动，让幼儿在愉快的情绪下学习。此外，教师还可以根据幼儿的兴趣爱好，多开展丰富有

---

① 唐淑，虞永平主编.幼儿园班级管理[M].南京：南京师范大学出版社，2007：109—110.

趣的游戏。玩是幼儿的天性，可以在玩中学，这样既能激发幼儿的求知欲，也可利用这些游戏来转移幼儿想家和想父母的情绪。总之，教师对刚入园的幼儿不能要求过高，要通过合理安排入园初的活动，让幼儿在轻松、愉快的氛围中逐步适应集体生活。

（二）小班的"常规建立"

"没有规矩，不成方圆。"小班是进行常规教育的关键时期。良好的小班常规可以让幼儿一日活动非常有规律，既可以促进幼儿的身体健康，又能让幼儿积极地参加各项活动，有利于幼儿良好生活与行为习惯的养成。另一方面，也便于教师组织好各类教育与游戏活动。

一般地，小班常规活动的内容包括：来园活动常规、盥洗活动常规、进餐活动常规、散步活动常规、睡眠常规和离园常规等。[①]

相关链接

小班生活常规管理（节选）[②]

陈光琼

1. 打好开学工作的第一仗

新学期开学是小班工作最为重要，也是最为辛苦的一个阶段，但是，只要班上的教师齐心协力，找到工作的突破口，问题就会迎刃而解。为什么这样说呢？一般情况下，通常小班的孩子入园时会哭闹不止，轻微的一般是一周左右，严重的一般是二至三周，甚至个别特殊的会一个月左右。孩子在教室里面哭，有的婆婆、妈妈在教室外面哭，甚至有的家长敲门，要求进来给孩子喂饭，总之，家长们送孩子入园时站在教室外久久不肯离去。面对这样的一群孩子和家长，我是这样做的：首先，孩子来一个抱一个，不让家长进教室，尽管家长当时不理解，过后给家长作解释，也都能接受。然后，第一周的头三天，可以不给孩子们编固定的座位，孩子们肯定有的会到处乱跑，从第四天开始，把乱跑的孩子、不愿坐座位的孩子哄上座位，就连哭的孩子也是这样，让孩子们心中形成一个印象：要坐座位。

2. 建立良好的生活常规习惯，逐步引导幼儿学习自我的简单管理

小班幼儿第一次离开家庭，来到幼儿园，一方面有些胆怯，另一方面又要适应幼儿园的生活习惯，实在不是一件容易的事。作为教师，首先就要更新自己的观念，抛弃以前那种将幼儿视为成人的客观附属物或"小大人"的观念，树立科学的儿童观，即儿童身心各方面都需要合理地照顾和保护，儿童应有主动、自由和充分活动的权利，儿童在体、智、德、美等各方面应该协调发展。教师应是幼儿健康和安全的保护者，是幼儿全面发展的引导者，既不能把幼儿看成是"小大人"，也不能事事包办代替，应逐步引导幼儿学习自我管理。众所周知，现在的家庭几乎都是四个，甚至六个大人围着一个小孩转，所以，幼儿生活自理能力是很差的，有的可以说是一点也不会。因此，盥洗、解便、进餐、午睡等环节就成为小班工作的难点，同时也是生活常规建立的关键环节。我是怎样突破这些难点的呢？主要采取了以下的几种方法：

A. 示范、模仿法；

B. 儿歌的妙用；

C. 在游戏中学习、练习；

D. 夸张的比喻；

E. 大红花的魔力；

F. 个别教育。

二、科学的"幼小衔接"工作

幼儿园和小学是相邻的两个教育阶段，大班活动是为小学教育做准备，小学教育是学前教育的发展

---

① 秦明华，张欣主编. 幼儿园组织与管理[M]. 上海：复旦大学出版社，2008：82.

② 资料来源：http://www.ankang06.org/space/? action-viewgroup-itemid-1004155039. 2011－12－1.

与提高。因此，学前教育与小学既有区别，又有紧密的联系，二者关系处理得如何，关系到能否使幼儿身心健康、和谐地发展。所以，为使大班幼儿升入小学后较快适应小学生活，在幼儿园大班就要做好如下准备工作。

(一) 初步培育幼儿的交往能力与任务意识

1. 学会与他人友好相处，积极参加集体活动

在大班教学活动中，老师可以通过提供必要的玩具、游戏材料、空间与时间，鼓励幼儿参与幼儿园组织的各种类型的、丰富多彩的集体活动，增进幼儿对集体活动的认识与了解，提高幼儿参与集体活动的热情和积极性。同时，老师要了解幼儿的心理需求，根据他们的能力、爱好和兴趣组织集体活动，同时发挥同伴间的鼓励作用，允许幼儿失败，用掌声等增添幼儿的自信。在集体活动中，让大班幼儿学会与人相处，能够更加独立地处理自己人际关系中的问题。

2. 培育幼儿的任务意识与自我管理能力

在幼儿活动中，老师可以把幼儿正在进行的活动，提示为某一项任务，并鼓励幼儿努力去完成，从而达到强化幼儿任务意识的教育目的。在此基础之上，培养幼儿自我管理的能力。

(二) 合理提升幼儿专注力与抽象思维能力

1. 让幼儿的专注力由短暂变得稍长

在大班教学中，教师在教幼儿新东西时，要有耐心，解释要简短、清晰，要经常重复自己的要求。在班级教室装饰中，要避免强烈的色彩，保持教室整洁，这样有利于幼儿注意力的集中。

2. 让幼儿的思维方式合理地趋向抽象

在大班的教学活动中，教师应尊重幼儿的个性特征，允许幼儿从不同角度认识问题，采用不同的方式表达自己的想法。在解决问题的过程中，教师不是强加自己的思路，而是启发幼儿用自己的思维方式来寻找解决问题的策略和方法，提倡解决问题策略的多样化。要引导幼儿在学习中主动探索与发现问题，创造出解决问题的方法与策略，从而让幼儿在体验中发散思维，培养创新意识和动手能力，帮助幼儿的思维方式趋向抽象。

(三) 逐步培养幼儿的生活自理能力

大班教师要培养幼儿养成自己的事情自己做、管理好自己物品用具的习惯。例如，组织孩子在午休后，学着自己叠被子。通过一段时间的锻炼，幼儿不仅能够学会叠被子，锻炼了其动手能力，而且还意识到了自己的事情要自己做，还要帮助爸爸妈妈做些力所能及的家务活。

(四) 注重培养幼儿倾听的习惯

大班教师还要使幼儿养成倾听的习惯。现代社会，接受知识的渠道很多，自发的学习发现和从课本、从他人处汲取知识都很重要，不懂得倾听别人的发言就少了从他人处学到知识的机会。倾听习惯的养成对幼儿进入小学后更好地学习是有利的。由此可见培养幼儿倾听习惯的重要性。因此，教师在大班时期可以建立“视听角”，让幼儿多听语言优美、语句通顺的优秀儿歌、故事、童谣或谜语，以培养幼儿倾听的兴趣和习惯。①

练习题

1. 幼儿园保教结合原则的内容是什么？
2. 幼儿园不同年龄段幼儿发展的特点分别是什么？
3. 怎样理解幼儿园要以游戏为基本活动？
4. 怎样做好“幼小衔接”工作？
5. 请对下述幼儿园保教工作制度进行分析和评价。

① 杨再鹏主编. 幼儿园班级管理[M]. 北京：首都师范大学出版社，2008：88—89.

幼儿园保教工作制度(节选)①

一、幼儿园成立保教组,负责组织和管理幼儿园保健、保育,教育、教学等业务工作。保教组由幼儿园保教主任和各年级组长、保健医生组成。保教组由幼儿园保教主任向幼儿园园长负责。

二、幼儿园保教组应根据《幼儿园教育指导纲要》和幼儿园实际,认真讨论确定幼儿园学期工作目标和阶段性工作任务,有计划地、高效地组织幼儿园保健、保育,教育、教学活动的开展,并及时进行阶段性工作总结。

三、幼儿园保教组应根据幼儿园要求和工作的实际情况及时向园长汇报,按时向幼儿园园长提交工作计划和总结。接受园长的工作指导与督促。园长对其工作进行检查和评估。

四、保教组应与各年级组、各班组讨论交流,在研究的基础上指导各年级、各班根据《幼儿园教育指导纲要》和幼儿年龄特点及发展水平确定学期目标、月目标,在幼儿广泛的兴趣点和关注点上生成课程和开展具体活动,有目的、有计划、循序渐进地有效组织和安排幼儿在园学习和生活。评估年级组、班组工作绩效,切实做到促进幼儿在原有水平上的发展。

五、保教组应督促保教人员认真履行工作职责,遵守幼儿园各项规章制度和教师行为规范。

六、保教组应督促保教人员本着尊重、平等、合作的原则,争取家长的理解、支持和主动参与,把家长作为幼儿园重要的合作伙伴,共同构建教育教学活动,主动向家长交换幼儿在园情况。

七、保教组应督促各班教师尊重幼儿的人格和权利,尊重幼儿身心发展的规律和学习特点,为幼儿身心发展创设和提供良好的心理环境和物质环境,积极制作教具、玩具,并引导幼儿共同参与。

八、保教组应督促保教人员认真做好班级清洁卫生消毒工作,保持环境和内务整洁。做好幼儿保育工作,确保无工作疏忽造成的护理不当和安全事故。

九、保教组应督促各班教师协调配合,做好本班工作。定期召开班务会,及时讨论、总结班级工作,对下一阶段工作作出部署。班级工作要有记录,资料要保管好。

十、保教组应督促各班做好交接班、幼儿观察和家长工作等各项工作,并做好记录和资料的收集与整理工作,按时入档。

① 资料来源:http://www.5ykj.com/Article/cygwgzzd/71769.htm. 2012-5-8.

第五章　幼儿园后勤支持

学习目标：

1. 了解幼儿园后勤支持的特点；
2. 掌握建立幼儿园后勤支持服务体系的方法；
3. 掌握幼儿园后勤支持制度的特点；
4. 了解幼儿园后勤支持制度的内容。

第一节　幼儿园后勤支持概述

一、幼儿园后勤支持的意义

“后勤”，是后方勤务的简称。这一概念源于军队，是一个军事术语。后勤是指后方对前方的一切供应、支持活动，也指组织中的行政事务性工作。[①] 幼儿园后勤支持是幼儿园管理的重要组成部分，是为幼儿园保教活动顺利开展所提供的各方面的支持与配合。[②]

幼儿园后勤工作是幼儿园正常运行的必要保证，它对于幼儿园的意义主要体现在如下三个方面：

（一）后勤影响着幼儿园保教质量

常言道，“巧妇难为无米之炊”，只有物质基础充裕了，保教工作才能正常运行。否则，即便是一所一流的幼儿园，如果没有后勤为其保驾护航，它仍无法发挥其保教功能。因此，为了确保保教工作的顺利开展，并保证其高质量，在整个幼儿园的管理中，必须把整个后勤支持，如卫生保健、物资供应和设备管理等，做到最优化，使保教工作能顺利进行，从而促进幼儿朝着健康、全面的方向发展。

（二）后勤是激励教职员工的资源基础

后勤支持工作是一项全面的服务活动，服务性是它的重要特点之一。它所服务的对象不仅包括幼儿，也包括园内的教职员工。一项好的后勤支持工作除了可以给教职员工营造良好的工作、生活环境外，还能尽可能多地为教职员工提供各项福利。好的环境和福利待遇可以免去教职员工的后顾之忧，同时也能使教职员工的精神压力有所缓解。因此，优质的后勤支持是激励教职员工努力工作，减少他们对工作及其环境的“不满意”，进而提高工作业绩和效率的基础。后勤支持要多为教职员工着想，帮助他们解决工作、生活中的困难，尽量更多地满足他们的正当需求，从而使他们安心、专心地工作。这样才能留住、吸引人才，稳定教职员工队伍。

（三）后勤为幼儿园运行提供物质基础

后勤支持工作的内容主要涉及设施、食物及其他资源的提供、分配和管理。通常情况下，幼儿园内的设施、教具、玩具，以及食物采购和监管都是通过后勤支持部门来实现的。后勤支持部门根据幼儿园的实际情况，确认幼儿园各方面的物质需求，从而制定相应的采购方案，并实施采购。更为关键的是，后勤支

---

① 资料来源：http://zhidao.baidu.com/question/1484936.html. 2012－3－12.

② 秦明华，张欣主编. 幼儿园组织与管理[M]. 上海：复旦大学出版社，2008：104.

持部门除了采购所需要的物资外，还要对物资的配备和使用进行规划与监管，以保证成本和效益。由上可知，幼儿园的后勤支持为整个幼儿园的运行提供了物质基础。

二、幼儿园后勤支持的特点

幼儿园教育不同于中小学教育，它有着自身的特点：幼儿园教育是一种保育、教育相结合的综合性活动。同时，幼儿园教育更多地具有启蒙性，在教学中更注重使幼儿学会适应并应对复杂的社会环境。正是由于幼儿园教育的特殊性，决定了幼儿园后勤支持必须具备与之相适应的特点。

（一）先行性

后勤支持是幼儿园运行的物质基础，这决定了幼儿园后勤必须具备先行性。所谓先行性是指，事前应该做好工作，在这里，幼儿园后勤的先行性体现在幼儿园各项工作都要求后勤支持先行一步。比如，在建园时，需要先选择建园地址，购买教学设施与设备；在开学前，必须事前制定好招生、编班计划，做好教学设施检修；在不同季节中要做好季节性工作，如做好防暑、防寒等工作。上述这些工作都说明，后勤部门需要走在前面，为幼儿园接下来的各项工作打好扎实的基础。

（二）全局性

后勤支持涉及园内所有人和事的方方面面，关系到每个成员的工作、学习与生活，是一项全局性的工作。后勤支持是园内一切工作的物质基础，这就要求后勤支持必须具有全局性，必须从园内的整体视角出发来处理问题。园内的一切后勤工作都必须围绕着幼儿园的整体工作目标来展开，要顾全大局，从整体发展出发，不能片面、孤立地处理问题。总体来说，后勤支持应当考虑到幼儿园的基本建设、办园条件、财产管理、事务性工作管理、教职员工生活福利以及幼儿膳食管理等多个维度的工作，并且使这些维度的工作能够协调有序地进行，形成一股合力，朝着幼儿园发展的终极目标共同前进。

（三）服务性

从本质上看，后勤支持就是服务工作，不仅要为幼儿服务，还要为教职员工、保教工作服务。幼儿园后勤支持的服务性强，也较全面。这种强服务性和全面性主要体现在如下三个方面：

第一，对幼儿的服务。幼儿是不成熟的、正在发展中的个体，幼儿的发展具有不同特点，因此，必须针对不同幼儿的不同需求，提供不同的服务，例如，对于不同年龄层次的幼儿，我们向他们所提供的教学玩具，必须要适合这个年龄层次的幼儿。

第二，对家长的服务。对家长的服务主要包括：为幼儿提供良好的教育、促进幼儿身心健康发展、根据家长要求提供相应的特殊服务，例如，延迟放学接送时间、开办双休和寒暑假幼儿班、对家长进行幼儿教育知识培训等。

第三，对教职员工的服务。对教职员工的服务主要包括：提供必备的保教工具和设备、提供良好的工作生活环境、照顾他们的精神感受、提供良好的福利待遇等。

后勤工作的服务性与先行性紧密相连，密不可分。如果没有先行性，就不可能有服务性，因为只有在先行性指导下的服务才能发挥其最大功用。

（四）政策性

后勤支持涉及面的广泛性，决定了它必须对幼儿园高效运行的相关国家政策、制度有深刻的理解与把握。同时，为了保障幼儿园的有效运行，幼儿园必须建立起自己的相关制度，使活动有法可依、有章可循。比如，幼儿园的收费制度、财务管理制度、教职员工津贴制度、招生制度和编班制度等，这些不仅涉及国家颁布的政策法规，同时也需要幼儿园根据自身的需要进行相应的规划与设计。由此可见，政策制度是后勤工作顺利开展的依据与标准，是检查后勤工作好坏的参考指标之一。

三、对幼儿园后勤支持的要求

幼儿园后勤支持是服务性工作，既繁琐又复杂。这要求后勤工作者在工作中必须合理地利用人、才、物等资源，使有限的资源能够发挥最大的效益。因此，后勤人员要具备“五心”：爱心、责任心、耐心、恒心和细心。综合来说，为了使后勤支持工作能够发挥最大功效，应当做到如下六点：

(一) 树立为幼儿生活服务的思想

幼儿园的办园目的就是为了促使幼儿健康、全面的发展。幼儿发展的好坏是幼儿园能否持续生存的关键。由于幼儿是正在发展中的、不成熟的弱小个体,我们在为幼儿提供后勤服务时,应当结合幼儿的身心发展特点与规律,提供有针对性的服务。树立为幼儿服务的思想,不仅要求幼儿园后勤人员应当掌握相应的专业知识,还需要他们真心地关爱幼儿,全心全意地为幼儿的生活与身心发展服务。

(二) 树立为教职员工服务的思想

教职员工是幼儿园的工作人员,是幼儿园运行好坏的决定因素之一,是幼儿园的人力资源。教职员工是幼儿园传递知识的教育者,是进行保教的主要工作者,也是为幼儿园提供服务的人员。他们对生活和工作环境、工作条件的满意程度直接影响着其在保教工作中的积极性、主动性。因此,在后勤工作中,对教职员工,必须像对待家人一般,使他们在园中感受到家的温馨。幼儿园后勤应该最大限度地满足他们在生活、工作中的基本要求,为他们提供轻松、温馨的工作环境,使他们能够专心致志地投入到保育、教育工作中来。

(三) 树立为保教服务的观念

幼儿园的中心工作是为幼儿提供保育、教育服务,使幼儿身心得到健康、全面地发展。作为一个后勤工作者,必须把"全心全意服务本园"作为后勤工作的基本要求。只有确保保教工作的正常运行,一所幼儿园才会有生命力,才会有其存在的价值。因此,在后勤工作中,必须把保教工作即幼儿身心健康、全面发展和教育放在首要地位,不断地改善和提高幼儿在园的生活条件和环境,树立并坚定全心全意为保教服务的观念。

(四) 健全后勤管理制度

"没有规矩,不成方圆。"只有有章可循、有法可依,工作才能不偏离目标,并且有效地开展下去。因此,制度是任何一个组织顺利运行的保证。同理,如果没有一套良好的组织制度作为指引,幼儿园内的后勤工作必将出现杂乱无章的局面,工作势必无法稳定有序地开展。因此,制定并不断地完善和健全后勤管理制度,是做好后勤支持工作的开始。利用后勤管理制度,可以使园内的各项后勤工作的基本程序和对后勤人员的要求系统化,从而使得幼儿园的后勤管理能够朝着更完善、更科学、更人性化的目标前进。此外,后勤管理制度的建立必须考虑到目的性、可行性、简明性与严肃性等基本原则。

(五) 加强后勤工作队伍建设

幼儿园的后勤支持工作是通过对人、财、物等的综合运用与管理来进行的,但后勤工作目标的真正实现必须通过人来实现,因此,加强后勤工作的队伍建设是后勤管理的一项重要内容。在后勤工作队伍建设中,我们不能只注重人员的数量,更要注重工作队伍的质量,即队伍人员要精而优,其目的是要建立一支素质优良且精干的队伍。后勤队伍良好的素质不仅取决于后勤工作人员的体力状况,更重要的是思想上的觉悟。首先,后勤工作人员必须热爱自己的本职工作,不断提高自身的素质,内容包括从谈吐、衣着到专业知识和技能等。同时,还必须具备吃苦耐劳的品质,因为幼儿园的后勤工作非常繁琐,这就要求后勤工作人员必须细心、耐心,能够吃苦。总之,一支高素质的后勤工作队伍是高效后勤工作的关键。

(六) 坚持勤俭办园的方针

勤俭节约自古以来就是中华民族的优良传统,管理好一所幼儿园同样也需要勤俭节约。所谓勤俭并不是说一切从简,而是指要把钱花在刀刃上,要抓住重点,即要使得所花的每一笔钱都能取得最大的效益。当前,有的幼儿园,特别是公立幼儿园浪费十分严重,这种浪费不仅包括没有遵循"成本—效益"原则所造成的浪费,还包括有些幼儿园管理者不懂幼儿园教育常识,花费很多金钱买了或建设了不利于幼儿教育的设施设备。例如,有的幼儿园为了打造自以为高档的园所,购买一些看似高级但却不适合幼儿的教具、玩具;还有一些幼儿园把原本好好的草地改造成水泥地,不仅浪费了大笔金钱,还违背了幼儿园开办的基本常识。

第二节 幼儿园后勤支持体系

一、建立幼儿园后勤支持领导体系

后勤支持是幼儿园保教工作顺利进行的保证,是进行园内所有工作的物质基础。然而,后勤工作的功能必须在一套完整的工作体系的引导下，才能得到充分的实现。因此，为了更好地开展后勤工作，幼儿园必须从系统论的角度出发，将幼儿园看成一个内外统一、循环开放的系统。

一个组织的工作效率如何，与它的领导体制高度相关。领导不仅仅是一种职位，更是一种无形的影响力。领导体系的完善与否直接影响着组织能否有效运转，也影响着管理过程中人、财、物的使用情况。更为重要的是，领导体系的合理与否，直接影响着幼儿园对人力资源的有效利用。因此，后勤部门要积极构建一个有效的领导体系。通常情况下，完善后勤支持领导体系应该做到如下几点：

（一）实行严格的岗位责任制

由于幼儿园后勤领导体系是一个具有层次部门结构的体系，各层次部门通过分工负责来共同完成后勤组织的基本任务，因此，在构建后勤领导体系时，需要对每个岗位的具体职责进行清晰的界定，实行岗位责任制，明确每个人的职责，要责任到人。只有责任具体到人，幼儿园后勤管理才能既有效率，又有针对性。只有实行岗位责任制，明确各工作人员职责，才能了解幼儿园后勤工作安排中的空白地带，防止事情发生时出现“事不关己、高高挂起”，或者推诿扯皮的现象。一个好的领导体系必然要求实施岗位责任制，这样才能使得事事有人做，事事有人负责，才会激发幼儿园后勤部门工作人员的工作动力，以使其更好地履行自身的工作职责。

（二）选择合适的领导者

领导者通常是组织发展目标和核心理念的象征，如蒙台梭利就是一种大爱幼儿教育的象征。领导者之所以能够成为组织发展目标和核心理念的象征，是因为其通过对组织发展目标和核心理念的解读，使之内化为自身的信念与追求，并通过一系列的手段、方法，来引导组织内的成员朝着组织的目标和核心理念前进。因此，对于幼儿园的后勤支持部门来说，要使得后勤工作能够真正发挥为幼儿园的保教服务、为幼儿园的发展提供全方位支持的功能，就必须选择能够以实现幼儿园发展目标为己任、以促进保教事业健康发展为理想的领导者。后勤支持工作的领导者除了必须具备和幼儿园发展目标相一致的理念外，还应具备诸如较高的文化素养、热爱本职工作、认真负责、关心爱护幼儿、吃苦耐劳、勤俭节约等基本素质。当然，更重要的是，后勤工作领导者必须懂得后勤工作和保教工作规律。只有在规律的指导下开展工作，才能取得事半功倍的效果。

（三）树立领导者服务意识

服务性是幼儿园后勤支持工作的基本特性。在幼儿园后勤支持工作体系中，必须高度重视服务意识的培养和树立，使后勤领导者们也能意识到，提供服务是他们的基本职责。在提供服务时要从“心”出发，做到真心实意。此外，在培养领导者服务意识时，要使他们意识到，他们所提供的服务，不是对幼儿园上层领导的服务，而是对全园所有相关事和人的服务，如对幼儿的服务、对后勤膳食的服务、对保教事业的服务，以及对后勤部门普通工作人员的服务。

二、建立幼儿园后勤支持服务体系

幼儿园后勤支持工作的核心就是服务，后勤支持部门在实践中必须为幼儿、家长和教职员工提供全方位优质的服务，并且把服务当作一种习惯，逐步健全后勤支持体系。幼儿园后勤服务体系主要包括为幼儿服务的体系、为家长服务的体系和为教职员工服务的体系。

（一）完善幼儿服务体系

幼儿园的开办目的就是促进幼儿的全面、健康成长，因此为幼儿服务是幼儿园所有工作的中心。幼儿是幼儿园的主体，没有幼儿就没有幼儿园，因此，幼儿园后勤服务体系中，为幼儿服务是一项非常重要的内容。根据幼儿的身心特点，后勤支持部门应该为幼儿提供的服务主要包含如下三个方面：

1. 为幼儿提供合理的保教设施

对幼儿开展的教育活动，必须利用一定的房舍、设施和玩具、教具才能开展，因此，幼儿园在为幼儿提供服务时，必须充分考虑到这些方面的因素。在房屋的合理安排和使用上，必须保证幼儿的各活动场所都要符合一定的标准，例如，幼儿的人均活动面积不能少于1.5平米，卧室要选择相对安静的房间，采光要充足，空气要清新。床以使用木板为宜，要按幼儿人数设床位。高度应方便幼儿上下，可设壁床、折叠床或垫子等。[①] 教室内的教具、家具都必须符合幼儿身心发展特点，例如，桌椅的样式、高度要便于幼儿活动，不能太高，也不能太低，要有利于幼儿保持正确的坐姿。一般情况下，幼儿身高相差 10 厘米以内，可以使用同一高度的桌椅。幼儿的书架、玩具架也必须按照儿童的身高来设计，便于儿童取放物品，园内的玩具和图书必须是充足的，等等。

2. 为幼儿创设良好的成长环境

只有具有良好的保教环境，才能让幼儿健康快乐地成长。由于幼儿年龄尚小，幼儿园是幼儿从家庭环境走向社会环境的一个平台，对幼儿来说，这是一个明显的心理过渡期。在幼儿园，幼儿渐渐学会离开父母庇护、学会与同龄人相处、学会与陌生人打交道、学会基本的生存生活技能、学会独立处理事情等。在这个过程中，幼儿园要加倍努力地营造一个轻松、温馨的环境，使幼儿们在园内能感觉到安全与信任。为了营造这种环境氛围，从客观方面来看，应从如下四个方面入手：

首先，幼儿园在选址时，应选择环境优美、安静整洁的地方，还要安全，远离工厂和污染。

其次，在幼儿园的场地管理方面，后勤部门应做到场地干净，每天都要定时打扫，及时清理场地沙石，避免幼儿在玩耍中摔跤。

再次，在室外环境的布置中，应做到干净、整洁，同时还可以开辟种植园，种些花草，以培养孩子观察发现的能力。

最后，营造舒适、安全的园所环境很有必要，但是，营造良好的幼儿园精神文化环境更有必要。也就是说，幼儿园必须为幼儿营造一种“家”的氛围，使幼儿能够以一种安心、信任的状态，在幼儿园中接受教育，健康快乐地成长。

3. 完善幼儿的饮食管理体系

对幼儿的膳食管理，是幼儿园后勤工作的重要组成部分。后勤部门必须完善幼儿的饮食管理体系，保证幼儿的饮食营养、安全且健康。

首先，因为幼儿饮食特点有年龄差异，所以幼儿园应根据幼儿的身心发展特点，成立专门的膳食领导小组，加强对幼儿膳食的管理与监督。膳食领导小组主要负责制定幼儿膳食计划，并监督膳食提供状况。比如，领导小组可以根据幼儿在园时间的长短，设计一日提供膳食的结构与次数，如一次正餐加一次点心，或者一次正餐加两次点心。

其次，要为幼儿提供健康、营养均衡的食谱。幼儿园后勤部门应该为幼儿制定每周、每日不同的营养食谱，确保幼儿每天摄取的营养能达到国家相关标准。保证幼儿每天摄入的食物中所含蛋白质、脂肪、碳水化合物比例合理，各占热量的 12%—15%、25%—30%和 55%—60%，幼儿每日所需蛋白质中，动物性蛋白质和植物性蛋白质要各占 50%。[②] 为幼儿提供的食谱中必须注意干稀搭配、荤素搭配、粗粮细粮综合调剂，应该避免让幼儿吃甜食和油炸食品。

最后，必须严格遵守饮食卫生标准，预防食物中毒。后勤部门必须为幼儿提供无毒无害的食品。要严格执行国家卫生部、商业部有关饮食规范要求的“五四制”，即原料到成品“四不制度”，成品存放“四隔离”制度，用具实行“四过关”制度，环境卫生采取“四定”办法，个人卫生做到“四勤”。[③] 同时坚决不能买过期、变质食物给幼儿食用。

（二）健全为家长服务的后勤支持体系

有效的幼儿教育不是通过幼儿园单一方面就能完成的，它的教学效果是通过家庭、社会与幼儿园三者的共同力量来实现的。其中，家长的支持与合作是幼儿园工作开展的强大动力。家长的支持、合作和认可，不仅是幼儿园保教质量提高的有效途径，同时也是幼儿园长久发展与生存的前提条件。所以，做好家长的服务工作是后勤支持的重要任务。幼儿园可以通过制定家校合作计划，来完善家长服务体系。这种合作计划必须建立在与家长的充分沟通的基础之上，幼儿将自身的办园理念、基本要求向家长传达，获得家长的认可与支持。家长在理解了幼儿园的基本情况之后，根据自身需要，寻求与幼儿园的良好合作。

---

① 秦明华，张欣主编. 幼儿园组织与管理[M]. 上海：复旦大学出版社，2008：109.

② 秦明华，张欣主编. 幼儿园组织与管理[M]. 上海：复旦大学出版社，2008：118.

③ 秦明华，张欣主编. 幼儿园组织与管理[M]. 上海：复旦大学出版社，2008：117.

其中，需要幼儿园能够为自己提供特别服务的家长，可以通过家校合作计划获得幼儿园的支持。具体地说，幼儿园可以为家长提供的服务内容大致有：为幼儿提供良好的保教服务；定期向家长汇报幼儿在园表现，使家长对孩子的成长保持动态了解；当幼儿出现异常时，要及时通知家长；为有特殊教育需要的儿童提供特殊教育服务；在具体情况下，提供可行的具体帮助与服务，比如，幼儿生病了，代替家长在规定时间内给孩子吃药；在幼儿上下学接送时，根据家长的需要，制定有效的接送计划；根据家长需要，开办假期或双休日幼儿托管班，等等。以上幼儿园为家长所提供的保育、教育服务，都需要有后勤部门的强力支持。

（三）健全为教职员工服务的后勤支持体系

由于幼儿年龄小，所以，教职员工在对幼儿进行保教过程中，需要花比中小学教师更多的心思。他们除了要教给孩子知识和技能，还要时刻关注孩子的一举一动，确保幼儿在园内健康、安全。由此可知，幼儿园教职员工的工作压力非常大。除此之外，目前我国幼儿园保教工作人员一般为女性，由于女性在家庭中承担着非常重要和特殊的责任，所以，在做好幼儿园保教工作和照顾好自身家庭之间，她们常常会陷入不可兼顾的困境。因此，幼儿园要树立为教职员工服务的思想观念，为教职员工营造宽松、融洽的工作氛围。幼儿园的后勤支持工作必须加强对教职员工生活与工作的关心，为他们提供必要的生活福利保障。具体来说，可以通过如下一些方面来健全后勤部门的教职员工服务体系：尽可能多地为教职员工的工作和生活带来便利，比如，为教职员工提供宿舍和办公室、配备电脑、提供实用便利的教具等；为教职员工提供较好的工作条件和环境，如为教职员工提供活动室，提供羽毛球器具、乒乓球桌等体育锻炼器械，使教师在休闲时间，能够锻炼身体，并且放松心情；为教职员工提供午餐，如果不能提供午餐，应当允许教职员工自带午饭，并代为加热；多和教职员工沟通交流，了解教职员工的工作、生活状态，了解他们的内心世界与感受，为在生活、工作中遇到困难的教职员工提供帮助，及时为他们排忧解难。

三、建立后勤支持的资财管理体系

在幼儿园后勤支持服务体系中有许多细分的子体系，其中幼儿园资产、财务的管理尤其重要，这就需要建立幼儿园后勤支持的资财管理体系。资产、财务是幼儿园工作开展的物质条件，后勤支持部门只有建立好资财管理体系，做到物尽其用，园内所有工作的进行才会有物质保障。资财管理体系是指对幼儿园的资产、财务的管理所形成的体系。其中财务管理部分在后面章节我们会详细述说。下面从后勤角度出发，提出总体的建立健全资财管理体系的两点建议。

（一）安排专人保管资财

要使资财管理有效地进行，就必须责任到人，对资财进行专人保管，避免“公地悲剧”的发生。当责任到人后，后勤支持部门必须让资财管理员明确自己的责任与义务。具体而言，资财管理员应当做到如下几点：

第一，协助园长检查、督促，对全园的资产、财产定期进行清点、核算，避免不必要的浪费。对于一些易消耗的物品的购入和领用，应该设立明细登记表。

第二，必须定期对一些保教设施设备进行检修，保证其能安全使用。与此同时，延长其寿命。

第三，协助园长建立损坏公物赔偿制度，这样可以提高在园工作人员爱护公物的意识。

第四，必须根据相关园内制度，专款专用，量入为出。例如，家长所交儿童伙食费、杂费和学费，应分类，专款专用。伙食费只能用于儿童膳食，不能将其节余用作设备或其他用品的购置。①

最后，必须做到一切账目有据可查，账单相符。

幼儿园后勤支持部门还可以对幼儿园资财采取事前、事中、事后监督的形式，对幼儿园一切经济活动进行不同形式、不同程度的监督。

（二）完善资财奖惩体系

奖惩措施是资财管理过程中的重要手段之一，若能合理利用奖惩措施，就能极大地调动后勤员工工作的积极性。所谓“奖”，就是奖励那些对资财工作有贡献的人，“惩”，就是惩罚那些在资财工作中懒惰散漫、有过失的人。利用奖惩的目的有两个，一是使教职员工学会爱护公物，保护幼儿园内的公共资财；二

---

① 周南主编. 幼儿园组织与管理[M]. 北京：北京师范大学出版社，1994：98.

是提高后勤部门资财人员的工作积极性，利用经济手段来促进人力资源潜力的最大发挥。奖惩措施如果用得恰到好处，且用得公正、合理，可以有效地实现资财管理的目标。但是如果不恰当地运用了奖惩手段，则会带来一系列的负面作用。为了使资财管理奖惩能够更好地发挥作用，奖惩必须借助一定的量化措施，根据量化的结果来进行。因为只有做到有根有据，才会令教职员工信服，组织才会有威信。所以，在幼儿园的后勤资财管理工作中，应适时地运用奖惩措施，建立完善的奖惩体系，极大地调动后勤资财工作人员的积极性，使教职员工养成爱护幼儿园公共资财的习惯。

第三节　幼儿园后勤支持制度

一、幼儿园后勤支持制度的特点

任何一个组织要想顺利地运转，必须要有一套完备的制度作保证。制度是一种刚性文件，它可以使后勤部门的工作人员，甚至全园工作人员在工作上有章可循，有法可依。幼儿园的后勤支持工作本就十分繁琐复杂，如果没有一定的制度来规范、引导，很多工作将会无法落实，甚至会导致顾此失彼、互相推卸责任的现象发生。幼儿园后勤支持制度是依据幼儿园发展目标而对该制度管辖范围内人员的后勤工作进行的规范、引导和约束，是一种严肃的纪律与要求。具体地说，幼儿园后勤支持制度是指，幼儿园的后勤部门通过将幼儿园的各项后勤工作的基本执行要求和方法，以及对各类工作人员的要求系统化，并用条文的形式，将这些系统化的要求与方法固定下来，以指导、规范相关后勤工作。

一般情况下，有效的后勤支持制度应内容清晰，规范明确，能够明确地告诉后勤部门工作人员，甚至全园工作人员，什么时候做事、做什么事、如何做，怎样才能把事情做好，以及如果违反了制度要求，将会受到怎样的惩罚等。有效的后勤制度除了具有规范性，还应具有指引性，能够极大地增强教职员工的责任意识，使他们知道怎样做才是符合幼儿园发展要求的，怎样才能有利于园内工作的顺利进行。

一套合理有效的后勤支持制度除了具有规范性和指引性外，一般还应具有如下几个特点：

（一）严肃性

后勤部门在制定管理制度时，对制度的表述应当尽量简单明了，避免冗长繁琐，以便于教职员工理解和记忆。同时，对建立好的制度，必须严肃对待，任何制度一经制定和实施，就应该严格执行，不能“三天打鱼，两天晒网”，或朝令夕改，必须保持制度的严肃性。但是，保持制度的严肃性并不意味着要死守制度不变，如果在制度的实际运行过程中发现其不能适应幼儿园发展和运行的需要，有关部门可以也应该对所制定的后勤支持制度进行调整与修改，以保证制度的适用性。

（二）目的性

任何管理制度的制定都是为一定的目的服务的，幼儿园后勤支持制度也不例外。从制度的设定开始，就要明确该项制度将要达到的目的和目标。只有具备了方向性的制度，才能得到很好的贯彻执行，有关工作才会取得人们所期待的成效。例如，后勤部门制定的考勤制度，目的就在于监督检查教职员工的迟到早退情况，做到督促教职员工不缺勤，少缺勤，按时上下班，以保证工作质量。因此，任何制度的制定都是具有目的性的。

（三）可行性

管理制度的制定必须做到从实际出发，符合本园的实际情况，防止制定出来的制度成为形式和摆设。这就是指，幼儿园要对国家、上级政府颁发的相关制度进行深入的学习和领会，并在此基础之上，根据本园具体情况制定后勤管理制度，以使得这些制度更具可行性。例如，《幼儿园工作条例》规定，“幼儿园应提供合理膳食”，但是有的幼儿园由于各方面原因，如房舍设备不够，不能为幼儿提供膳食，这就要求幼儿园后勤部门能够结合本园的实际情况，制定出合理的变通办法。当然，可行性除了指后勤管理制度的制定要符合幼儿园的实际情况外，更重要的是指所制定的制度要具有可操作性，可以转化为实际行动。如果后勤管理制度是宏观抽象，且又模糊的，那么人们在执行时就会觉得无从下手，并且难以评估自身行为是否真正符合后勤管理制度的规定与要求。

二、幼儿园后勤支持制度的种类

根据制度的制定者来划分，幼儿园后勤支持制度一般可以分为如下两种：

(一) 国家、各级教育行政部门制定的法律法规

在幼儿园后勤管理过程中，有一部分制度是由国家立法机关和各级政府、教育行政部门统一制定的、对于某个地区的幼儿园来说必须遵守和执行的法律法规。如《中华人民共和国教育法》、《幼儿园管理条例》、《幼儿园工作规程》和各地方政府根据本地区的实际要求制定的规章。这些都是幼儿园后勤支持部门开展工作的根本依据，对于幼儿园工作的顺利进行具有指导作用。幼儿园后勤部门在执行这些法律法规时，有职责向园内所有教职员工宣传，让他们了解这些法律法规的内容，以促进工作更加顺利地进行。

(二) 幼儿园根据法律法规制定的规章制度

这类规章制度是由幼儿园结合本园的实际情况制定的，能够符合本幼儿园的实际发展需要。这些后勤管理的规章制度，以促进幼儿园的各项后勤工作正常、稳定、有序地开展为目的。

三、幼儿园后勤支持制度的内容

幼儿园后勤支持制度涉及范围非常广泛，下面就其主要的内容进行介绍。

(一) 幼儿园资财管理制度

主要指对幼儿园资产、财务进行管理的制度。幼儿园的资财是保证幼儿园教学计划得以顺利进行的物质条件。园内各部门都要管好、用好园所资财，做到物尽其用，充分发挥每一分钱的效用。资财必须做到专人管理，专人负责，做到合理分配，为幼儿园的保教工作提供坚实的物质基础。

(二) 幼儿园校车接送管理制度

幼儿园有部分幼儿住所离园较远，如果由其父母负责接送，则会给其家庭带来不便，这样就需要幼儿园提供幼儿接送服务。幼儿接送工作涉及幼儿安全，当然也还有效益问题，所以，幼儿园校车接送管理制度就具有重要意义。

(三) 幼儿园庭院管理制度

这一制度旨在对幼儿园园内空间进行管理，一般涉及幼儿园整体环境的规划、保持与美化，园内的玩具、设备以及活动区域的规划与管理，以及对幼儿课后的室外活动的管理等。

(四) 幼儿园门卫管理制度

随着近年来幼儿园事故发生频率的增加，幼儿园门卫管理制度日益受到重视。门卫管理制度是幼儿园安全管理工作的第一步，是确保幼儿在园安全的第一道屏障。门卫管理制度一般涉及幼儿园何时开门、关门；幼儿和家长以何凭证入园；教职员工以何凭证入园；家长以何凭证接走幼儿；陌生人以何方式拜访幼儿园等方面。与此同时，门卫管理制度还要对保安的具体工作职责和基本素质作详细的规范。

相关链接

杏坛幼儿园门卫职责

一、严格遵守幼儿园各项制度，按规定时间，准时开、关园门。

二、坚守岗位，切实做好安全保卫工作。

三、在幼儿接送时间，门卫应在门前巡视，严防幼儿走失及外来人员进入。

四、家长来园时，应及时开、关园门，热情接待，文明礼貌。

五、衣着整洁，待人和气；工作时间不得离岗，不得聊天。

六、保持门卫室整洁卫生，不得在室内外堆放杂物。

七、外来人员必须经允许后方能入园；外来人员不能在园内长期逗留，如有特殊情况需经园领导批准。

八、严禁外来机动车辆进入幼儿园；园属车辆必须停放在指定地点。

九、注意防火防盗，每天夜间要检查班级门窗和水电安全工作。

（五）幼儿园伙食管理制度

幼儿园伙食管理制度是后勤支持制度中的核心内容，因为它关系着幼儿及教职员工的温饱、食品安全等重大问题。幼儿园的伙食管理制度涉及食谱计划、食物采购、食物保存、食物加工，以及食物卫生、安全、营养等问题。幼儿园的伙食工作人员根据上述伙食制度，为幼儿和教职员工提供食物。“病从口入”，尤其是幼儿的免疫力、抵抗力都很弱，如果膳食提供存在安全隐患，则会造成重大事故。因此，幼儿园的伙食管理制度非常重要。

相关链接

杏坛幼儿园厨房工作制度

一、工作人员必须身体、心理健康，每年进行一次体检，持健康证明上岗；新进食堂工作人员须先进行体检，取得健康证明后方可上岗。

二、工作人员必须掌握食品卫生的基本知识，热诚服务，以主人翁的精神，全心全意为师生服务，力求做到饭热菜香，食品卫生。

三、工作人员应讲究个人卫生，养成良好的个人卫生习惯。

四、餐炊具每天使用后必须及时洗净并消毒，确保餐炊具卫生，未经消毒的餐炊具不得使用。餐炊具消毒不得与清洗蔬菜、肉类等的设备混用。

五、食堂器物应放置整齐、有序，厨房垃圾应及时清除干净，消除有害昆虫及其滋生条件。

六、每天分餐后要打扫食堂一次，每周要大清洁一次，保持食堂清洁卫生。

七、严禁采购腐烂变质、过期、不符合食品卫生标准的食物进食堂，在食堂内，发现有这些食品应立即报废处理，严防食物中毒。伙食工作人员在操作原材料之前必须对原材料进行检查。

八、食品贮存应分类、分架、隔墙、离地存放，并定期检查，及时处理腐烂变质或超过保质期限的食品。

九、生、熟食物应分仓保管，不能形成交叉污染；食堂要有两个以上砧板，生、熟食物要分砧。

（六）幼儿园档案管理制度

过去，幼儿园因不注重资料档案的管理，给后勤部门工作带来了诸多不便，不仅耗时耗力、效率低下，而且很难发现潜在问题。在建立资料档案并对资料档案进行管理的过程中，可以积累经验、探索规律，及时发现问题，并能保持工作的连续性。例如，通过建立教职员工工作档案，可以帮助管理者了解教职员工的教育背景和业务水平，从而有利于管理者在今后的工作中，能够采取有针对性的措施，来激发教职员工的工作积极性，或者有针对性地为教职员工提供专业培训，以提高教职员工的综合素质水平，从而打造一支优秀的教职员工队伍。因此，根据不同的工作需要，建立相应工作领域内的资料档案是十分有价值和必要的，后勤部门可以根据自己所负责的工作领域，建立相应部门的资料档案。需要指出的是，建立资料档案时，必须在一定的档案管理制度的指导下进行。例如，管理者必须要尊重教职员工的隐私，保护幼儿园的隐私，不得随意外泄档案资料。

练习题

1. 幼儿园后勤支持的意义是什么？
2. 怎样建立幼儿园后勤支持领导体系？
3. 怎样建立幼儿园后勤支持服务体系？
4. 幼儿园后勤支持制度的种类有哪些？

5. 结合案例,论述在幼儿园后勤管理中,应怎样展开工作。

后勤管理:肯定赏识　魅力无穷①

曹雪琴

2008 年,我从正则幼儿园来到西门幼儿园,从事后勤管理工作。才到西门,领导让我一名普通教师立马走上管理岗位。这个岗位对于我来说,是非常陌生的,甚至还有些恐惧,生怕自己不能胜任。教师和管理者是两个完全不同的角色,为了很快适应工作,我不断地向有经验的同行学习,向他们取经,同时也不断向我们园长请教。在工作中会出现一些失误,每当此时,我总有种说不出的难受,有时会认为也许自己不适合这个岗位。每当我情绪低落时,领导总是用肯定和赏识的语气说:"你做得不错,进步很大!"每当此时,我就像打了一针强心剂,感到特别的兴奋和高兴。才到幼儿园时,我经常听到有人说陈阿姨不听话,很难管理。对这些话我半信半疑,我不想用老眼光看新问题,我要通过自己的管理来证实,人是可以通过自己的人格魅力来感化的。在工作中,我会带领大家一起做事,当有不同的声音出现时,我会用自己的行动让他们信服我。在生活上,我关心后勤人员并帮助他们。当他们有困难需要我帮助时,我会全力以赴地帮忙解决,能为他们争取的,我也会努力争取。我留心身边发生的点点滴滴的好人好事,及时予以表扬,让做好事、乐于助人成为他们的一种习惯。在三年多的朝夕相处下,我和后勤人员建立了很深的感情,这些后勤人员都有很强的主人翁意识,把幼儿园的事当成自己的事来做,不管我在不在,他们都会严格按照园方制度来要求自己,让我真正懂得了肯定和赏识魅力无穷。

---

① 资料来源:http://www.xmyey.cn/ReadNews.asp?NewsID=1650. 2012-5-7.

第六章　幼儿园公共关系

学习目标：

1. 掌握建立良好师幼关系的途径；
2. 了解园长与教师沟通的八大改进方式；
3. 掌握幼儿园家长工作的方法；
4. 掌握幼儿园与社区合作共赢的途径。

第一节　幼儿园公共关系概述

一、幼儿园公共关系的含义

幼儿园是一个社会组织，同时也是一个教育机构，所以，幼儿园必须要与社会各领域取得联系。又由于幼儿园这一教育机构的特殊性，决定了其不仅要与一般的社会公众建立联系，也需要与幼儿、幼儿教师、幼儿家长等建立起广泛的联系，做好公共关系工作。①

国际公共关系协会认为，公共关系是一种经营管理的功能，属于经常性和计划性的工作，不论是公立还是私立组织，均可以通过其来保持与相关公众之间的了解、同情与支持，以审度公众意见，制定并实施相应政策，争取建设性地与公众形成合作，从而获得共同利益。

幼儿园公共关系，广义地看，是指幼儿园为实现办园目标，有组织、有计划地运用不同手段与外部沟通联系，在幼儿园与内外部公众之间建立、发展相互理解与支持的关系，以塑造幼儿园良好形象，创造最佳教育环境的社会实践。②

二、幼儿园公共关系的对象

幼儿园公共关系的对象是指与幼儿园相关的公众，可分为内部公众和外部公众两大类。内部公众主要包括幼儿、教职员工、举办者等；外部公众主要包括家长、社区、主管部门、公共媒体和同业者等。

（一）内部公众

1. 幼儿

幼儿是幼儿园保教工作的对象，是幼儿园工作水平的直接反映者，是幼儿园的"形象代言人"，同时也是幼儿园对外宣传的"新闻发言人"。

2. 教职员工

幼儿园的教职员工是与幼儿园关系最紧密的核心公众群体之一，是幼儿园保教工作正常开展的最基本条件，他们在幼儿园公共关系中具有双重身份，既是幼儿园对内公共关系的客体，又是幼儿园对外公共关系的主体。

---

① 罗长国，胡玉智主编. 幼儿园管理[M]. 北京：高等教育出版社，2011：217.

② 邢利娅主编. 幼儿园管理[M]. 北京：高等教育出版社，2010：206.

3. 举办者

举办幼儿园的政府、企事业单位或个人是幼儿园办园经费的重要来源，也是幼儿园发展规划和重大决策的主要制定者，是幼儿园内部的重要公众。

(二) 外部公众

1. 家长

幼儿家长是幼儿园最直接的服务对象，他们是与幼儿园有着最直接利益关系的外部公众，是幼儿园的核心利益相关者，也是幼儿园实现社会传播与沟通的最佳人选。

2. 社区

社区是若干社会群体或社会组织聚集在某一个领域里所形成的、生活上相互关联的集体，是社会有机体的基本内容，是社会的缩影。社区里主要的公众包括所属的居委会、居住小区、左邻右舍的居民等。社区是幼儿园重要的教育资源，也是实现幼儿园与社会对幼儿进行共育的场所。

3. 主管部门

幼儿园的主管部门是对幼儿园工作起着指导、监督和检查作用的上级教育行政部门和其他政府部门。这些部门是最权威的公众，幼儿园必须与这些部门保持良好的关系，争取他们的支持与认可，为幼儿园发展争取有力的政策、法律与经济等的帮助。

4. 公共媒体

公共媒体是幼儿园形象传播的重要途径。通过传媒向社会宣传自己，制造有利的社会舆论，树立优质的园所形象，与大众进行广泛沟通，这些都能增强幼儿园的影响力和竞争力。

5. 同业者

幼儿园的同业者一般来讲是幼儿园的竞争对手，但也可以成为合作伙伴。向同业者公关，重点应放在向对方学习请教上，只有抱着谦虚的态度，方能赢得同业者的支持与合作。要克服竞争对手角色给同业者带来的负面影响，就要特色办园，以满足不同家长的需要。①

三、幼儿园公共关系的意义

幼儿园公共关系的意义主要体现在如下两个方面：

(一) 幼儿园管理需要公共关系

当前，国内许多幼儿园管理者已经意识到了公共关系的重要性。譬如，一些幼儿园在积极地利用“六一”儿童节或报刊、电视等媒介宣传自己，介绍本园的教改成绩，向社会和家长说明本园宗旨、目标和特色等，这些工作都属于公共关系范畴。这些措施为幼儿园管理带来了许多有形或无形的资源，能够推动幼儿园管理的高效运转。幼儿园开放、立体的管理模式要求管理者加强对内、对外交往，及时掌握各方面的信息，这一切都需要借助有效的公共关系活动来实现。实践证明，不注重公共关系的幼儿园管理，会在内部与外部管理中存在这样或那样的问题。

(二) 幼儿园发展需要公共关系

随着市场经济的深入，幼儿园管理从简单趋向复杂，从单一走向多元。过去幼儿园由国家包办，办好办坏都不存在生存危机的问题，幼儿园管理主要指向园内，呈一种封闭状态，只是处于处理常规事务的管理水平上，管理的程序单一简单。随着我国经济形式由计划经济向市场经济的转轨，以及特定的宏观幼儿教育政策的实施，幼儿园被推向了市场，优胜劣汰的原则影响着幼儿园的生存。为了增强自身竞争力，幼儿园管理已不能仅停留在原有的完成教学计划、保证幼儿安全等常规性的管理水平上，还要考虑如何宣传自己、推介自己，如何在公众中树立良好的形象与声誉，如何与各姐妹园、学术团体、企业和社区等单位友好往来，如何了解各方信息，从而改善本园的管理水平，促进自身持续发展。

① 罗长国，胡玉智主编. 幼儿园管理[M]. 北京：高等教育出版社，2011：217.

第二节　建立良好的师幼关系

一、良好师幼关系的意义

幼儿园的师幼关系是指幼儿教师和幼儿之间在心理上的联系和距离，这个联系和距离通过师幼之间的交往得以表现。有的教师与幼儿之间关系亲密，有的则较为疏远。亲密的师幼关系，如有的教师把幼儿当作自己的孩子一样地爱；疏远的师幼关系，如有的幼儿对教师没有信任感和亲密感，甚至由于受到了过多来自教师的批评和指责，而产生了对教师的敌视。

幼儿园保育教育的成功与失败，教师是决定性因素之一。身为教师，具有极大的力量，能够让幼儿生活得愉快或相反。教师可以是给幼儿制造痛苦的工具，也可能是启发其灵感的媒介。教师能让幼儿丢脸，也能让他们开心，教师对幼儿而言，既能伤人也能救人。而这种师幼关系是幼儿园的重要教育元素，对幼儿成长产生着深远的影响。

《幼儿园教育指导纲要》明确提出：要建立良好的师幼关系，让幼儿在集体中体验到温暖，心情愉快，形成安全与信任感。可见，在幼儿教育中建立良好的师生关系是何等重要。

二、师幼关系建立的途径

建立良好的师幼关系，其主要途径如下：

（一）树立正确的儿童观

儿童观是指教师对幼儿的基本看法。儿童观支配着教师的教育行为，决定着他们在工作中的态度和方式。正确的儿童观认为，幼儿是发展中的人。一方面，我们要尊重幼儿，因为幼儿也是“人”。不能以为幼儿年龄小，就不需要尊严、自尊等。对幼儿不尊重甚至侮辱所带来的伤害，可能会影响幼儿的一生，成为其一生不快乐之源。另一方面，幼儿是发展中的，他们十分弱小，需要关爱和教育。教师要以温柔的方式向幼儿传递爱。良好的师幼关系是以爱为基础的，教师的爱是滋润孩子心灵的甘露，是哺育孩子健康成长的阳光与清泉，教师要用爱去拨动孩子的心弦。教师在树立正确的儿童观的基础上表现出来的对幼儿的爱，具体包括关心、爱护、尊重、理解和沟通等，由此营造出浓浓的和谐、宽松、愉快的师幼关系氛围。

（二）把握恰当的时机

教师和幼儿建立良好关系的最好时机是幼儿初入园期。这时，教师就像一个“讨厌”的第三者，进入孩子的关系圈中。很多幼儿在刚入园时会非常排斥教师，甚至不肯来幼儿园。对于这样的幼儿，教师更应关注细节，把握时机，让幼儿投向自己的怀抱。这时正确而有耐心的安抚，能够带给幼儿对教师强烈的信任，甚至是能够代替其父母的角色。

在幼儿园日常保教活动中，教师应该抓住一些特殊时机，如幼儿过生日、受委屈或生病等，合理地构建良好的师幼关系。

（三）注重相关的技巧

我们要积极探索，不断创新方法技巧，在师幼关系中不断添加有益“元素”，使得师幼关系不断保温、升温。比如，在与幼儿相处时不时地幽默一下。幽默是良好师幼关系的润滑剂，它能拉近师幼之间的心理距离，活跃气氛。还可以多开展些园外活动，它是师幼关系加固的一个不容忽视的途径，也是优化师幼关系的必由之路。园外活动相对于幼儿园教育活动来说，目的不具体，计划性、组织性不那么周密，这就淡化了教育痕迹，却蕴藏着丰富的教育内涵。在与幼儿的亲密互动中，教师与幼儿更贴近了。像各种各样的亲子小组活动，双休日教师和家长、孩子一起到公园郊游、一起到小朋友家包饺子、一起去农园摘果子等等，都能非常好地增进教师和幼儿间的情谊，升华师幼关系。

但是，我们也应该要注意，在注重技巧的同时，一定要体现出教师的真诚爱心，不能让这些技巧掩盖了爱心，更不能矫情、虚假。所以，构建良好师幼关系时，注重技巧的前提是对幼儿的真挚爱心。

（四）与家长友好交往

幼儿家长是连接幼儿与教师的纽带。在幼儿园里，一名教师要关注多名幼儿，很可能由于一个无意的行为，就带来了幼儿与教师之间的隔阂，而且往往教师自己并没有意识到。这时，一旦教师与幼儿家长有较多的友好交往，则可能会从家长处有意或无意地了解到幼儿的很多心理状态，这些信息能够帮助教师更好地建立与幼儿之间的关系。

（五）持之以恒的心态

良好师幼关系的建立不可能一蹴而就，它需要教师持之以恒的努力。而在这一过程中，教师要避免犯“冷热病”，要经常与幼儿保持亲密关系，让幼儿感觉到教师的亲切，有安全、温暖的体验。还有，教师不要失信于幼儿。在师幼关系中，要维系彼此的信任。教师一旦答应了幼儿什么事，就要尽全力去办，并要想办法办好。如果出现一些意外，一时兑现不了，就应向幼儿解释清楚，只有这样，幼儿才不会远离你。

第三节　建立良好的园师关系

一、园长与教师的沟通方法

所谓园师关系，指的是以园长为代表的幼儿园举办方、管理层，与教职员工之间的关系。园师关系的好坏对幼儿园保教质量有直接影响，对幼儿园公共关系管理至关重要。建立良好的园师关系需要园长注重与教师之间的沟通方式。

第一，园长要与教师之间拥有良好的沟通，就应该缩小与教师之间的心理距离。一名管理者，不管其表现如何，许多标签已经戴在头上，比如权威、严肃、严厉等。这些都是职务刻板印象所致。人们往往将承担职务的人与职务等同起来，认为只要担任这个职务，就会具有这样的特点。职务成为管理者与被管理者之间的分水岭。越过这个分水岭，是对管理者的一个考验。管理者要赋予职务以人性，以“人”的身份来到大家中间，这样才能更好地进行管理。职位象征着权威。尤其是园长刚来入职时，切忌用权威与教师沟通，应尽量寻找具有共同经历与感受的话题，从感情上拉近与教师之间的距离，消除他们对园长本人的敬畏心理，建立平等、互信的关系。园长可以跟教师谈谈自己的成长道路，让教师产生亲切感，达到相互信任和相互理解的目的，这样，大家在沟通中才能消除戒心，达成共识。如果园长与教师不能就某一问题达成一致意见，园长可以站在对方的角度进行考虑，多一些理解与宽容。

第二，园长与教师的沟通应该真实、自然、亲切和坦诚。要避免两种错误倾向：一是板起面孔耍权威；一是过于随便无原则，特别是有的园长为了得到大家的拥护，甚至不惜牺牲原则。大家各自的利益诉求不一样，园长不可能满足所有人的愿望与要求，所以只有坚持原则，才是最公正的。遇到原则性问题时，园长更应该以真实、坦诚的方式与教师进行沟通，这样才能既解决问题，又形成互信关系。

第三，当园长与教师的观点不一致时，园长不要强迫教师服从自己，如果可能，应给教师实践的机会，让他们亲身去体验，真正认识到自己的错误。因为，沟通的目的是为了增进信任与了解，如果园师双方对问题的理解不同，沟通就变成了说服，甚至是强迫。遇到这种情况，园长不要马上沟通，可以给对方一些时间。即使发现教师是错误的，也不要急于纠正，要给他们感悟错误的机会，这样既会给他们留下深刻印象，又让他们能够在实践中得到锻炼。这种试错的方式，有时需要付出某种成本，但是如果这种成本在可以承担的范畴内，往往会带来更好的园师关系。①

二、园长与教师沟通的改进

当前，一些幼儿园园长与教师的沟通存在着这样那样的问题，一般地，可以从如下方面进行改进。

（一）增加平时沟通，减少被动沟通

因为工作繁忙，园长更多的是为了布置工作而同教师沟通。比如，在家长有意见了“不得不找教师谈

---

① 梁亚珠主编.园长工作十万个怎么办[M].北京：北京少儿出版社，2009：405—410.

一谈"时才被动"出口",这样就不得不让教师将被动沟通理解为"今天又挨找了"、"昨天被骂了"等,于是,教师都对园长敬而远之,躲而避之。所以,应多进行一些随意的、"唠嗑"式的沟通。平时要引导教师多思考、多发言,对不善辞令的教师,要引导其发言,训练他们的表达能力。教师发言时,园长要注意倾听,不打断、不争辩、不露怀疑之色,必要时要随声附和。

(二)当面沟通与书面沟通并举

园长必须与教师进行面对面的沟通,因为有些沟通和问题的解决必须当面,才能更为有效。但如果有必要的书面交流作为补充,一定会效果更佳。例如,园长可以通过手机把对教师的关心、理解与支持等信息传达给教师;可以通过短信,不拘时间、地点地展开交流沟通;可以通过便条将想法、建议及时地传递给教师。这些沟通方式单向、双向、多向并存,也能保证私密性,避免了面对面沟通时的拘谨与尴尬,也避免了园长与教师上下级之间本能的心理设防,还避免了情绪冲动。园长与教师在书写时能够"心宁气定",能够"全面思考",能再现"您"、"请"之礼节,书面沟通能更方便地反映情况,表达诉求。

(三)隐性沟通与显性沟通共存

一般地,下属隐性信息的获取是确保上级决策者有效决策的重要基础之一,特别是幼儿园教师有的不太愿意当面讲出自己的想法。另外,教师间的冲突更多的是隐性存在的,对此,园长一方面要能够洞察其中的微妙,另一方面,也要通过一定的途径,去获取隐性信息,以防止有用信息的流失。

有些幼儿园教师具有一定的反思意识与能力,经常记些教育笔记。教育笔记是教师对教育过程的观察与记录、反思和感悟,是教师对教育现象的分析和理解。应该说,教育笔记记录着教师的教育思想与行为,也反映了教师的心理状况和一些真实想法。园长可以通过阅读教师的教育笔记,来了解教师教学工作中的一些信息。

园长还可以利用QQ空间、个人博客等平台,坚持以人为本的思路,及时了解教师的教育工作与思想动态,走近每一位教师的心灵,发现教育中的细节与亮点,从而调整自己的工作思路。在此基础之上,园长要根据教师成长的心理需要,及时给予激励、帮助和引导。

(四)办公室沟通与非正式场合沟通并举

对人而言,尊严是高于一切的。园长与教师,在"人去楼空"的教室里,在共同下班的路上,在心情舒畅的周末,在环境优美的公园,进行交流、讨论,比那种正襟危坐的交谈更为有效。在这些场合下,教师可以忘却行政的等级差异,以平等的、民主的心态与园长自然地、无拘无束地倾心畅叙。

办公室里的园师沟通是一种常态,但是在另外一些情境中,也需要非正式场合的"随意式"园师沟通,两种方式并举,才能取得更好的沟通效果。

(五)增加描述问题,减少责怪谴责

日常生活中,每个人都有这样的体验:当别人喋喋不休地指出你的错误时,你往往会抵触,不愿意去做该做的事。因此,园长批评教师是正常的,但却不一定是最好策略。如果园长勃然大怒,甚至拍桌子瞪眼,教师记住的只是外在表现,而问题却常常成为被遗忘的部分。相反地,如果园长只是客观地描述问题,教师就会把精力集中在问题本身。沟通只是手段,认同才是目的。赞美是上帝的福音,是人与人接近的融合剂。园长的肯定赞许有鼓舞作用,因为每个人都喜欢听好话,好话能够肯定已做的努力,激励教师再接再厉,也能培养教师"自尊"、"自信"的人格。

(六)增加个别交流,减少当众说教

每个教师都是一个独特、成熟的个体,有着不同的经历、能力、性格、精力与心理特点。而且,爱面子是人之共同特点。为了避免教师有这样的抱怨:"我恨的是还当着几个人的面说我!"个别沟通是园长与教师之间最好的沟通方式之一。

园长跟教师的个别交流有推心置腹之感,且能针对个别情况进行个别交流,解决个别教师的问题,同时也能够保护对方隐私。对教师来说,能够消除担忧事态扩大的恐惧心理,在此基础之上,教师能够敞开心怀,一吐为快。同时,园长还能听取到真实的对管理的意见和看法,获取有效信息。特别是教师犯错、出问题后,园长更不能当众说教批评,否则很可能会使教师产生逆反心理,而不能把注意力集中于问题本身。犯错后,教师很容易形成自责,园长跟其进行个别交流,会给予其恢复自信的机会。

园长跟教师主动、坦诚、积极的个别沟通是一种外柔内刚的弹性管理方式。兵法云:"不战而屈人之兵，善之善者也。"在幼儿园管理中，不通过尖锐的、公开的、激烈的和惩罚性的措施来化解矛盾，是建立和谐的园师关系的必由之路。

（七）增加简洁提示，减少长篇大论

在许多情况下，多说不如少说。一般地，成人不喜欢说教，更不喜欢长篇大论，越短越容易被记住，也越有效。所以，园长同教师沟通时，要尽量用"问题是"，少用"但是"。"但是"对教师关上了门，而"问题是"则是邀请对方共同来面对和解决问题。园长同教师沟通时，要尽量用"怎么"，少用"为什么"。用"为什么"或"为什么不"开始对话，给人感觉是责备别人，让对方想自己的缺点，所以容易产生敌意。园长同教师沟通时，要尽量用"我们"，少用"你们"。"我们"能够拉近双方的心理距离，"你们"容易产生对立，拒人于千里之外。园长同教师沟通时，要尽量"解决问题"，少"涉及后果"。在解决问题时涉及事情的后果，将会导致沟通不畅，"现在来想办法"才是重点与关键。

（八）增加双向交流，减少单向传递

通常情况下，管理者是主动、有利的一方，而被管理者相对来说，是被动、不利的一方。现实中，不少园长总是一味地把自己的"设想"、"新观点"等单向地传递给教师，教师大多成了听众。事实上，一个有效的园师沟通，应根据不同的教师、不同的时段，确定不同的沟通主题。最简单的方法是，根据教师的意愿进行，让教师引发话题，更多地倾听教师对园所管理的建议、对自己成长的计划，引发教师产生被重视的自豪感，由此形成积极参与管理的责任感，不断努力提高工作效率。

要将园长与教师之间的信息沟通、情感沟通和思想沟通结合、统一起来，尽量做到同时进行，以增强沟通的效果。青年教师可能会珍视自己的工作前途，有强烈的"发展需要"，因此要与他们多谈理想和规划；中年教师渴望多出成果，丰富自己的教学生涯，有很强的"成就需要"，要鼓励他们自我实现；年长教师期望通过踏踏实实的努力，干好工作，做出成绩，满足自己的"尊重需要"，要多倾听老同志的建议。同时，园长要鼓励教师发泄不满，及时甚至当面做好记录，解决问题；教师在发泄完后，反而心情舒畅，士气高涨。①

第四节　幼儿园家长工作

一、幼儿园家长工作的意义

幼儿园家长工作是指幼儿园主动地以多种形式与幼儿家长保持经常性的联系，向家长宣传、介绍科学育儿的知识、方法，指导和帮助家长创设良好的家庭教育环境，进行科学的家庭教育，促进幼儿健康、全面成长的活动总体。

幼儿园与幼儿家长的公共关系是宣传幼儿园、树立幼儿园形象、提高幼儿园社会竞争力的一种有效手段，除此之外，幼儿园做好家长工作，更是实施家园共育，实现幼儿保教目标的重要措施之一。因此，幼儿园应做好家长工作，重视对家长工作科学、有效的管理。

具体地说，幼儿园做好家长工作的意义主要表现在如下几个方面：

（一）调动家长参与幼儿园教育和管理的积极性

幼儿家长是幼儿园服务的对象，幼儿园与家长的关系是服务与被服务的关系。从幼儿园的保教与管理过程来看，家长是幼儿教育的合作者，家长自身是重要的教育资源和力量，幼儿园保教要取得成效，必须要得到家长的积极配合与参与。幼儿家长的关心、支持、监督和评价，也是使幼儿园走向社会，获得广泛支持，扩大教育和服务功能，以及树立良好园所形象，从而扩大影响力的重要途径。这对幼儿园管理十分有利。

幼儿园要努力做好幼儿家长工作，争取他们的关心与支持，激发他们参与幼儿园教育与管理的积极性，对幼儿园的保教质量的优劣作出评判，提出建设性的意见和建议，帮助幼儿园工作人员，共同办出优

---

① 资料来源：http://www.wohoedu.com/Web/d_0DC2019C_doc.html. 2012-4-24.

质幼儿园。

（二）实现家园配合，促进幼儿健康成长

幼儿园作为教育机构，要发挥其主导作用，必须将家长工作列入议事日程上来，把家长工作放在与保教工作同等重要的位置上，充分重视并主动做好家长工作，使幼儿园与家长在教育思想、原则和方法等方面取得统一认识，形成教育的合力，家园双方配合一致，促进幼儿的健康成长。相反地，如果家长工作被忽视，幼儿家长对幼儿园的教育理念、具体保教工作不理解、不支持，甚至有负面抵制的思想，则不能够促进幼儿的全面发展。

（三）指导并帮助家长承担起家庭教育的责任

幼儿的家庭环境、父母的教育，时刻对幼儿产生潜移默化的作用，这种影响甚至会持续终生。在现实生活中，我们经常可以看到，教师的孩子愿意做教师，医生的孩子喜欢当医生，演员的孩子喜欢做演员，这就是由于幼儿在童年时期所受的启蒙教育对其影响极深，从而也成为他们长大后择业的重要影响因素。因此，孩子出生后，父母事实上已经担负起启蒙老师的职责。家庭教育对幼儿的影响是幼儿园不可替代的，同时对幼儿园保教质量也是不容忽视的影响因素之一。

幼儿家长虽然是幼儿的第一位老师，但他们毕竟不是专业的教育工作者，许多家长往往只是按照传统来扮演家长的角色，但并不了解幼儿教育的真正规则，缺乏科学的育儿方法，在教育观念与教养方式上，存在着种种误区、偏差。相当一部分家长，由于自身的文化水平、文明素养不尽如人意，因而幼儿的成长也受到了不同程度的负面影响。

幼儿园和教师要用幼儿教育的基本知识和规律帮助家长分析幼儿家庭教育的问题，通过家长工作，引导和帮助家长改进家庭教育方式，树立正确的教育观和教养观，掌握科学的教养方法，提高科学育儿的自觉性，发挥家庭教育的优势，给幼儿以积极良好的正面影响。

（四）让家长充分了解并宣传幼儿园

幼儿家长是幼儿园外部公众中最了解幼儿园的公众群体。幼儿园及教师要向家长做充分的宣传工作，让家长了解幼儿园的办园特色、教育理念、教育活动过程和取得的成绩等，并让家长以自己孩子身上取得的良好教育效果作为鲜活例子，向社会进行积极主动的宣传，帮助幼儿园树立良好的社会形象，提高幼儿园的社会声誉。①

二、幼儿园对家庭教育的指导

幼儿园对幼儿家庭教育的指导是幼儿园家长工作的重要内容之一。幼儿园做好对幼儿家长的家庭教育指导，是幼儿园实现对幼儿实施身心全面和谐教育的重要保证。

（一）对家长进行家庭教育重要性的宣传

对幼儿家长进行家庭教育重要性的宣传和教育，是要让家长理解如下两方面的内容。

首先，幼儿期是人一生身心发展的关键期。家庭是儿童生命的摇篮，是人出生后受教育的第一场所，是人生的第一个课堂。家长是幼儿的第一任教师。一般来说，孩子出生后经过三年的发育，就进入了3—6岁幼儿时期，这是人身心发展的重要时期。幼儿期是人生熏陶的开始，人的许多基本素养，如语言表达、生活习惯和性格等，基本上都会在这个年龄段形成。

其次，幼儿时期的良好家庭教育是成才的重要因素。比如，德国大诗人、剧作家歌德的成才，就得力于家庭的早期教育。我国古代以“父子书法家”著称的王羲之、王献之，以及郭沫若、茅盾等人的成长过程，都说明了家庭教育的重要性。反之，因幼年时期得不到良好的家庭教育而影响智力正常发展的事例也不少，如印度“狼孩”卡玛拉等。所以，要向家长宣传，不可忽视早期家庭教育的作用。

（二）多种形式帮助家长树立正确的教育观

幼儿园在家长工作过程中，应通过多种方式对家长进行教育观的教育。

1. 橱窗专栏宣传

幼儿园一般都设有宣传橱窗，各班门前也都有宣传用的板报栏，这些地方实际上都是向家长宣传教

① 罗长国，胡玉智主编. 幼儿园管理[M]. 北京：高等教育出版社，2011：229—232.

育思想的重要场所。因为家长每天都要接送孩子，教师可以充分利用这些橱窗，定期向家长进行教育思想、教育观念的更新教育。

2. 教育成果展览

教育成果展览是指幼儿园定期向幼儿家长介绍幼儿园的教育成就，使家长在了解幼儿园整体教育工作成绩的基础上，了解幼儿园的教育主张和教育思想。

3. 开展教育讲座

教育讲座是指利用家长学校的教育形式，定期对幼儿家长开办与教育相关的讲座，聘请教育专家向家长介绍正确的教育思想、成功的家庭教育经验，使家长对幼儿教育产生正确的认识，并能够在科学教育思想的指导下，反思自己在家庭教育方面的实践，接受幼儿园的科学教育主张，配合幼儿园对幼儿进行合理的教育。

4. 组织经验交流

经验交流是以幼儿园为主，在总结、评价家庭教育经验的基础之上，对一些教育效果明显的家长，请其为其他家长现身说法。这种教育因为典型、真实，榜样可信，有利于家长接受。所以，定期召开家长经验交流会是家长树立正确教育观念、提高教育素养的重要途径。

（三）积极向家长宣讲家庭教育的内容

不少幼儿家长不知道在家里给孩子进行些什么样内容的教育，以为幼儿家庭教育就只是教孩子认字、数数，因此，幼儿园积极向家长宣讲家庭教育的内容就显得十分必要。

1. 非智力因素培养

非智力因素对幼儿的成长非常重要。包括自信心、好奇心、独立性、吃苦精神、良好情绪和良好性格等。

2. 家庭劳动教育

家庭劳动教育就是要让孩子树立热爱劳动的观念和习惯，能够参加力所能及的劳动；培养其自理能力；鼓励孩子积极参加各种公益劳动；让孩子懂得珍惜劳动成果，反对浪费。

3. 家庭美育与体育

在家庭教育中，家长要创设良好健康的文化艺术氛围，布置优雅的居住环境；创造民主、和谐、文明的家庭气氛；创造条件让孩子接近大自然；帮助孩子把外表美、内心美结合起来；鼓励孩子积极参加各种各样的体育活动，帮助其掌握走、跑、跳、攀登、投掷和平衡等运动技能。

4. 智力因素教育

智力因素教育是家庭最为关注的，包括训练感觉器官；培养音乐、舞蹈、绘画和语言表达能力；阅读书籍；帮助孩子建立数和时空的概念；让孩子养成动手的习惯；让孩子更多了解自然、社会，丰富他们的感性与理性认识。

（四）帮助家长了解幼儿特点，掌握育儿方法

幼儿园、幼儿园教师要帮助家长了解不同年龄段幼儿身心发展的特点，教育家长有针对性地、科学地开展家庭教育活动。幼儿园要教会家长家庭教育的科学方法，使家长能够灵活运用家庭教育的方法。① 一些家长对幼儿的教育十分重视，但是总是不得其法。比如过多过早的纪律教育、过于严厉的教育方式，都使幼儿的生活充满了不安全感和恐惧。幼儿生活在忧虑中，心理压力就会过大，甚至带来心理疾病。另一种情形则相反，有的家长对幼儿的教育过于放纵，任何事情都是迁就孩子，使幼儿在成长过程中不能树立“边界”意识。这些问题都需要通过幼儿园的家庭教育来加以避免和解决。

三、幼儿园家长工作的方法

幼儿园开展家长工作可采取个别联系和集体联系两种不同的方式。其中个别联系方式是指幼儿园教师与幼儿家长间一对一地联系、开展工作的方式，这种方式对密切家园联系、实行家园同步教育有着重要意义。因为教育孩子不同于其他工作，每个幼儿都是一个独特的个体，具有个性特点与发展水平上的

---

① 罗长国，胡玉智主编. 幼儿园管理[M]. 北京：高等教育出版社，2011：234—235.

差异。另外，孩子的家庭情形、家长的教育观点及其教养方式也各不相同，教师必须针对每个幼儿和家长的不同情况，区别对待，开展有针对性的工作。当然，集体联系方式能更有效地向家长宣传幼儿教育知识，开展家园共育。所以，这两种方式需要交叉配合使用。另外，从幼儿园家长工作的途径来看，主要有如下几种：

（一）口头沟通

1. 谈话

幼儿园教师与家长间的个别谈话是进行家长工作最简便、最经常和最及时的方法，教师可以利用家长到园接送孩子的时间，与家长沟通幼儿的情况。这种谈话，时间较短，因此内容不宜过多、过深，必要时可以另约时间作较长时间的深入谈话。对这种有明确目的、事先约定的个别谈话，教师应事先做准备。在交谈时，不仅要态度诚恳，而且还应该设法营造宽松氛围，使家长消除思想顾虑，轻松地参与交谈。

2. 电话联系

电话联系是幼儿园同家长进行沟通的重要方式。比如，对于校车接送的幼儿，带班教师可能会很少有机会与其家长进行面对面的交流，那么就可以采用通电话的方式，把孩子在园的情况反馈给家长。

3. 家访

教师应对幼儿在园学习与生活情况及时做好定期的及随机的家访工作，并进行记录。定期家访时间段主要有：新生入园前、期初和期末等。随机家访的情形主要有：幼儿两天没来园了、幼儿生病了等。

（二）书面沟通

1. 成长手册

幼儿园应根据本园保教课程内容，编制《幼儿成长手册》，定期发放，使家长及时了解孩子在园生活、学习等方面的情况。

2. 家长问卷

幼儿园可以定期向家长进行各类调查，征求家长对幼儿园保教、管理等方面的意见，发挥家长的监督作用。[①]

3. 书信

如遇到一些个别或特殊的情形，幼儿园可采用比较私人化和个性化的书信的形式来同家长进行沟通。

4. 平台留言

信息技术的发展应用使幼儿园可以通过网络平台来同家长进行沟通，在网站、博客、或 QQ 上，给家长发布一些育儿知识。还可以利用信息技术平台，如飞信等，向家长反馈幼儿成长情况。

（三）活动参与

1. 亲子活动

幼儿园定期举行亲子活动，让家长有机会参与到幼儿园的保教活动中来，能够增进家长与幼儿，特别是与幼儿园教师之间的感情。

2. 节日活动

幼儿园可以通过“六一”儿童节等节日活动，向家长展示幼儿园保教成果，达成宣传沟通的目的。

3. 家长开放日

幼儿园可以把保育、教育及其管理向幼儿家长开放，让家长充分了解幼儿园的具体保教工作内容，以增进家长的理解。

（四）家长会议

1. 班级家长会

幼儿园班级家长会由各班教师主持，主要任务是向家长系统介绍本班保教工作、幼儿在园的学习、生活情况，并听取家长意见。

2. 全园家长会

幼儿园全园家长会一般由园长主持，每学期开一两次，主要任务是使家长了解幼儿园的工作计划与

---

① 梁亚珠主编. 园长工作十万个怎么办[M]. 北京：北京少儿出版社，2009：561.

具体情况，也可向家长宣传科学的育儿知识，介绍、推广幼儿园的教育成果等。根据内容，有的全园家长会也可以家长学校的方式进行，集中向家长宣传科学的幼儿教育理念。

3. 家长委员会

家长委员会一般由家长推选代表组成，其主要任务是在家长与幼儿园之间起联系与沟通的作用，反映家长的意见与要求，帮助传达幼儿园对家长的要求，并加强家长之间的联系，发挥家长的教育资源作用，监督、检查和参与幼儿园管理，动员、组织家长帮助幼儿园解决一些实际困难等。①

相关链接

杏坛幼儿园客服管理制度

第一条　制定本制度的目的在于提高幼儿园教学质量和服务水平，培育良好的家园关系。通过本制度的实施，幼儿园将建立完善的管理控制系统，以此系统来监控幼儿园的教育、保育和管理工作。

第二条　建立QQ群与飞信平台，通过IT技术，家长可直接向幼儿园园长反馈对教育教学及管理的意见和建议。

第三条　幼儿园园长通过办公室监控系统实时监控幼儿教师教育和保育及园务管理现状。

第四条　建立远程家园视频系统，家长可实时观看幼儿在园成长状况。

第五条　幼儿园每学期至少开三次家长会，通过家长会向家长征集教育教学和管理中的问题与意见。

第六条　早上九点半点到后，带班教师必须与没到校的幼儿家长通话询问幼儿情况。

第七条　幼儿园建立完善的家园联系系统，园务委员会确保每个月同每个幼儿家长通话一次。

第八条　家长对幼儿园的意见反馈均需要建立书面资料档案。

第九条　家长投诉一经查证属实，将按《杏坛幼儿园奖惩制度（试行）》对相关责任人进行处罚，并且第一时间对运营中的问题进行改正。

第十条　家长的反馈意见将作为对幼儿园员工进行奖励和考核的直接依据。

第十一条　客户管理的直接责任人为幼儿园园长。

第五节　幼儿园社区工作

一、幼儿园社区工作的意义

一般地，幼儿园总是存在于一定的地域范围，即社区之中，因而社区是幼儿园生存发展的基本环境，也是幼儿园管理活动所面临的社会现实。

社区是由居住在一定地域范围内的人所结成的文化、生活共同体。在我国城市，社区的构成是以“居民委员会”为基础的；在农村，一般以“村民委员会”为依托。社区中的人们受共同的社会政治、经济与文化的影响，同时，人们也反过来作用于社区。幼儿园作为社区的教育、文化机构，应该运用自己的资源，发挥自己的力量，主动参与社区工作，这对幼儿园、社区，以及社会的发展都有着重要的意义。

做好幼儿园社区工作，具体地讲，有如下重要意义：

（一）有利于整合幼儿教育资源

幼儿园构建良好园社关系，做好社区工作，能够积极整合社区资源，改变“关门办园”的封闭格局，改善幼儿园办园条件，扩展幼儿园教育活动的内容，丰富幼儿学习经验，提高保育、教育质量。幼儿教育的资源不仅包括正规的教育机构和教育者，还包括在教育过程中占有、使用与消耗的所有人力、物力、财力

① 秦明华，张欣主编．幼儿园组织与管理[M]．上海：复旦大学出版社，2008：182．

资源。对于幼儿来说“生活即教育”、“社会即教育”,家庭和社区的物质设施、文化氛围、交往方式和生活习俗等,都可以成为有益的教育资源。

(二) 有利于打造良好的教育环境

幼儿成长是各种环境要素综合作用的结果,其中最为重要的是其直接生长的环境,即家庭、社区与幼儿园,当这三者形成一致且一贯的教育合力时,便能最有效地促进幼儿的成长。国外和我国香港地区的多项研究表明,家庭、社区与学校教育对孩子从学前到高中毕业期间的学习成绩具有积极的影响,学生竞争力的增强、技能的发展、潜能的开发,以及动机的激发,都是社区参与的“副产品”。相反地,如果家庭、社区和幼儿园的教育影响力不一致,甚至理念相反,背道而驰,则会抵消教育的作用,降低教育的效果。最简单的例子是,幼儿园要求幼儿讲文明礼貌,不要乱丢垃圾,但幼儿在家中或社区中,经常看到成人随地吐痰、乱丢垃圾,这就会给幼儿带来认知冲突,从而难以养成良好的行为习惯,甚至会模仿并进一步养成不良的行为习惯。因此,社区工作直接关系能否营造幼儿全面发展的良好环境,关系到幼儿园的培养质量。

(三) 有利于推动社区幼儿教育发展

社区幼儿教育是由社区组织与管理的幼儿教育工作,包括正规和非正规的幼儿教育活动,它以社区全体成员为教育对象,主要涉及社区内0—6岁儿童及其家长。社区幼儿教育把社区内影响幼儿成长的社会、家庭环境和教育因素联系起来,把发展幼儿教育的资源、途径、形式和效果等方面因素进行综合考虑,还把社区内各种组织机构联系在一起。

幼儿园作为社区中的重要幼儿教育机构,可以通过社区的公共关系发挥其辐射作用,将正确的教育理念传播到社区中来,帮助社区整合资源,解决当前存在的问题,提供多样化、个性化的幼儿教育服务,切实推动社区幼儿教育的发展。①

二、幼儿园与社区的合作共赢

《幼儿园教育指导纲要(试行)》指出,要充分利用自然环境、社区教育资源,扩展幼儿生活、学习空间。幼儿园应为社区的早期教育提供服务支持。这充分说明,幼儿教育与社区教育之间息息相关,社区在幼儿教育中扮演着重要角色,依托社区、服务社区应是幼儿教育发展的必然趋势。这也充分体现出幼儿园与社区之间是合作共赢的关系。

(一) 加强园社间日常沟通交流

幼儿园在日常工作中,应主动创造机会,与社区开展经常性的沟通交流活动。一般地,可通过如下途径来实现与社区的沟通交流:

1. 利用登门拜访,增进彼此感情

人与人之间感情的增进,需要有经常性的互动,因此,互通有无才能加强幼儿园与社区之间的沟通,以增进相互之间的情感。

2. 借助举办活动,加强沟通交流

幼儿园常见的活动有开放日活动、亲子运动会、师幼演出活动、园庆活动和师生成果展等。在举办以上活动时,幼儿园应有针对性地邀请社区领导、知名人士、教育专家、艺术名流、企业家和热心人士等参加活动,就活动内容、组织形式和活动效果等征求意见,或借此机会请他们为幼儿园发展提供建议,达到加深沟通的目的。

3. 利用节日举办联谊会进行沟通

幼儿园应利用元旦、“五一”和国庆等节日,举办茶话会、座谈会等形式的聚会,邀请社区管理者、机构负责人、社会名流等交流感情,表达对他们的感谢之情。在聚会期间,幼儿园还要不失时机地向与会者征求对幼儿园发展的意见和建议,以赢得社区各界对幼儿园工作的支持。

(二) 积极提供幼儿园资源为社区服务

在增加幼儿园与社区之间交流的基础之上,幼儿园还要积极地为社区提供力所能及的服务。

---

① 邢利娅主编. 幼儿园管理[M]. 北京:高等教育出版社,2010:220—221.

1. 主动向社区开放幼儿园教育资源

一般地，幼儿园有着较为丰富的教育资源，在不影响幼儿园办学的情形下，要将幼儿园的教育资源用于社区，做到资源的社区共享，充分发挥其社会效用，特别是要避免资源浪费。与此同时，幼儿园的房舍、教育设施和师资等，也可以对社区开放，为社区散居儿童及其家长提供一定的教育服务。幼儿园可以在双休日开放部分功能室，如美工室、游戏室等，供家长带孩子就近进行活动；开设家庭教育辅导班，开展保教知识的讲座、咨询和指导，发挥正规教育的主导作用，树立家长正确的儿童观和教育观，营造交流育儿心得的良好环境。

2. 利用自身的艺术优势服务社区建设

幼儿园可通过艺术优势来开展教育。幼儿教师都能歌善舞，具有较高的艺术修养，幼儿园应充分利用这一优势，主动地服务于社会公益事业与精神文明建设工作。比如，参加社会公益的宣传演出，进行社区精神文明宣传栏的建设，参加社区的绿化活动等。

3. 完成教育幼儿和服务家长的双重任务

《幼儿园工作规程》明确规定，幼儿园的主要任务是：实行保教相结合的原则，对幼儿实施体、智、德、美等方面全面发展的教育，促进幼儿身心和谐、全面地发展。幼儿园同时要为家长工作、学习提供便利。因此，幼儿园应尽量考虑家长的需要，在开学时间、入园离园时间等方面，在不影响幼儿园正常保教工作的情况下，尽量为家长提供方便。比如，提供节假日、双休日留园服务等。总之，通过高质量地完成教育幼儿和方便家长的双重任务来服务社区。

（三）充分利用社区资源为保教服务

社区教育资源存在于社区之中，但需要通过幼儿园的深入挖掘，并协调好社区的各方关系，才能为幼儿园的保教所用。开发利用社区幼儿教育资源可以通过以下五种渠道来进行：

1. 利用社区自然资源，开展幼儿知识技能教育

社区所处的地域一般都蕴藏着各具特色的自然景观等自然资源。这些自然资源对幼儿园组织户外教育活动和实践活动等提供了便利条件。只要幼儿园能充分地开发利用好这些资源，就会对幼儿教育发挥出玩具所无法替代的作用。

2. 利用社区体育设施，加强幼儿身体素质训练

一般地，社区为了满足居民的健身需要，都建设了体育设施，这些体育设施往往是幼儿园难以配备齐全的。幼儿园教师可以带领幼儿走进社区，充分利用社区中的体育设施，对幼儿进行身体素质的训练，以提高幼儿的健康水平。

3. 利用社区人文资源，开展幼儿社会文化教育

社区的人文资源主要由社区内的服饰、建筑、音乐和民俗等组成，利用好社区内的人文资源对幼儿进行传统文化、地方历史、民俗风情等的教育，可帮助幼儿丰富社会知识，提高其对社会的认知能力。

4. 利用社区机构资源，培养幼儿情感兴趣能力

社区中的机构资源包括文化机构，如图书馆、博物馆、艺术馆等；卫生机构，如医院、诊所等；慈善机构，如福利院、养老院等；交通机构，如汽车站、火车站等。幼儿园可组织幼儿到博物馆参观，对幼儿进行传统教育；组织幼儿到福利院慰问，对幼儿进行爱心教育，培养幼儿高尚的情感；充分利用图书馆、艺术馆等培养幼儿的学习兴趣。此外，幼儿园还应充分利用社区中车站、邮局、医院等机构，对幼儿进行社会规则意识和生活技能的培养，提高幼儿的社会适应能力。

5. 利用社区人力资源，进行特殊知识技能教育

社区的人力资源包括幼儿家长和社会人士等。幼儿园可以吸收他们参与园所活动，发挥他们的智力优势，协助教师组织幼儿活动，在活动中对幼儿进行教师所无法完成的教育。也可以聘请有特殊专长的家长或社会人士走进幼儿园的课堂，为幼儿传授专门的知识技能。在利用社区人力资源的过程中，扩大了幼儿的社会接触面，增长了其见识。①

---

① 罗长国，胡玉智主编. 幼儿园管理[M]. 北京：高等教育出版社，2011：243—246.

练习题

1. 幼儿园公共关系的含义是什么？
2. 怎样建立良好的师幼关系？
3. 怎样做好幼儿园家长工作？
4. 幼儿园怎样才能做到与社区的合作共赢？
5. 利用已学知识，分析怎样通过家园合作的方式来解决下述两个案例中的幼儿教育问题。

幼儿园家园合作的案例分析①

案例一：隆隆是我们班上比较好动、爱打架的孩子之一。他有时候会有意无意打到其他小朋友，星星被隆隆打到的次数比较多。后来渐渐地，星星攻击性行为也开始增多。我问星星原因后，得知他把隆隆打自己的行为告诉了父母，爸爸得知后便教育孩子如果其他小朋友欺负自己，就一定要打回去，不能受欺负。星星的爸爸还教他如何和别人打架，让别人不敢欺负他。

案例二：小胖有时候也会有意或是无意中打到毅毅。后来渐渐地，有时候毅毅先打了小胖，惹得小胖去攻击毅毅。事后，毅毅却跑到老师面前告状说小胖打他。毅毅回家后告诉他爸爸小胖经常打他。最后，毅毅的爸爸沉不住气跑到幼儿园来找老师，还打算找小胖的父母理论。

① 资料来源：http://yuanzhang.yojochina.com/guanli/2010091461658.html．2012－5－7．

第七章　幼儿园安全管理

学习目标：
1. 掌握幼儿园安全管理的原则；
2. 掌握实施幼儿园安全管理的途径；
3. 了解幼儿园安全管理制度的意义；
4. 掌握幼儿园安全管理制度体系的内容。

第一节　幼儿园安全管理概述

一、幼儿园安全管理的意义

幼儿园是幼儿生活、学习的场所。幼儿园安全是指园内幼儿和全体教职员工的人身安全。幼儿园安全管理是指对全园的与安全相关事务的计划、组织、指挥、协调和控制等活动，以确保园内工作能够顺利进行。

幼儿园教育是基础教育的重要组成部分，它担负着促进幼儿全面发展的重任，每位幼儿教育工作者都应尽最大的努力去维护幼儿的人身安全。幼儿园的安全管理是幼儿园管理中的一个重要方面，有着极其重要的意义。

（一）保证幼儿全面健康发展

幼儿园的服务对象是发展中的、不成熟的个体，幼儿对外界危险的意识能力较弱，自我保护能力较差，因此，幼儿园对幼儿的人身安全应给予高度关注。这就要求幼儿园必须建立一套有效的安全管理体系，确保幼儿的人身安全。有效的幼儿园安全管理能够使幼儿得到全面健康的发展。

（二）确保保教工作顺利进行

安全的环境是工作能够高效顺利开展的保证。幼儿园内如果缺乏良好的安全管理体系，就会让人惶惶不安，时刻担心意外情况的发生，从而使工作出现混乱且效率低下的情况。建立一套完善的安全管理体系，能够确保保教工作的顺利进行。

（三）保障教职员工身心安全

幼儿园内工作的教职员工的人身安全也是至关重要的。幼儿园安全管理也会涉及教职员工的身心安全。一般地，园车接送时会有教师跟车，因此园车安全也是教职员工安全的基础；食品安全和园内其他安全都会涉及广大教职员工的身心安全。因此，有效的幼儿园安全管理是教职员工身心安全的保障。

（四）有利于民族身体素质提高

幼儿园安全工作不仅是园所的本职工作，也是其社会责任。一个民族的兴旺发达依赖于健康、高素质的人民。由于幼儿时期的身体健康对其今后的发展有着极大影响，因此，重视幼儿的安全管理工作有利于整个民族身体综合素质水准的提升。

二、幼儿园安全管理的原则

做任何事情，都必须按照一定的原则进行，这样事情才会朝着计划好的方向前行。在进行幼儿园安全管理时，一般要遵循如下原则：

（一）营造自然和谐的氛围

幼儿个体敏感，情绪波动的频率大，因此，幼儿园应为幼儿营造自然和谐的氛围。自然和谐的氛围，能够使园内的各项活动井然有序地进行，构成促使幼儿情绪稳定、健康成长的基本条件。同时，幼儿园保教人员应根据幼儿身心发展的特点，建立符合幼儿全面成长的生活、学习制度，使园内活动能够有条不紊地进行。这种既有条理，又有节奏的生活、学习制度，能够促使幼儿身心健康、和谐、全面地发展，给幼儿以安全感。

（二）提供充分的活动时空

为了避免幼儿发生意外，必须给其提供足够的时间和空间。要避免幼儿由于过度拥挤而发生危险，因此，应该尽量扩大幼儿的活动空间，使幼儿在广阔的空间内能够较为自由地活动。与此同时，应给幼儿足够的时间完成他们的活动，做到不急、不催。因为在催促状态下学习、活动的幼儿，会变得急躁不安，情绪不稳。

在幼儿园安全管理中，教育与信任是并重的，要处理好“管”与“放”的关系。在保教工作中，要将“管”与“放”相结合，做到在对幼儿的行为规范加强指导管理的同时，又不违背幼儿身心发展的特点。① 在很多幼儿园中，教师为了幼儿的安全而限制幼儿的活动，甚至禁止幼儿自由活动，这种做法不利于幼儿的发展。幼儿园教师应做到教育与信任并重，使幼儿掌握安全规则，提高他们的安全意识。正确处理“管”与“放”时，幼儿园不仅要保护好幼儿，而且还要避免幼儿被过多的压抑与约束。要尽量使他们能以自然的状态在幼儿园中快乐地生活和成长。教师应该在幼儿的各项活动中，给幼儿以积极的指导与保护，使安全管理工作从消极防范转变为积极促进。

（三）预防为主，加强预测

凡事“预则立，不预则废”。幼儿园安全管理工作更应做到提高预测性，排除事故隐患，避免对幼儿造成伤害。《中小学幼儿安全管理办法》明确指出：幼儿园安全管理工作最重要的目的是，预防各类安全事故的发生，也就是，安全第一，预防为主。②

预防为主是指幼儿园要积极主动地去发现可能存在的安全隐患，加强防范意识。与此同时，要注意对幼儿进行简单的安全教育，让幼儿对危险的事物有一定的认识。例如，教育幼儿不要去攀爬危险的地方；不要触碰电源插座、插头和电线；不要玩弄火柴和打火机；不要吞吃非食物的东西，不要把钱币、玻璃球等小东西含在嘴里。

（四）制度与教育并重

在幼儿园安全管理中要制度与教育并重。一方面，要重视安全制度建设，从园内安全到接送安全；从食品安全到器械安全等，方方面面都要制定科学合理、切实可行的制度，并且要坚决执行相关安全制度，不能因为有阻力就人情化，把安全管理制度放在一边。另一方面，要重视对教职员工和幼儿的安全教育。对教职员工而言，要向他们宣讲安全制度和注意事项，让他们对安全管理的要求有清晰的了解。只有制度与教育并重，幼儿园才能够真正搞好安全管理工作。

三、幼儿园安全管理的实施

明确了幼儿园安全管理的意义后，还必须知道应当如何实施幼儿园的安全管理工作。下面从宏观角度简单地介绍一下幼儿园安全管理工作的实施。

（一）加强园内外环境的安全管理

幼儿园内外环境中的不安全因素，往往是造成幼儿发生意外的常见因素。环境通常是指园外和园内的环境。幼儿园应该注重园内与园外的环境管理，为幼儿创造一个安全、健康的生活、学习环境。在进行园外环境管理时，幼儿园必须严格执行门卫制度，不准陌生人进入园内。门卫人员应定期对幼儿园周围的环境进行视察，排除一切可能对幼儿造成伤害的隐患。园车安全方面，幼儿园应从司机资质和园车质

---

① 秦明华，张欣主编．幼儿园组织与管理[M]．上海：复旦大学出版社，2008：125.

② 资料来源：http://www.edu.cn/20060712/3199459.shtml. 2012－2－12.

量上严格把关，确保幼儿生命与人身安全。在进行园内环境管理时，对幼儿园的园舍、大型玩具设备等要进行定期检修。对各类可能造成幼儿伤害的事物必须及时处理。例如，当发现台阶有棱角时，必须及时把台阶改造成弧形，防止幼儿因此磕碰摔伤；当楼梯栏杆过宽时，必须加防护网等。

（二）建立安全管理制度，确保严格执行

幼儿园安全管理工作十分复杂，仅仅依靠相关安全管理人员的检查处理是不能把每项工作都做得具体且到位的。因此，幼儿园必须建立一套符合本园实际情况的安全管理制度，明确规定各个岗位安全工作内容，以及在执行中应注意的事项。幼儿园管理者应对这些制度广为宣传，使制度广为人知，并对制度执行进行定期的检查与督促。当在实践中发现安全问题时，教职员工应当及时向有关部门汇报，并且认真分析所发现的问题，以便采取有效的措施加以应对。同时，还必须对幼儿园的安全管理制度的合理性进行检验，如发现制度与园所安全管理实践有冲突，则必须及时地对制度进行修订，使制度能够更好地指导实践。

（三）开展师生安全教育，提高全员安全意识

幼儿园担负着教育好幼儿、服务好幼儿家长的双重任务，与此同时，幼儿园也承担着保护幼儿生命安全的重大责任。幼儿园应对园内教职员工进行全面教育，促使他们能够真正地把幼儿安全放在头等位置，尽量避免任何意外事故的发生。同时也需要对幼儿及其家长进行相关教育，促使幼儿的安全管理工作能够全方位地得到实施。因此，在这里的“全员”具体是指教职员工、幼儿家长及幼儿本身。

1. 对幼儿进行安全知识、保护能力教育

这种教育并不是简单的知识传授，因为很多安全事件是幼儿没有见过，在生活中也没有经历过的。幼儿园必须根据幼儿的生理、心理发展特点，根据他们的不同年龄层次来进行安全教育。比如，遇到突发事件时，可以对幼儿进行随机教育：在“防非典”教育中应教会幼儿注意卫生及如何洗手等；在“防禽流感”教育中应告诫幼儿不能吃可疑食品等。同时，还应该将安全教育纳入正常的日常管理与教学活动之中，通过安全图片、看图说话、诗歌和故事等，使每个幼儿在有趣的教学活动中，了解掌握安全知识。教师还应将安全教育融入到游戏中去，通过丰富多彩的游戏，让幼儿在其中学习安全知识，掌握自救和逃离、躲避危险的技能。

2. 鼓励家长积极参与幼儿园安全教育活动

幼儿园应举行以“安全教育”为主题的亲子活动。通过亲子活动，让家长和幼儿在游戏中了解安全教育的重要性。在这种形式下，幼儿能够更容易地掌握自我保护的方法，提高自身安全的意识。幼儿园还可以充分地利用家长的资源，请在相关部门工作的家长到幼儿园对幼儿、家长和教职员工进行安全知识的教育或演习，加深全员对园所安全的认识。

3. 对教职员工开展幼儿安全知识宣传教育

幼儿园的安全知识宣传方式主要有：定期对教职员工召开安全教育讲座；通过宣传栏对教职员工进行安全法律法规、师德和安全常识的教育等。同时，还可以利用反面教材来提醒、教育教职员工安全管理工作的重要性。比如，江西某大型幼儿园因安全管理不善而发生特大火灾事故等。这一件件触目惊心的安全事件，都要求幼儿园必须高度关注幼儿人身安全，做好安全防范工作。

（四）建立实施安全事故上报与应急制度

一般地，幼儿园发生事故都要做好记录。幼儿园内发生重大伤害事故后，应在两个小时内，及时向上级主管部门汇报情况，不得隐瞒。这里把事故分为一般事故、责任事故和重大事故三类。具体安全事故分类见表 7－1。

表 7－1　幼儿园安全事故分类①

一般事故	由于幼儿缺乏自身保护能力或一些外在的客观因素，而造成的擦伤、跌倒等事故。
责任事故	由于保教人员的原因（如责任心不强、擅离岗位、不执行安全管理制度等）导致儿童骨折、食物中毒、触电或溺水等事故。
重大事故	导致儿童死亡、残疾、重要器官损伤或增加儿童巨大痛苦的事故。

① 资料来源：http://wenku.baidu.com/view/af524268011ca300a6c39064.html. 2012－3－8.

幼儿园在组织各项活动时，都要以幼儿的安全作为第一考量，进行认真细致的准备工作，对场地进行全面考察，考虑要周详具体，严禁带幼儿到危险的地方开展活动。幼儿园要建立健全幼儿安全管理网络，成立幼儿园安全管理领导小组，下设工作小组，实行岗位责任制，把安全工作要求列入到各岗位职责中去。

为了更好地处理幼儿园安全事故，减少相关伤害和损失，幼儿园应建立科学合理的安全事故危机应急处理机制。一旦幼儿园出现安全事故，首先要抢救事故中受伤的幼儿或教职员工。接着要上报上级教育行政主管部门，并通知相关家属，做好安抚工作。最后，还要作出事故的经验教训总结，展开相关宣传学习工作，以防止类似安全事故的再次发生。

第二节　幼儿园安全管理制度

一、幼儿园安全管理制度的意义

幼儿园安全管理制度是指幼儿园制定的规范、监督、调控幼儿园安全工作的规章。

幼儿园安全管理是园内所有工作的核心部分，它关系着广义幼儿和教职员工的生命安全、身心健康，关系着千千万万家庭的幸福和社会的和谐稳定。近年来，频繁发生的幼儿园安全事故，表明当前幼儿园安全管理存在诸多漏洞。如果幼儿园的安全意识不强、组织混乱，很可能会带来严重的安全事故。因此，必须建立一套完整的幼儿园安全管理制度，使幼儿园各项安全工作的开展都有据可依、有章可循。安全管理制度是幼儿园所有工作顺利进行的保证，具有重要意义。

（一）安全管理制度具有规范意义

任何制度都具有规范性与约束力。幼儿园在实施安全管理制度的过程中，必须对制度进行广泛的宣传，使幼儿园各成员都能了解制度的具体内容，知道在什么时候做什么事，怎样做事，一切都有法可依，有章可循，从而充分发挥制度对行为的制约与规范作用。如幼儿园有关成员违反了制度，就要受到批评与处分，使之接受教训，纠正错误。幼儿园安全管理制度的规范性体现了其规范意义。

（二）安全管理制度具有指引意义

制度是组织的基本活动准则，是组织正常运行的保证。幼儿园安全管理制度的指引性是指，制度中有着明确的要求，它告诉我们幼儿园在安全管理方面提倡什么，禁止什么，应该怎样，不该怎样。它为幼儿园成员指明了行动方向。在贯彻执行幼儿园安全管理制度的过程中，指引性还体现在幼儿园各部门工作人员各司其职、各负其责上。幼儿园安全管理制度的指引性凸显了其指引意义。

（三）安全管理制度具有教育意义

在幼儿园安全管理过程中，有些教职员工和幼儿在日常工作学习中，在与安全相关的一些事情的处理上，不知道应该怎样做，具体的操作规范是什么。幼儿园安全管理制度本身可以作为安全教育的材料，具有教育性，体现了教育意义。

二、幼儿园安全管理制度的设计

抓好幼儿园安全工作，必须建立健全各项制度，确立“安全第一”的意识。在设计、建立幼儿园安全管理制度时，需要注意如下三个事项：

（一）制度设计上要分工细致、职责明确

幼儿园安全管理工作涉及的内容非常广泛，比如，后勤综合治理、食堂管理安全、教学活动安全、卫生保健安全和园车接送安全等。幼儿园必须对每个工作岗位给予明确分工，必要时还可以责成各部门主管担任相关事项的安全组长。例如，后勤由后勤副园长担任组长；食堂管理由伙食管理员担任组长；卫生保健由保教主任担任安全负责人等。与此同时，幼儿园领导要对各个部门的规章制度的执行情况进行监督，一旦发现存在形式主义等问题，应积极采取措施，加以解决，避免意外事故的发生。同时，还要注意分析问题产生的原因，注意防微杜渐，把安全隐患消除在萌芽状态。

（二）制度设计上要高度注重安全教育

幼儿园应对全园教职员工进行职业道德教育和安全教育，提高全园教职员工的职业道德和安全意识。要牢固树立“安全第一”的意识，高度关注安全工作，形成全员高度重视安全工作的局面。同时，各教职员工应该认识到“安全工作人人有责”，自觉增强自身的责任感、使命感，认真细致地做好安全工作。幼儿园要经常对安全管理工作进行检查和监督，杜绝意外事故的发生。

（三）制度设计上要确保定期召开改进会

召开安全改进会议的目的是为了总结各部门的安全管理工作，进行批评与自我批评。幼儿园要做到年初有计划、年中有小结、全年有总结。要齐抓共管，为师生营造一个安全、和谐、健康和快乐的幼儿园，让每一个幼儿都能够在幼儿园度过快乐美好的童年。

三、幼儿园安全管理的制度体系

为了给幼儿一个健康安全的生活、学习环境，为了使广大家长放心，使社会安心，建立完善的幼儿园安全管理制度体系是至关重要的。完善的安全管理制度体系能够保证教职员工顺利工作、幼儿健康成长，促进幼儿园工作有序开展。

幼儿园构建健全完善的安全管理制度体系，需要从如下两个大的方面着手：

（一）健全幼儿园园内安全管理制度体系

幼儿园园内安全管理是一件非常广泛的工作，它涉及诸多方面。前文后勤支持部分涉及了部分与安全管理相关的内容，这里我们主要介绍园内安全管理体系中的活动、疾病、饮食和玩具等方面的内容。

1. 幼儿活动安全管理制度

幼儿人身安全至关重要。幼儿天性好动，对外界的事物有着强烈的好奇心。为了配合幼儿这一身心发展特点，幼儿园应经常组织活动。为了确保幼儿在活动中的安全，必须完善幼儿园活动安全管理制度。

首先，遵循“安全第一”的原则。幼儿园每次活动前，都应做好详细的活动计划与疏散预案，在活动中认真、有序地组织和集合幼儿，避免发生挤压、碰撞等事故。活动结束后，必须做好总结工作，便于下次参考。

其次，强化事故的预防性。幼儿园内的器材和设施，都应该有专人保管和维护，以保证幼儿在活动中能够安全使用。幼儿园应该配备专职体育教师，确保体育活动中有专职人员在场进行引导、指挥。幼儿园应科学合理地安排体育活动和体育课的场地，避免同一场地挤满幼儿，出现幼儿踩踏事故。

最后，加强活动安全管理的监督。幼儿园的各种活动，尤其是大型活动，必须向上级有关部门报备预案，经批准方可进行。必须充分发挥幼儿家长的作用，做到家园相互配合，共同做好幼儿活动的安全维护工作。

2. 幼儿疾病安全管理制度

幼儿的体质较弱，免疫力低，容易受外界感染而生病，因此，幼儿园必须贯彻预防为主的保健方针，在做好日常卫生消毒工作外，还应做好对幼儿疾病的预防，以及合理治疗等工作。

首先，要加强幼儿锻炼，增强幼儿体质。幼儿园应该有计划地开展一些经常性的、危险性低的体育活动。与此同时，要保证幼儿有足够的户外活动时间，增强其对外界的适应能力。教师还应利用活动，培养幼儿开朗、勇敢、坚强的品性。幼儿的锻炼要坚持循序渐进、持之以恒的原则。只有持之以恒，幼儿的锻炼才能取得成效。幼儿的运动量应该根据他们所处的年龄层次来逐步增加。为了提升幼儿对锻炼的兴趣，应该综合运用各种锻炼方式，将专门锻炼与生活锻炼结合起来。也可以在幼儿游戏中添加一点运动训练。需要注意的是，在锻炼时不能要求所有幼儿都一致，必须因人而异，根据幼儿的不同需求和个体状况来开展。

其次，幼儿园要做好疾病预防工作。幼儿园必须执行“预防为主”的方针，认真做好晨检工作，做到“一摸”、“二看”、“三问”、“四查”。如果发现病情，要及时隔离。要做好园内消毒和疾病登记工作。如果遇到幼儿患有疾病，应及时与幼儿家长取得联系。幼儿园要密切配合当地卫生保健机构，及时做好免疫、疾病防治、预防接种等工作。

第三，幼儿园要做好对患有传染病的幼儿进行隔离的工作。幼儿抵抗力非常低，一旦发现园内幼儿患上传染病，必须将这些幼儿进行隔离，或者尽早将其送回家治疗。同时，要对幼儿园进行全面的消毒，避免传染给其他幼儿。患病幼儿在康复后，必须持有医生开的健康证明方能回园。幼儿园的工作人员还必须进行定期身体检查，一旦发现患有传染病，必须立刻停止工作。

第四，必须妥善保管、合理使用幼儿药品。保健员要对家长所给药品进行严格登记、妥善保管。病儿服药时，必须仔细核对药名、药量、幼儿姓名、服药时间等，以防幼儿吃错药。保健室药品标签要清楚，不得存放、使用过期的药品。消毒药品由专人管理，并且每月要进行安全检查并记录。

3. 幼儿饮食安全管理制度

幼儿园必须严格执行卫生部门有关饮食的标准，保证提供给幼儿的食物是无毒、无害的。幼儿园要给幼儿创造安全的生活环境，使幼儿在园内健康、快乐地成长。幼儿园需要从如下几个方面来构建完善的饮食安全管理体系：

（1）食堂人员应持证上岗

幼儿园食堂人员上岗前必须进行健康体检，合格后方可上岗。同时，禁止患有传染病、精神病等疾病的人员从事保教和伙食工作。如果在工作中发现患有急慢性传染病，或患有其他有碍幼儿身体健康疾病的工作人员，应该对其进行隔离或者调离，病愈后经医院或防疫部门检查证明无传染性时，方可恢复其伙食和保教工作。①

（2）执行卫生“五四”制

幼儿园应严格遵循国家卫生部、商业部有关饮食规范要求的“五四制”，也就是，原料到成品“四不制度”：采购员不得采购腐烂变质的原料、保管验收员不得收腐烂变质的原料、营业员（服务员）不得出售腐烂变质的食品、厨房人员不得使用腐烂变质的食品。成品存放实施“四隔离”制度：生与熟隔离、成品与半成品隔离、食品与杂物隔离、食品与自然水隔离。用具实行一洗、二刷、三冲、四消毒的“四过关”制度。环境卫生采取“四定”办法：定人、定物、定时和定质，划片分工、包干负责。个人卫生须做到“四勤”：勤洗手剪指甲、勤洗澡理发、勤洗衣服和被褥、勤换工作服。②

（3）食物采购严格验收

幼儿园食堂采购人员应按照每日食谱购买新鲜、无污染的食品，严禁购买腐烂变质的食品。在购买食品时，采购人员应要求供应方提供有效的卫生许可证和营业执照，以确保食物安全合格。保健人员和库房保管员应该对购买的食品进行验收，合格方可入库，并做好记录，对不合格食品应该坚决退还，拒绝验收。

（4）严防幼儿食品中毒

为了严防幼儿食物中毒，首先，在食堂管理方面，食堂工作人员必须高度注意个人卫生，严格执行有关部门的卫生标准，进行食堂卫生、消毒等操作工作。比如，餐具必须高温消毒，食物必须烹饪至熟。不能为了简便而拿过夜的食物给幼儿吃。其次，教职员工应对幼儿进行简单的卫生常识教育，幼儿要知道饭前便后勤洗手，防止病从口入。最后，幼儿园要避免给幼儿提供易中毒的食物，在食物搭配上也要高度注意。

4. 幼儿园玩具的安全管理制度

玩具在幼儿教育过程中不可或缺，因此，幼儿园必须避免劣质玩具可能给幼儿带来的伤害。从玩具的购置、使用到保管上，都应该以幼儿安全为优先考虑。幼儿园不能购买会危害幼儿安全的玩具，比如，边缘锋利的玩具、容易破损或断裂的玩具、用有毒的材料制成的玩具等。另外，在使用户外运动器械，尤其是大型运动玩具时，应让幼儿掌握正确的运动技能、方法，遵守活动规则，不得做有危险的动作。比如，攀爬登架时要抓紧护栏，不相互推拉等。对于需要成人指导才能玩的玩具，一定要在教师的指导下才能让幼儿玩。最后，对玩具的维修、保管也很重要。比如，幼儿园要定期给玩具消毒，对残旧玩具要及时修理或报废。对大型户外玩具，要经常检查和清洁。沙池要经常清理，避免让沙池内某些尖锐物体刺伤幼儿。

---

① 资料来源：http://wenku.baidu.com/view/af524268011ca300a6c39064.html. 2012-2-1.

② 秦明华，张欣主编.幼儿园组织与管理[M].上海：复旦大学出版社，2008：117.

相关链接

杏坛幼儿园园内安全管理制度

一、严格晨检与午检制度。早上幼儿来园后，教师必须观察每个幼儿，确定发烧或有其他发病症状的幼儿；午睡起来后教师同样必须观察每个幼儿，确定发烧或有其他发病症状幼儿。对有发烧或其他发病症状幼儿，教师必须第一时间报告园长，由园长立即通知幼儿家长接回。跟车教师和早上园门口接待教师接幼儿时应观察幼儿，有发烧或其他发病症状幼儿，教师应请家长不要把儿童送入园。

二、教师和保育员要以幼儿为中心，关注幼儿在各项活动中的安全。带班时间不得与人聊天，不得离开幼儿，不允许幼儿离开教师的视野。活动前做"三检查"（即检查场地、设备、幼儿情绪和衣着），"一交待"（向幼儿交代纪律与玩法）。活动时注意观察幼儿活动内容和方式。活动后清点幼儿人数并讲评。

三、上班人员交接时一定要认真清点幼儿人数，户外活动外出返回均要认真清点人数，家长接送孩子按接送程序进行。一旦发生走失，立即寻找，并在第一时间报告园长。

四、值午睡班时，工作人员勤巡视，细观察，防止幼儿在被窝内发生意外。

五、经常检查幼儿的口袋，不让幼儿玩带玻璃、硬币、钉子等呈尖角的危险物品，以防伤害幼儿。消毒物品应置于幼儿活动范围外。

六、家长需要委托幼儿园给幼儿喂药时必须填写《杏坛幼儿园幼儿用药登记表》，并请家长签字。签字后的登记表归总到办公室。幼儿的药品要写好药名和幼儿名，置于办公室统一保管，由办公室负责执行喂药。喂药时要仔细核对，根据《杏坛幼儿园幼儿用药登记表》执行，执行人须在《杏坛幼儿园幼儿用药登记表》上签名。

七、采购人员、园长和伙食人员应严格审核幼儿食物，并在《杏坛幼儿园食品安全审核表》上签名，确保食品安全。

八、热汤热水进班时要防止发生烫伤。拿饭、拿水时要打招呼，要躲开幼儿走。热汤热水要加盖放在幼儿碰不着的地方。开饭时，汤类不能让幼儿帮忙端。

九、幼儿安全教育"五不"：不触摸各种电器开关；不乱食花、草、种子、药物、食品；不把小物件衔在口中；不放脏东西和危险品在口袋里；不离开教师。教育幼儿进食时不谈笑，含饭在口中时不去做其他事。

十、刀、剪、暖瓶、灭害灵等危险物品要放在幼儿不易取到的地方。注意房屋、场地、家具、用具、玩具、活动器械、电器设备的安全使用，每月检查一次。大型体育器械、电器每周检查一次，并做好检查记录。避免触电、砸伤和摔伤等事故的发生。

十一、幼儿园内各种电器在用完后要拔下插头，电插座要放置在幼儿摸不到的地方。节假日需切断电源，防止火灾。

十二、接送人员及教师需遵守《杏坛幼儿园家长接送制度》。早上九点半点到后，带班教师必须跟没到校的幼儿家长通话，询问幼儿情况。

十三、若幼儿发生意外事件，教师必须第一时间通知园长。园长需立即告知幼儿家长，并送幼儿到正规医院就诊。

（二）完善幼儿接送安全管理制度体系

幼儿接送安全管理是幼儿园安全管理体系的重要组成部分。近几年出现了较多的校车事故，表明我国幼儿园的接送存在许多问题。悲惨的事件告诉我们，必须及时、果断地完善幼儿园接送安全管理制度体系。

1. 实施接送卡制度

接送卡制度是指幼儿园为了保证幼儿人身安全而实施的一种制度。它要求家长必须凭借接送卡片进入幼儿园接送孩子。接送卡上应注明幼儿的班级、姓名，并贴有幼儿的照片。幼儿早上入园时，应把接送卡交到家长手里，放学后家长持卡进入园内，接走幼儿。如果遗失了接送卡片，家长必须及时到幼儿园挂失，并补卡，以免不法分子利用遗失的接送卡片，对孩子和幼儿园造成不必要的伤害。幼儿家长如果有事不能按时来园接送孩子，必须告知保教人员，以便及时处理此类特殊情形。如有幼儿家长的亲朋好友来园接幼儿，则必须持有幼儿的接送卡，教师必须询问清楚。即使是孩子认识的也必须和家长取得联系，检查其证件。如果未得到家长许可，不得让其接走幼儿。另外，不准未成年人接送孩子。为了保证幼儿安全，园内工作人员和家长都必须严格执行接送卡制度，一切以幼儿的安全为重。

另外与此相关的是，幼儿园必须加强门卫安全工作的管理，并监督门卫人员执行门卫工作制度。

相关链接

杏坛幼儿园家长接送制度

一、严格执行幼儿接送卡制度，家长在接送时必须使用幼儿接送卡，否则一律不得进入园内接小孩。

二、严格遵守接送时间安排：早上7:30—8:30，下午:4:30—5:30。上课时间8:30—16:30，如无特殊情况请家长勿来园探访，有事早送或晚接孩子需先跟教师打招呼。请自觉遵守幼儿园的作息时间表，及时接送幼儿入园离园。

三、每日送孩子来园时，必须亲手交给接园教师，杜绝让孩子独自过马路或在幼儿园门口追逐奔跑等。

四、为安全起见，请家长不要让孩子带贵重物品、危险物品、小碎物品入园。在送孩子入园前，家长要对孩子的书包、口袋检查一遍，如发现有危险物品(如小刀、药片、钉子、小颗粒、弹子、玻璃碎片等危险器具或玩具)应立即取出，并及时对孩子进行教育。

五、如果孩子患有传染性疾病，如麻疹、水痘等，请在家医治好后方可入园，入园时请将孩子的状况告诉教师。

六、孩子在园期间，如果有发烧等症状，家长接到电话后，请按要求时间来接走幼儿。

七、接送孩子时，请注意个人仪表形象。要仪表整洁，服饰整齐，文明礼貌。言谈举止要为幼儿作表率。衣冠不整者谢绝入园。

八、为保证孩子安全，原则上要孩子的直系亲属来接领孩子，而且人员要固定。家长如委托他人(必须年满十八周岁)来接孩子，务必请提前与本班教师沟通，未经同意不能擅自带幼儿离园。

九、家长送孩子入园时，请爱护园内设施，保持室内外环境整洁，不吸烟，不吐痰，不大声喧哗，不得玩园内游戏设施及运动器械。

十、配合幼儿园教育，帮助孩子牢记父母姓名、住所、幼儿园名称、家庭电话及手机等。如家庭地址、联系电话发生变更，家长要及时通知园方。

十一、家长从教师手中接走幼儿后，幼儿的安全将由家长负责。请家长妥善照顾好您的孩子，避免发生安全事故。

十二、校车接送的幼儿，请家长与司机确定好幼儿交接时间，并按时把幼儿送到指定地点。如果超过指定时间三分钟未到，校车有权驶离。

2. 实施园车安全管理制度

园车安全管理问题是幼儿园安全管理体系中需要注意的重要环节，尤其是一件件悲惨的校车安全事故，给我们一次又一次地敲响了警钟。幼儿园必须健全园车安全管理体系，保障幼儿在接送中的人身安全。为了加强校车安全管理，保障乘车学生的人身安全，国务院于2011年12月公布了《校车安全条例(征求意见稿)》，把校车安全问题提上议程，确保校车安全逐步规范化。幼儿园在规范本园园车安全问题上必须做到：聘请的园车司机不仅要持有相应的驾驶资格证，还必须要有强烈的责任心；园车必须定期到相关部门进行审查、检修；幼儿园必须安排跟车教师，以确保每位幼儿安全到家；园车司机不能醉驾、疲劳驾驶；幼儿园必须定期对司机、跟车人员和保教教师进行安全教育，树立"安全至上"的意识。

正式的《校车安全管理条例》已经于2012年4月公布施行。但是本条例中的校车只是指依照本条例取得使用许可，用于接送接受义务教育的学生上下学的 7 座以上的载客汽车。即使这样，因为本条例的安全管理精神与幼儿园园车安全管理一脉相承，所以在幼儿园园车安全管理中，需要严格参照本条例来进行。

相关链接

杏坛幼儿园校车安全管理制度

一、跟车教师必须在乘车前仔细对照乘车名单，确认当日乘车名单及人数无误后，方可上车。

二、如有幼儿因特殊原因更改上、下站点或改乘其他线路车辆，家长须提前通知幼儿园，跟车教师必须在当日记录中做特别说明，以免遗漏。

三、跟车教师在跟车过程中，必须对照乘车清单，确认每个站点上、下车的幼儿，并在每个相应的名字后打勾确认。

四、跟车教师在跟车结束前，必须对整个车厢进行检查，确认没有一个幼儿被遗留在车上。

五、跟车教师在跟车结束后，必须再次检查乘车记录，并在乘车表上签名确认后，请园长签名，并交办公室备案。

六、督促校车司机必须保持车辆匀速行驶，并避免一切不安全驾驶的行为。

七、检查校车司机在接送的路程中是否正确在各站点停靠，无论该站点是否有人上下。

八、接送时不可以让幼儿独自过马路。

九、提醒校车司机必须在幼儿上车坐稳，且跟车教师示意可以开车后，方可启动车辆前行。

十、关车门前需要留意，切勿夹幼儿手脚。

十一、行驶过程中确保所有门窗安全，并且要确保校车上空气的合理流通。

十二、跟车教师要维护校车上的幼儿秩序，不许幼儿在车上打闹，并且确保儿童坐稳坐安全。

十三、校车站点及乘车幼儿名单需变更时，由办公室通知到该车所有跟车人员及司机。

十四、家长接送幼儿必须在《杏坛幼儿园幼儿乘车记录》上签名或按指纹，并出示接送卡。

十五、以上安全管理制度由园长监督执行。

练习题

1. 怎样认识幼儿园安全管理的意义？
2. 幼儿园安全管理的原则是什么？
3. 怎样进行幼儿园安全管理制度的设计？
4. 怎样建立幼儿园安全管理的制度体系？
5. 虽然《校车安全管理条例》规范的校车指的是义务教育阶段的校车，但幼儿园应严格参照本条例来进行校车安全管理。请谈谈您学习如下节选的《校车安全管理条例》的感想，并请进一步地深入学习完整的《校车安全管理条例》。

校车安全管理条例（节选）①

第十二条　学校应当对教师、学生及其监护人进行交通安全教育，向学生讲解校车安全乘坐知识和校车安全事故应急处理技能，并定期组织校车安全事故应急处理演练。

学生的监护人应当履行监护义务，配合学校或者校车服务提供者的校车安全管理工作。学生的监护人应当拒绝使用不符合安全要求的车辆接送学生上下学。

第二十三条　校车驾驶人应当依照本条例的规定取得校车驾驶资格。

---

① 资料来源：http://www.moe.edu.cn. 2012-4-13.

第二十八条　校车行驶线路应当尽量避开急弯、陡坡、临崖、临水的危险路段；确实无法避开的，道路或者交通设施的管理、养护单位应当按照标准对上述危险路段设置安全防护设施、限速标志、警告标牌。

第三十五条　载有学生的校车在高速公路上行驶的最高时速不得超过 80 公里，在其他道路上行驶的最高时速不得超过 60 公里。

第三十八条　配备校车的学校、校车服务提供者应当指派照管人员随校车全程照管乘车学生。校车服务提供者为学校提供校车服务的，双方可以约定由学校指派随车照管人员。

学校和校车服务提供者应当定期对随车照管人员进行安全教育，组织随车照管人员学习道路交通安全法律法规、应急处置和应急救援知识。

第三十九条　随车照管人员应当履行下列职责：

（一）学生上下车时，在车下引导、指挥，维护上下车秩序；

（二）发现驾驶人无校车驾驶资格，饮酒、醉酒后驾驶，或者身体严重不适以及校车超员等明显妨碍行车安全情形的，制止校车开行；

（三）清点乘车学生人数，帮助、指导学生安全落座、系好安全带，确认车门关闭后示意驾驶人启动校车；

（四）制止学生在校车行驶过程中离开座位等危险行为；

（五）核实学生下车人数，确认乘车学生已经全部离车后本人方可离车。

第四十条　校车的副驾驶座位不得安排学生乘坐。

校车运载学生过程中，禁止除驾驶人、随车照管人员以外的人员乘坐。

第四十二条　校车发生交通事故，驾驶人、随车照管人员应当立即报警，设置警示标志。乘车学生继续留在校车内有危险的，随车照管人员应当将学生撤离到安全区域，并及时与学校、校车服务提供者、学生的监护人联系，处理后续事宜。

第八章　幼儿园品质管理

学习目标：

1. 掌握建立幼儿园品质管理体系的方法；
2. 了解幼儿园教育品质评价的原则；
3. 掌握幼儿园管理品质评价的标准；
4. 学会在幼儿园品质管理中应用5S管理。

第一节　幼儿园品质管理体系

一、幼儿园品质管理体系的内涵

品质，可指物品的特征、品性、本质，也可指商品或服务的水平。品质管理可以简单地理解为对品质的管理。所谓幼儿园品质管理是指幼儿园在保教品质与管理品质提升方面的计划、组织、指挥、协调和控制活动，具体地说，通常包括制定品质方针目标、品质策划、品质控制、品质保证和品质改进等活动。为了实现幼儿园品质管理的方针目标，有效地开展各项品质管理活动，必须要建立相应的品质管理体系，以有效达成幼儿园保教和管理品质提升的目标。

幼儿园品质管理体系可以理解为：为了实施品质管理的组织机构、职责、程序、过程与资源的总称。这些因素彼此间相对独立，但之间又有相互依存的内在联系。程序是组织结构的细化，也是职权的补充，可使组织结构更规范，起到巩固、稳定组织结构的作用。程序和过程密切相关。有了品质保证的各种程序性文件，有了规范性操作手册，才能保证检验过程高品质的完成。品质管理往往是通过对过程的管理来实现的，过程的品质又取决于所投入的资源和活动，而活动的品质则是通过实施该项活动所采用的方法予以保证的。控制活动的有效途径和方法制定在书面或文件的程序之中。

幼儿园品质管理体系有广义和狭义之分。狭义的幼儿园品质管理体系由两大部分组成：一是保育品质管理；二是教育品质管理。这是根据幼儿园的业务特征来分类的。为了提升幼儿园保育和教育品质，需要对幼儿园的保育、教育品质进行评价，这一评价关注的是幼儿园保育和教育的效率与效益问题；广义的幼儿园品质管理体系不只包括上述的对教育品质的管理，还需要对整个幼儿园管理活动的品质进行评价，这一评价关注的不只是保育、教育品质问题，还涉及幼儿园整体经营管理问题。它既要考虑幼儿园的社会效益（包括教育效益），还要考虑到幼儿园经营的整体经济效益。

二、幼儿园品质管理体系的作用

对幼儿园的发展来说，品质管理体系至关重要。对为社会提供优质幼儿教育服务而言，幼儿园的品质管理体系意义重大。一所幼儿园如果没有科学的品质管理体系，就难以为社会提供优质的学前阶段的保教服务，也难以持续经营。没有科学的品质管理体系，幼儿园也难以取得好的社会与经济效益。

幼儿园科学的品质管理体系能够落实幼儿园发展的理念，也是幼儿园制定深入细致品质文件的基础。幼儿园品质管理体系是使园内更为广泛的品质活动能够得以切实管理的基础，也是有计划、有步骤地把整个幼儿园的品质活动按重要性次序来进行改善的基础。

三、幼儿园品质管理体系的构成

幼儿园品质管理体系主要可分为组织、制度和文化三大块。

(一) 幼儿园品质组织

幼儿园品质组织是指幼儿园最高领导层根据发展与品质战略而设置的专门负责品质工作的职能机构。

幼儿园品质组织对幼儿园品质管理至关重要，它确立了幼儿园品质方针，幼儿园品质方针则指引着幼儿园品质管理。它还制定了幼儿园品质管理的目标，幼儿园品质管理目标是幼儿园管理考核的主要依据，能够促进幼儿园品质提升。幼儿园品质组织还设立专门机构来处理品质工作，这是直接提升幼儿园保教及管理品质的基础。

(二) 幼儿园品质制度

幼儿园品质制度就是幼儿园与品质相关的规章制度，它可强制调节各部门、组织内部成员在品质活动中的行为。幼儿园品质制度往往是以品质文件形式呈现的，在幼儿园品质管理体系中，使用的文件主要有品质手册、品质计划、品质规范、程序文件、作业指导书规程和品质记录表格等。

(三) 幼儿园品质文化

幼儿园品质管理体系只有组织和制度是不够的。原因很简单，如果品质管理体系只有组织和制度就行，那么任何幼儿园只要把同行中的品质管理佼佼者的组织设计和制度安排照搬照抄就行了。显然地，这难以符合幼儿园发展的实际。因为每一组织、每一所幼儿园的品质制度都不一样，每一所幼儿园的风格、领导作风都不尽相同，而且每一所幼儿园的品质文化会随时间的变化，或进化，或退化，或随波逐流，所以重要的是不断改进和提高品质文化。

幼儿园为了长期稳定地为社会、家长提供优质的幼儿教育服务，应不断改进和提高保教品质，从理念更新、课程开发、课程实施、课程评价和家园信息反馈等方面，建立一套严密、协调和高效的管理系统；制定出各个部门的品质职能和每个人的品质责任，以及所赋予的权限；制定出各个管理部门的工作流程、工作标准和作业规范；建立完整的信息系统；实现各项工作标准化与程序化，以提高工作效率，保证保教服务品质。

任何一所幼儿园，只有在内部首先建立好品质管理体系，才有能力向外界提供品质保证，品质管理体系是品质保证的基础。幼儿园品质管理体系的基础组成单元可以称之为品质管理体系要素。不同的幼儿园，其品质体系要素也不尽相同。每所幼儿园都应依据自身的实际情况与客观需求，选用相关的品质管理体系要素，策划幼儿园自身的品质管理体系。

四、幼儿园品质管理体系的要求

高效的幼儿园品质管理体系具有如下六个方面的特征：适宜性、完备性、融合性、一致性、效率和效果，这些也是高效幼儿园品质管理体系的要求。

适宜性是指幼儿园品质管理体系要尽可能简化，要与组织文化和组织实际情况相匹配；完备性是指幼儿园品质管理覆盖的品质活动范围要尽可能地全面、完整，不能留下没人管的与品质相关的事务；融合性是指幼儿园品质管理体系要与其他管理体系相融合；一致性是指幼儿园品质管理覆盖的各项活动必须协调一致，不能相互矛盾；效率是指幼儿园品质管理体系在实践中要不断完善，提高运行的效率；效果是指幼儿园品质管理体系不能只是做表面文章，要见实效和落在实处。只有达到了以上六点，幼儿园品质管理体系才能真正地发挥作用。

五、幼儿园品质管理体系的建立

建立科学、高效的幼儿园品质管理体系，需要做到如下三个方面：

(一) 领导充分重视，全员广泛参与

幼儿园的最高领导者充分重视品质工作，并确定幼儿园的品质战略。各级管理者规定各部门的工作目标，各部门又制定自己的工作规范，幼儿园所有活动以一种统一的方式加以评价、协调与实施。各级管理者要为全体教职员工营造一个宽松和谐的环境，同时还要制定适宜的措施，激发教职员工的工作热情，让他们积

极参与,努力工作,不断改进幼儿园品质,幼儿园的品质水平才能不断提升,幼儿园也才能不断地发展壮大。

(二) 加强品质教育,狠抓制度落实

一般地,建立和实施幼儿园品质管理体系的过程,始于培训,也终于培训,要让广大教职员工对幼儿园品质管理体系充分地理解和接受,就需要加强对教职员工品质管理体系方面的培训教育。广大教职员工只有了解了幼儿园的品质方针和目标,熟悉了自己的品质职责、工作程序、工作方法,以及幼儿园的相关品质管理规定,在保教和管理工作过程中才会知道什么该做,什么不该做,什么时候做,怎么做;出现品质问题以后,才会自觉地分析、查找原因,并采取有效的措施加以纠正、预防。

幼儿园品质管理体系高效运行的另一个重要因素就是要狠抓制度落实。幼儿园制定的各种品质制度,包括品质手册、品质程序文件,以及幼儿园适用的各种课程标准、管理标准等,是为了规范广大教职员工的保教、管理行为的。这些制度执行的好坏,直接影响着幼儿园品质管理体系能否有效地运行。抓制度落实不能讲人情,更不能带有个人好恶,否则就会造成制度形同虚设,教职员工的品质意识差,保教和管理品质上不来,体系运行受阻等问题。因此,只有狠抓制度落实,奖罚分明,不断完善人才激励机制,广大教职员工才能逐步形成自觉遵守规章制度的习惯,勇于创新,为幼儿园的发展献策献力。也只有这样,幼儿园才能得到长足的发展。

(三) 利用客观记录,重视过程管理

记录是叙述所取得的结果或提供所完成活动的证据的文件。记录要贯穿于幼儿园品质管理体系的全过程。真实完整的过程记录是过程的再现。幼儿园领导者要掌握、了解保教和管理过程的真实情况,除了深入现场以外,还要看过程记录。记录如果不完整真实,就会误导领导的决策,就会错过改进与发展的良机,从而形成幼儿园发展的被动局面。另外,当幼儿园保教工作发生品质问题时,就需要对产生问题的原因进行分析,对保育、教育过程进行追溯,这时记录可能就是唯一的证据。如果记录不完整,问题产生的原因就难以分析清楚;如果记录不真实,得出的结论就是错误的。在记录的整理分析上面,还应该注意运用一定的统计技术,尽量使记录的内容能直观展示,并且通过分析整理,挖掘出记录所反映的深层次问题,从而更有助于及时地发现问题,找出并消除品质问题产生的根本原因。只有这样,记录才能发挥出它在幼儿园品质管理体系中的重要作用。

第二节　幼儿园教育品质评价

一、幼儿园教育品质评价的理念

幼儿园教育品质管理包括对整个幼儿园向家长、社会所提供的保育和教育品质的管理。幼儿园教育品质管理需要有一个“抓手”,即教育品质评价。教育品质评价是教育品质管理的基础,幼儿园教育品质评价为教育品质管理提供信息反馈,也是实施教育品质管理的依据。

教育评价是教育过程中的一个重要环节。《幼儿园教育指导纲要(试行)》明确指出,教育评价是幼儿教育工作的重要组成部分,是了解教育的适宜性和有效性、改进教育工作、促进幼儿发展和提高教育品质的必要手段,也是运用专业知识,审视教育实践,发现、分析、研究和解决问题的过程,是幼儿园教师自我成长的重要途径。这实际上是在提出要建立一个促进幼儿、教师、课程与教学不断发展的评价体系问题,即“发展性教育评价体系”问题。①

所谓发展性教育评价,是从目的与功能的角度来进行界定的,是相对于鉴别性评价而言的。我国的教育评价制度,可以说一直具有很强的甄别、选拔功能。最为典型的是直到清末才被废止的科举制度。随着心理测验理念与技术的引入,教育评价逐渐客观化、科学化,但其甄别选拔功能仍然被视为最为主要和最为重要的功能。在教育评价强鉴别性没有发生根本改变的情形下,教师为应试而教,儿童为应试而学,课程为应试而设的局面自然难以根本改变。这种现象一直影响着学前教育的实践。

① 冯晓霞.多元智能理论与幼儿园教育评价改革:发展性教育评价的理念[J].学前教育研究,2003(9):5—7.

客观地说，形成这种局面的根本原因，首先在于有限的教育资源和广大民众日益增长的教育需求之间的矛盾。但是，社会对人的才智的看法的片面性、单一性和等级性，以及由此衍生出的不完善的教育评价体系，无疑具有难以推卸的责任。因此，随着经济社会的发展，人们受教育机会的增加，教育评价的目的、功能、性质、内容和方法等必然会发生革命性改变，由鉴别性转向发展性是大势所趋。

发展性教育评价强调评价的根本目的在于为发展服务、支持发展和促进发展。这里的发展，不仅包括幼儿，也包括教师和课程，因为幼儿的发展离不开教师的指导，离不开能够为他们提供有益的学习经验的课程。因此，发展性教育评价应该同时把促进教师的成长和促进课程的完善作为重要目的。

二、幼儿园教育品质评价的原则

对幼儿园保育和教育品质进行评价，应遵循如下原则：①

（一）评价主体互动化

幼儿园教育品质发展性评价主张评价过程中主体间需要沟通和协商。它关注的重心不是结果的正确性，而是评价对象对评价的认同，并在最大程度上受益；主张评价主体多元化，加强自评与互评，使评价成为教师、管理者、幼儿和家长积极参与、增进理解的交互活动。

（二）评价对象人本化

幼儿园教育品质评价要关注被评价者，即幼儿和教师的需要，以"平等"、"欣赏"、"乐观"和"发展"的态度对待评价对象，营造一个民主、理解的评价环境，激发评价对象参与评价的主动性，以促使个体最大可能地实现自身的潜能与价值。评价中要尊重个体的独特性，对其发展的独特性要给予认可，并积极评价。

（三）评价内容方式多元化

幼儿园教育品质发展性评价强调评价内容、方法的多元化，以便多角度、多侧面地"发现"评价对象的特点和优势。只有这样，"欣赏"和"乐观"的态度才是真实而非虚伪的，也才能帮助评价对象"自我发现"，进而悦纳自己，并拥有自信。

（四）评价与教学互动化

幼儿园以促进发展为目的的教育品质评价不是完成某种教学任务的终结性活动，教学与评价之间持续地相互作用、互相推动：评价既是辅助教学的手段，又是教学活动的重要组成部分，贯穿于教学中的每一环节；而教学要敏感地抓住从评价中获得的信息，加以适当的反馈和改进。

（五）评价情境真实化

一般地，真实而有意义的活动可以激发评价对象的活动积极性。同伴的支持不仅能使评价对象全力以赴地完成任务，而且能够使其潜能得到最大限度的发挥。

（六）评价过程动态化

幼儿园教育品质发展性评价不只关注结果，更注重过程，强调有机地将终结性评价与形成性评价结合起来，将评价贯穿于日常的保教活动中，使评价实施日常化和经常化。

三、幼儿园教育品质评价的方法

在选择幼儿园教育品质评价方法时，要注意如下几方面的问题：②

（一）自我评价与他人评价相结合

幼儿园教育品质自我评价是指评价者根据指标，参照一定的标准，对自己的保教工作进行评价。可以是个体的，也可以是组织的。这种评价较易展开，因此可以成为幼儿园的常规性活动。他人评价是指评价对象之外的其他人对保教工作所作的评价，包括教育行政部门的评价、教学督导的评价、专家的评价、同行的评价和社会评价等。自我评价与他人评价相结合，这样既能使被评价者进行自我反思，又可以从不同角度对幼儿园保教工作进行评价，获得的信息全面客观，便于发现问题，采取改进措施。这样的评

① 冯晓霞. 多元智能理论与幼儿园教育评价改革：发展性教育评价的理念[J]. 学前教育研究，2003(9)：5—7.

② 秦明华，张欣主编. 幼儿园组织与管理[M]. 上海：复旦大学出版社，2008：191—192.

价才能更好地起到改进和激励的作用。

(二) 定量评价与定性评价相结合

幼儿园教育品质定量评价是指对那些能够量化的评价对象采用定量计算的方法,搜集数据资料,用一定的数学方法,作出定量结论的评价。幼儿园教育品质定性评价也叫质性评价,是指对不便量化的评价对象,采用观察、调查和分析等多种搜集资料的方法,处理信息,然后作出判断,进行非定量的描述,得出完整性的、解释性的评价。幼儿园教育品质的评价应将定量评价与定性评价有机结合起来,这样才能把握评价对象的实际状况,作出科学、合理和全面的评价。

(三) 诊断性评价与形成性评价相结合

诊断性评价侧重发现幼儿园保教工作中的不足和问题,其目的是了解评价对象的基本情况,为制定教育计划或解决问题、搜集资料做好准备。形成性评价是一种在计划实施过程中不断进行的动态评价,是指在教育活动中评价活动本身的效果,目的在于及时了解教育活动过程中的情况,及时获取反馈信息,及时进行调节控制,以缩小工作过程与目标之间的差距,并通过评价活动来总结经验,及时改进工作。幼儿园教育品质评价要把这两种评价方式结合进来。

第三节　幼儿园管理品质评价

一、幼儿园管理品质评价的原则

在幼儿园品质管理中,除了对保教工作进行评价外,还要对幼儿园管理进行评价。在对幼儿园管理进行评价时,应该遵循如下五个原则:①

(一) 发展性原则

在对幼儿园管理进行评价时,要坚持用发展变化的观点对待办学基础、办学条件差异很大的评价对象。只有用发展变化的观点作出解释,确定被评幼儿园管理水平在同类幼儿园中的合理地位,才能调动各类幼儿园管理者的积极性与主动性,从而促进各类幼儿园管理工作的改进。

(二) 改进性原则

幼儿园管理工作评价的真正目的是,通过评价,促进幼儿园管理工作的改善,提高幼儿园的管理品质。评价不仅要了解幼儿园实际的管理水平,而且要从评价过程和结论中发现新情况、新问题,不断改进和提高幼儿园的管理水平。评价必须有明确的目的,避免出现随心所欲,想评什么就评什么,想怎么评就怎么评的滥评现象,这样的幼儿园管理工作评价没有评价意义。

(三) 方向性原则

我国行政部门确定的教育目标和幼教方针是幼儿园管理活动的依据。因此,幼儿园管理评价必须坚持我国的幼教方针、政策,坚持正确的教育目的,这样才能保证管理评价的正确方向,发挥幼儿园管理评价的导向作用。通过幼儿园管理评价,纠正任何偏离幼教方针、偏离素质教育、偏离教育目的、偏离幼儿身心发展规律的管理举措。同时,通过幼儿园管理评价,使幼儿园管理者和教职员工都能进行自我认识和自我对照,明确自身的发展方向,促进其自我控制与调节。

(四) 客观性原则

在对幼儿园管理工作进行评价时,必须采取客观的、实事求是的态度,不能主观臆断。幼儿园管理评价是按照一定的价值标准,对幼儿园各方面管理工作作出的价值判断。因此,必须做到公正和客观,否则,就难以得出科学的、正确的评价结论。对于评价主体来说,要坚持这些原则,就必须广泛搜集评价信息。信息越多,来源渠道越广,幼儿园管理评价的客观性就越容易得到保证。

(五) 多种评价结合原则

幼儿园管理工作是一个多边系统,评价时既要关注评价对象的某一侧面,又要关注整个长时段的工

---

① 秦明华,张欣主编.幼儿园组织与管理[M].上海:复旦大学出版社,2008:191—192.

作；既要对评价对象进行量化解释，也不能忽略质性评价；既要看评价对象的结果，也要看评价对象的过程。所以，评价时要坚持相对评价与绝对评价相结合、单向评价和综合评价相结合、质性评价和量化评价相结合、自我评价和他人评价相结合、终结评价和发展性评价相结合的原则。只有这样，才能保证评价的科学性，才能有利于幼儿园各方面管理工作的改进，才能发挥评价的导向和激励功能。

二、幼儿园管理品质评价的标准

幼儿园管理是一种管理行为，由此可以认为，幼儿园管理具有管理活动的特征，即具有"管理性"。管理是一种协调活动，其目的在于"能够有效率和有效果地同别人一起或通过别人实现组织的目标"，而效率指的是用尽量少的投入取得尽可能多的产出，效果指的是从事的活动有助于组织目标的达成。① 从以上对管理的经典界定可以得出，一个好的管理，要求有两个方面，一方面是"资源的低浪费"，另一方面是"目标的高达成"。也就是，当人们衡量一个管理行为是好还是坏时，要从资源利用及目标达成两个维度来进行考量。所谓幼儿园管理的管理性，其实就是强调幼儿园管理活动应在"效率"和"效果"两个维度上都能经得起考核。

幼儿园管理具有管理性，这是从幼儿园管理活动与其他管理活动之间的共性这样一个角度来看的。但是幼儿园管理除了具有管理共性外，还应该具有教育性，因为幼儿园管理从本质上讲也是一项教育活动。首先，幼儿园管理作为一种活动，它是发生在教书育人的重要的专门场域——幼儿园内部的；而教育本身是一种影响活动，幼儿教育也就是在园所内的一种专门的对幼儿的影响，当然这里的"影响"，它的"应然"状态要求其是一种正面的积极的影响。也就是说，幼儿园合法性存在的功能是教书育人，这就要求发生在其场域内的活动都应是一种积极的教育影响，这些活动不只是包括课堂内教师的教学，而且也应包括发生在幼儿园内的一切园所管理活动。试想一下，如果教师在课堂教学中努力给幼儿施加积极的教育影响，而另外一方面，幼儿园管理却缺乏教育性，一些具体活动从客观上给幼儿成长带来负面影响，这样就抵消了幼儿园教育的功效，这样的不具备教育性的幼儿园管理活动就会对整个幼儿教育事业产生负面影响，影响幼儿园教育功能的彰显。

幼儿园管理一方面是管理活动，需要具备管理性；另一方面，幼儿园管理需要具备教育性。而幼儿教育实践中，我们往往对幼儿园管理的教育性考虑不周。教育性是一个指涉较为广泛而又抽象的概念，其实教育性最终的落脚点在于幼儿的成长。幼儿教育管理要考虑教育性问题，也就是幼儿园管理要追求幼儿的真正成长，不能"幼儿教育小学化"，不能拔苗助长，要严格遵循幼儿教育和幼儿成长的规律开展幼儿教育活动。当前一些幼儿园单纯地追求经济效益（管理性），无条件地迎合家长的不符合教育规律的需求，从而导致幼儿园教育"小学化"十分严重，这违背了幼儿园管理评价的另一标准，"教育性"。

相关链接

表 8-1　某县民办幼儿园质量管理评估表（试行）②

________乡镇________幼儿园　园长签名：________联系电话：________自评时间：　年　月　日

教职员工数		班数		生数		寄午人数		全托人数		车辆接送人数		全托收费（全额）	

评估指标	序号	评估标准	满分	评估得分		
				自评	检评	核查
一、依法办园 25 分	1	办园经审批，持有幼儿园登记注册的批文或有效期内的《社会力量办学许可证》。	5			

① [美]斯蒂芬·罗宾斯等著，孙健敏等译. 管理学（第 7 版）[M]. 北京：中国人民大学出版社，2004：7.

② 资料来源：http://www. htxq. comneiwuUploadFiles_89432010042010043010483157l. doc. 2012-4-8.

续 表

评估指标	序号	评估标准	满分	评估得分		
				自评	检评	核查
一、依法办园25分	2	坚持社会主义办园方向，全面贯彻党的教育方针，贯彻《幼儿园管理条例》、《幼儿园工作规程》、《幼儿园教育指导纲要(试行)》。制定了明确的办园目标和发展规划，实施情况良好。	4			
	3	幼儿园资产明晰，用于增加教育投入和改善办园条件的资金充足，无抽逃出资或违法转让园财产或以园财产用于担保的行为。	4			
	4	依法保障教职员工合法权益，人员工资、社会保险和福利有保证。合理确定、认真执行各类人员的工资福利开支占经常办学费用的比例，并报审批机关备案。	4			
	5	建立财务、会计制度和财产管理制度，按规定设置会计账簿。根据核准的收费项目、标准，按学期或学年规范收费。各会计年终时作财务会计报告，并申请审计、审查。	4			
	6	接受当地政府和教育主管部门统筹规划和监督管理，幼儿园招生行为、社会宣传规范，无违规行为。	4			
二、办园条件35分	7	园长配备及其任职资格符合规定要求，真正发挥管理作用。	4			
	8	教职人员配备符合规定。每班配有教师2人，保育员1人；六班以下配兼职保健人员，六班以上(含六班)须增配专职保健人员1人。教师学历合格率100%，专业合格率85%以上；非幼教专业的教师达大专以上学历并持有幼儿园教师专业培训合格证书；保育员初中毕业以上学历，且受过保育专业培训。	8			
	9	办园正常经费和发展资金有保证。	4			
	10	生均户外活动面积不低于1.5 m^2，活动室面积不少于20 m^2，生均活动面积达1 m^2 以上。	4			
	11	园内环境净化、绿化、美化，无危房及其他安全隐患；园外周边环境无污染、无噪音。教学、生活用房及卫生、安全、消防、供水、排水、供电等设施完备。	4			
	12	有专用活动室及相应的设施和器材。有沙池、戏水池等活动场地。厨房设施齐全，生熟用具分开。	4			
	13	每一幼儿有标准桌椅。每班有开放式玩具橱、图书架。日托幼儿园有午睡设施，寄宿幼儿园具备规定的寄宿条件。	4			
	14	教工图书人均10册以上，幼儿图书人均4册以上，订阅学前教育杂志3种以上。有一定数量的音像资料、教学软件。有一定数量的教具、玩具。	3			
三、园务管理15分	15	在业务指导、教研活动、教师管理、职称评定、表彰奖励以及参加社会活动等方面，积极主动争取上级教育行政及教研等部门的支持。	3			
	16	有办园近、中期规划和园务、保教、一日活动安排等计划，实施、检查、总结过程有据可查。	3			
	17	建立切合本园实际的规章制度(含幼儿园安全预案、卫生保健、培训教研、财务管理、奖惩、教职工大会、园务会等制度)和岗位责任制；有条件的应建立党、团、工会组织，并充分发挥其作用。各项规章制度执行情况良好。	4			
	18	班生规模符合规定标准。	5			
四、保教质量25分	19	幼儿园一日活动安排科学有序，教育活动目标、内容基本符合《幼儿园教育指导纲要(试行)》要求，无小学化教育倾向。	3			
	20	以游戏为基本活动，因地制宜地为幼儿创造游戏条件，为幼儿提供积极、自主、有序、有效的参与活动的教育环境。	3			

续 表

评估指标	序号	评估标准	满分	评估得分		
				自评	检评	核查
四、保教质量 25 分	21	全体教师关爱幼儿，无体罚和变相体罚现象。教育活动中注重面向全体、因人施教，逐步形成积极有效的师幼互动。	3			
	22	认真执行幼儿园安全、卫生保健制度，全体工作人员认真执行岗位职责，胜任本职工作，共同促进幼儿的健康发展。	3			
	23	幼儿能主动地参与各项活动，有自信心；乐意与人交流，学习互助、合作和分享，有同情心；理解并遵守日常生活中基本的社会行为规则；能努力做好力所能及的事，不怕困难，有初步的责任感；爱父母长辈、老师和同伴，爱集体、爱家乡、爱祖国。	3			
	24	幼儿对周围的事物、现象感兴趣，有好奇心和求知欲；能运用各种感官，动手动脑，探求问题；能用适当的方式表达、交流探索的过程和结果；能从生活和游戏中感受事物的数量关系并体验到数学的重要和乐趣；爱护动植物，关心周围环境，亲近大自然，珍惜自然资源，有初步的环保意识。	3			
	25	幼儿能初步感受并喜爱环境、生活和艺术中的美；喜欢参加艺术活动，并能大胆地表现自己的情感和体验；能用自己喜欢的方式进行艺术表现活动。	3			
	26	幼儿园受到县（市、区）级以上有关部门表彰；师生在县（市、区）以上竞赛活动中获奖；小学和社会、家长对幼儿园教育质量反映良好。	4			
总分			100			

第四节 幼儿园品质管理新方法

一、"5S"与幼儿园品质管理

（一）5S 管理法

5S 管理法起源于日本，是日本企业经常使用的一种独特的管理办法。5S 是指整理（seiri）、整顿（seiton）、清扫（seiso）、清洁（seiketsu）和素养（shitsuke）五个项目，因这五个项目名称日语的罗马拼音均为"s"开头，所以简称为 5S。

1. 1S—整理

整理是指区分要与不要的物品，现场只需保留必须的物品。

进行整理的目的在于，改善和增加工作面积；使工作现场没有杂物，行道畅通，从而提高工作效率；减少磕碰的可能，保证安全，提高品质；减少库存量，节约资金；改变工作作风，提高工作情绪。

5S 管理中，整理的意义在于，把要与不要的人、事、物分开，再将不需要的人、事、物加以处理，对工作现场的现时摆放和停滞的物品进行分类，区分什么是工作现场需要的，什么是工作现场不需要的。对于现场不需要的物品，诸如用剩的材料、垃圾、废品、多余的工具和报废的设备等，要坚决清理出工作现场。这项工作的重点在于，坚决把现场不需要的东西清理掉。

2. 2S—整顿

整顿是指把必需品依规定定位、摆放整齐，并明确标示。

整顿的目的在于，不浪费时间寻找物品，提高工作效率和产品品质，保障工作安全。

5S 管理中，整顿的意义在于，把需要的人、事、物加以定量和定位。通过前一步整理后，对工作现场需要留下的物品进行科学合理的布置与摆放，以便能够用最短时间取得所需之物，在最有效的规章、制度和最简捷的流程下完成工作。

3. 3S—清扫

清扫是指清除工作现场的脏污，清除工作区域的物料垃圾。

清扫的目的在于，清除脏污，保持工作现场的干净和明亮。

5S管理中，清扫的意义是将工作场所的污垢去除，使异常事件的发生源头易被发现，也是实施设备自主保养的第一步。

4. 4S—清洁

清洁是指将整理、整顿、清扫常规化、制度化和规范化，维持其成果。

清洁的目的在于，认真维护并坚持整理、整顿和清扫的效果，使其保持最佳状态。

5S管理中，清洁的意义在于，通过对整理、整顿和清扫活动的坚持和深入，消除发生安全事故的根源，创造良好的工作环境，使教职员工能够愉快地工作。

5. 5S—素养

素养是指人人按章工作、依规行事，养成良好的习惯。

素养的目的在于，提升"人的品质"，培养对任何工作都认真的人。

5S管理中，素养的意义在于，努力提高人员的修身水准，使员工养成严格遵守规章制度的习惯和作风，这是5S活动的核心。

5S管理这种新的管理方法对幼儿园管理有着重要意义。

(二) 5S在幼儿园品质管理中的运用①

5S管理可以延伸到幼儿园品质管理中去，具体可以按如下方式开展：

1. 5S管理对幼儿园物的管理

幼儿园的物品管理非常繁杂，如果只靠园长和管理人员来管理，则难以做好。我们可以运用5S管理，让每一位教职员工都成为幼儿园的主人，这样才能达到良好的管理效果。

(1) 所有物品都要分类标识

比如，可以把教室里的教具、玩具分为：教具类、教材类和文具类三部分，在这三大类中，再进行细分，然后按照方便拿取原则进行标识。

(2) 所有物品都要清洁有序

比如，从办公室到活动室，从室内到室外，从显性到隐性，所有物品不仅要做到干净整齐，而且还要摆放有序，一目了然。

(3) 所有物品管理都要标准化

比如，要对各类物品制定分门别类的标准和具体的操作方法，使其制度化、流程化和标准化。

(4) 所有物品管理都要责任到人

比如，每一个部门或班级都要制定相应的责任人和管理规定，使责任到人，管理到位。

(5) 所有物品管理都能受到督导评价

让督导成为坚持的基础，让评价成为坚持的动力，最终养成好的行为习惯。在习惯养成的过程中，要注重教师对这项管理的重视，并形成自动意识，从而持之以恒。

2. 5S管理对幼儿园人的管理

由于人的水平、能力、素养、性格、态度和意识等各不相同，所以，在人的管理过程中，我们也要进行整理和整顿，给人予适合的工作，以发挥其更大的潜能，让每个人在各尽其能中找到归属感与自豪感。在人员的搭配上，可以运用5S管理理念，进行合理的组合搭配，让全体教职员工干劲更足。

幼儿园的管理非常琐碎复杂，每天都有干不完的事，可往往是，忙活了一天，到了晚上一梳理，却常常不知道干了些什么。为此，我们要将那些不重要的事"淡化"或"抛弃"，每天给自己一个工作重点。例如，周一处理日常事物；周二参加教研活动；周三蹲班听课；周四听听来自各方面的声音；周五进行全面检查汇总，计划下周工作。各个部门可以根据这一顺序和规律来做好自己的工作。

---

① 许继红.5S管理在幼儿园中的综合运用[J].幼教园地，2010(4)：14—16.

3. 5S 管理对幼儿园班级的管理

5S 管理可以与幼儿园班级管理有机结合、灵活运用，以建设更优秀的班集体。

(1) 玩具有"家"，班级物品有序

活动室里的玩具多种多样，要做到按顺序摆放，让幼儿自主收拾、整理物品，老师需做大量工作。运用 5S 管理，让所有的物品都有自己的标签和位置，不但可以减轻教师的工作压力，还可以帮助幼儿养成有序取放物品的习惯，从而整个物品摆放有序。

(2) 幼儿有规，班级活动有矩

在幼儿生活环节中运用 5S 管理，使日常规范融入环境，让常规管理变得轻松。教师借助图示标识，提醒幼儿参照图示做好相应准备，帮助幼儿建立良好的生活常规，这样班级活动就会有规有矩。

(3) 幼儿自律，班级自我管理

在制定班级常规的时候，请幼儿一起参与，尤其是大、中班的幼儿，他们已具有初步的自我意识，而且好奇心极强，喜欢参与探索性活动，不喜欢按照大人的要求去做。在这个时期，教师就可以成为一个观察者和协助者，鼓励幼儿自己去想，去讨论，去尝试。结合 5S 管理，师幼可以共同建立班级常规，帮助幼儿从他律走向自律。由于自己参与了规则建立，幼儿都比较容易接受和遵守这些规则，这样就形成了班级的良性自我管理。

通过 5S 管理在幼儿园管理中的综合运用，我们认识到，5S 管理不仅仅是一种管理方式和方法，更是一种工作态度与作风。只要我们持之以恒地做下去，一定会形成一种意识和文化，从而使幼儿园品质得到提升。

二、"戴明环"与幼儿园品质管理

(一) 戴明过程管理理论

戴明是美国著名管理学家，他首创了全面品质管理的思想和方法，提出了管理过程理论。戴明认为，一切有过程的活动都是由四个环节所构成的，这四个基本环节或阶段，构成了管理活动的周期。

1. 第一阶段——计划

计划是管理活动的起始。计划阶段的管理活动包括制定目标、规定任务和活动项目、设计方法步骤、制定行动方案等。

2. 第二阶段——执行

执行是按计划要求开展工作，将计划付诸行动。

3. 第三阶段——检查

即检查工作是否按计划执行，执行的效果如何，并找出偏差的原因。

4. 第四阶段——总结(行动)

这一阶段主要回顾前面进行的三个过程，总结、调整，并改进，将效果好的措施标准化、规范化，为下一阶段管理工作打下基础。

这四个阶段也是品质管理工作最基本的职能活动，有序地存在于圆环中，形成一个完整的品质管理过程。圆环不断旋转，反复循环，将品质管理活动不断推向前进。

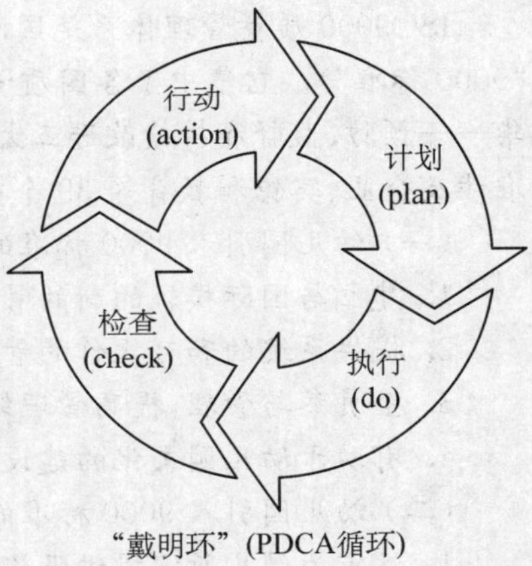

图 8-1 "戴明环"

(二) "戴明环"在幼儿园品质管理中的运用①

将戴明的管理过程理论运用于幼儿园品质管理活动中，有利于幼儿园品质管理的科学有序运行，提高成效。"戴明环"在幼儿园品质管理中的运用情况如下：

1. 制定可行的品质工作计划

计划是确定行动纲领与方案，使行为趋向于目标的管理活动。幼儿园品质管理以计划为开端，进而对品质管理活动实行有效控制，因而计划是品质管理工作科学化的重要标志。品质工作计划的制定过程

① 张燕著. 幼儿园管理[M]. 北京：北京师范大学出版社，2004：81—94.

是一种决策过程，体现管理者即作为主要决策负责人的园长的果断性与创造性。有效的园所品质工作计划应具有如下特征：方向正确，切实可行；全面完整，突出重点；分工落实，留有余地；要求明确，便于检查。幼儿园的品质工作计划内容一般包含以下几方面：园所品质基本情况分析；本阶段总的品质工作任务；品质各方面的具体要求和措施；品质工作日程安排或逐月重大品质工作安排。

2. 组织品质工作计划的执行

执行是将计划变为行动，将设想转化为现实的管理活动。品质工作执行阶段的工作内容由品质工作计划规定，计划中写的就是执行阶段要做的、品质工作计划确立的任务目标，通过执行成为工作成果。在执行阶段，要着重抓好组织协调、指导、激励和教育等工作。

3. 检查品质工作计划的执行

检查是推动幼儿园品质工作顺利进行的重要措施，是实现品质工作的计划目标和活动预期成果的保证。幼儿园领导者不能满足于品质要求提过了、品质工作也在做了，而应注意通过检查这一环节，把握品质工作计划执行的真实情况，看看品质工作到底做得如何，及时解决执行中的偏差与问题。检查可以通过实地观察、听取汇报和召开会议、查阅工作记录等形式，获取足够信息，通常需多种方式结合进行，以期相互参照，获得较为真实、全面的资料。幼儿园品质管理实践中较常进行的有四项，即日常品质工作中的检查、抽样检查、组织会议检查，以及阶段性的定期检查。

4. 总结品质工作全过程的情况

总结是品质管理活动周期的最后一个环节。总结是对品质工作全过程的回顾，即对品质计划、执行和检查作出总的分析和评价，对品质工作的过程及其结果作出质和量的评价。总结应能为下一阶段品质工作提供依据，并指明方向。管理者应将总结工作作为探索规律和提高自身品质管理水平的过程。要将总结找出的问题或不足作为下一品质管理循环确定目标的重要参考依据，同时要注意将实践证实的带有规律性的经验，充实完善到品质常规管理工作中去，使之制度化和规范化。

相关链接

ISO9000 在幼儿园中的应用（节选）①

ISO9000 质量管理体系是国际标准化组织制定的全世界第一套关于质量管理的国际标准（以下简称“9000 标准”）。它集中了各国质量管理专家的智慧和全球众多成功企业的经验，蕴含了质量管理的精华——预防、监督和持续改进三大科学管理机制，融汇了系统论、信息论和控制论等先进思想。9000 标准涉及企业、宾馆和教育等 39 个行业，教育是其中的第 37 个行业。

（一）幼儿园引入 9000 标准的意义

1. 建立与国际接轨的新的管理理念

2. 提供系统的和可操作的管理机制

3. 全员参与管理，提高管理绩效

4. 有助于幼儿园文化的建设

（二）幼儿园引入 9000 标准的着力点

1. 注重为幼儿所需提供服务

2. 注重质量管理的全面性

3. 注重质量管理的全员性

4. 注重质量管理的持续改进

（三）幼儿园引入 9000 标准的基础工作

1. 质量意识的培训工作

幼儿园引入 9000 标准，首先就要对全体教职员工进行质量管理的培训，增强他们的质量意识，牢固

---

① 资料来源：http://www.zgjyrz.com/news_show.asp?pid=3658&ping=.2012.4.8.

地树立质量第一的思想，明确自己的质量责任，并掌握和运用质量管理的方法和技术。

2. 标准化工作

主要是制定标准、实施标准和对标准的实施进行监督检查。对幼儿园来说，不仅要有管理标准，而且要有工作标准、教学质量标准和后勤服务标准等。要在原有的基础上完善一系列标准，使之衡量幼儿教育质量是否达标有"尺"可依。

3. 质量信息工作

主要是指反映幼儿园教育教学管理过程中的各种数据、报表、资料、文件，以及外部的有关信息资料等。收集有关的质量信息，可以及时地掌握幼儿教育质量的各种因素和动态。通过分析，可以持续改进质量管理体系。因此，幼儿园要建立信息反馈系统，做好原始记录，对信息分级管理，并与考核相结合，以此保持信息的畅通和有效。

（四）建立基于9000标准的幼儿教育质量管理体系

幼儿园按照9000标准建立起来的质量管理体系，不是照搬照抄条款，不是走形式，而是必须从自身的实际情况出发，建立一套可操作的质量管理体系，让教职工员乐于使用、能够使用它的操作方法，完成自己的教育职责。

与传统的幼儿教育管理相比，按照9000标准建立起来的教育质量管理体系，是把过去事后检验和把关，转变为"预防在前"；把过去的以事论事、分散管理，转变为综合治理，举一反三，不仅要纠正，而且要采取纠正措施；从管结果，转变为管过程，全程控制过程，质量必然有保证。

练习题

1. 什么是幼儿园品质管理体系的内涵？
2. 在选择幼儿园教育品质评价的方法时，应注意些什么？
3. 幼儿园管理品质评价的标准有哪些？
4. 怎样在幼儿园管理中应用5S管理？
5. 结合下述案例，谈谈怎样提高幼儿园教研质量。

"一课五研"跨班研讨活动提高了幼儿园教研质量①

紫　藤

为进一步提高集体教学活动的质量，加快教师专业成长的步伐，从"要我发展"向"我要发展"转变观念，真正做到"以教引研"、"以教促学"，推动教师和幼儿的共同成长，近日，乍浦天妃幼儿园中班教研组开展了"一课五研，连环跟进"的跨班式特色教研活动。

"一课"是指由执教教师结合主题或园本特色或班级特色，自主选定教材，并利用集体备课的时间，利用大家的智慧展开研讨，特别在问题设计和回应上做好预设，最后拟定教案，做好教学准备。

"五研"是指教师利用平行班的优势，在五个平行班开展连环跟进研讨。即星期一执教中一班，星期三执教中二班……执教者邀请同年龄班的教师听课，并在第一时间对活动进行反思、梳理、改进。最后第"五研"作为教学成果，展示给全组教师看。

第一位尝试的是"微风"，她是位态度认真、耐心的青年教师，每次试教她都是那样专注，每次课后都会认真地写反思，每次课前都会认真地做教具，生动的课堂让孩子们实实在在受益了，让执教者的的确确成长了，让听课者真真切切思考了。

"一课五研，连环跟进"的教研过程，真正提高了幼儿园教研活动的质量，使教研活动"研"的氛围日趋浓厚。更重要的是，教师们通过"学习"、"实践"与"反思"的一层深入一层的研究，不断解读自己与他人教学行为背后的教育理念，分享了许多有效的教育策略。"一课五研"的研究方式，为教师之间的互动、伙伴式的合作、切磋教学技能等构建了环境，为教师展示自己的教学能力搭建了平台。

① 资料来源：http://www.jy135.com/html/guanlizhidu/ywjy/2010/0409/26804.html. 2012-5-4.

第九章　幼儿园人力资源

学习目标：

1. 掌握幼儿园人力资源管理的流程；
2. 掌握幼儿园人力资源培养的内容；
3. 了解幼儿园人力资源激励的途径；
4. 理解幼儿园人力资源考评的方法。

第一节　幼儿园人力资源分类

幼儿园要追求高品质运营，取得好的社会与经济效益，就要有高素质的人力资源做支撑。幼儿园只有通过制定科学合理的人力资源战略，实施相应的人力资源规划与管理，才能为幼儿园发展配备充裕的人力资源。

幼儿园的人力资源按纵向划分，可分为领导层、管理层和执行层。领导层属于幼儿园人力资源结构中的最高层，对幼儿园发展的重大事务有决策权，包括幼儿园高层管理人员的任命、幼儿园规章制度的建设，以及重大财务与教育事项的决策等。另外，领导层应接受幼儿园日常事务管理层的汇报，以保持对幼儿园发展动态的及时了解。管理层主要负责将幼儿园领导层制定的重大决策，以最好的方式带领执行层付诸实施，以达到幼儿园预定的经营目标。管理层主要管理幼儿园日常工作，如教学、保育、后勤和安全等。幼儿园执行层主要负责执行管理层的工作指令，以逐步完成幼儿园的最终目标。

一、幼儿园领导层

在美国较大规模幼儿园中，董事会是最高领导层，他们的主要工作是制定教育、财务、人事、后勤等方面的重大决策，并且要经常与幼儿园园长保持沟通，以便对其工作进行了解与指导。一般地，幼儿园董事会要求由来自教育、健康、法律与金融等不同领域的人士组成，为幼儿园的发展作出重大决策。这些来自不同领域的专家，可以为决策提供专门的知识，以帮助解决具体问题。① 此外，董事会通常会为在园幼儿家长留有一定名额，以使董事会所做的决策更能符合幼儿家长的利益需求。

在我国幼儿园中，设立董事会的不多，通常只有大型幼儿园，或者较大的私立幼儿园才会成立董事会。其中，在大型公办幼儿园中，董事会又经常以“园务委员会”的形式出现。《幼儿园工作规程》(下称《规程》)中规定：幼儿园可以建立园务委员会。园务委员会由保教、医务和财会等人员的代表，以及幼儿家长的代表组成。园长担任园务委员会主任。② 由此可知，我国幼儿园“园务委员会”与美国幼儿园“董事会”性质相当。与美国幼儿园董事会有所区别的地方在于幼儿园园长所处的位置和拥有的职权。美国幼儿园园长只是执行董事会的决策，但在我国，园长一方面执行园务委员会的决策，另一方面，园长又是园务委员会主任。

---

① [美]Dorothy June Sciarra & Anne G. Dorsey 著，张咏等译. 幼儿园的开办与管理[M]. 北京：中国轻工业出版社，2003：38—39.

② 资料来源：http://www.moe.edu.cn/publicfiles/business/htmlfiles/moe/moe_621/201001/81893.html. 2012-1-15.

此外，我国私立幼儿园中的"董事会"与美国幼儿园的"董事会"也有所区别。在我国的私立民营幼儿园中，"董事会"主要由幼儿园投资者组成，虽然有时候投资者会让幼儿教育专业人士以专业技术参股，但是很少能做到将所有有关方面的专家都纳入到董事会中来。所以，我国私立幼儿园中的董事会，在幼儿园组织运营中所扮演的角色与真正意义上的"董事会"或"园务委员会"有所不同。在我国私立幼儿园中，他们或许通过园长来进行董事会层面的决策，或者另外成立一个园务委员会性质的组织来帮助进行重大决策。

从人力资源角度看，为了使幼儿园的领导更为科学有效，当前我国幼儿园需要在董事会中吸纳更多的专业人员，专业人员对幼儿园的教育、管理和财务等各项事务能够提供专业建议。

二、幼儿园管理层

在幼儿园运行中，管理层要对领导层所制定的决策进行深入的了解并仔细领会，然后分析、选择适当的方案对决策进行实施。在决策实施过程中，要对执行层的工作情况进行监督、指导、评价和激励等。幼儿园管理层一般包括园长、教学园长、后勤园长，以及年级主任等。

《规程》规定："幼儿园实行园长负责制。园长在举办者和教育行政部门领导下，依据本规程负责领导全园工作。"①由此规定可知，我国幼儿园领导体制实行的是园长负责制，即园长是幼儿园最高行政主管，对幼儿园的大小事务拥有管理权。由于园长工作非常繁杂重要，为了帮助园长更好地完成各项工作，《规程》规定可以设立园务委员会，由保教、医务和财会等人员的代表，以及家长代表所组成，帮助园长进行重大决策，以使决策更为科学。同时，园长担任园务委员会主任。

园长作为一园之长，是幼儿园的最高行政长官，在完成幼儿园的教育教学任务和发展建设中，处于非常关键的地位。②《规程》中规定，幼儿园园长负责幼儿园的全面工作，包括保育、教育、卫生、安全和人事，等等。可以说，凡是园所内的事项，都属于园长工作范围。

教学园长主要在幼儿园运行中分管教学工作，主要在教学方面给园长以协助与支持。他主要负责对幼儿园总体教学工作进行规划、安排、监督和指导等。教学园长要负责幼儿园教学质量的提升工作。

后勤园长主要负责幼儿园后勤支持工作。他需要对幼儿的膳食、卫生、健康，以及安全等问题负责。相对于教学园长而言，除了教学工作之外的大部分工作都属于后勤园长的工作范围，因此，后勤园长必须要有足够的精力与责任心。后勤工作关系着幼儿的身体健康和人身安全，因此非常重要，园长在选聘后勤园长时要十分慎重。

根据幼儿年级不同而为每一年级配备的年级主任，主要工作是协助各年级保教工作的顺利开展。年级主任要与园长、教学园长和后勤园长保持良好的沟通，以协助各年级的教师及工作人员开展工作。根据幼儿园规模不同，可以设立或者不设年级主任。若规模较大，设立年级主任可以帮助园长分忧解难，还可以在教师和园长之间起到很好的桥梁作用。

从人力资源管理角度来看，幼儿园管理层人员，包括园长、分管园长和年级主任等，这些岗位需要由高素质的专业人士来担当，需要他们不只具有教育教学能力，还应具有较高的管理素养。

三、幼儿园执行层

执行层是将幼儿园管理层制定的计划、工作安排等付诸实施的具体人员，主要包括教师、保育员和后勤人员等。

（一）教师

幼儿教师必须具备幼儿教师资格证。依据《规程》规定，教师的主要职责有：③观察并了解幼儿，依据国家规定的幼儿园课程标准，结合本班幼儿的实际情况，制定并执行教育工作计划，完成教育任务；严格执行幼儿园安全和卫生保健制度，指导并配合保育员管理本班幼儿生活，做好卫生保健工作；与幼儿家长

---

① 资料来源：http://www.moe.edu.cn/publicfiles/business/htmlfiles/moe/moe_621/201001/81893.html. 2012-1-15.

② 张燕著. 幼儿园管理[M]. 北京：北京师范大学出版社，1997：249.

③ 资料来源：http://www.moe.edu.cn/publicfiles/business/htmlfiles/moe/moe_621/201001/81893.html. 2012-1-2.

保持经常性联系，了解幼儿家庭的环境，商讨符合幼儿特点的教育措施，与家庭共同配合完成教育任务；参加业务学习与幼儿教育研究活动；定期向园长汇报，接受园长的检查和指导。

（二）保育员

《规程》规定，幼儿园保育员应该具备初中以上学历，并且受过专业的幼儿保育职业培训。幼儿园保育员的主要职责有：负责班级房舍、设备和环境的清洁卫生工作；妥善保管幼儿衣物和本班的设备、家具；在教师的指导下，管理幼儿生活，并配合本班教师组织教育活动；在医务人员和本班教师的指导下，严格执行幼儿园安全和卫生保健制度。①

（三）后勤人员

后勤人员包括厨师、医务人员、司机和门卫等。他们必须遵守《规程》中的规定，即幼儿园员工应拥护党的基本路线，热爱幼儿教育事业，爱护幼儿，努力学习专业知识与技能，提高文化和专业水平，品德良好，为人师表，忠于职责，且身体健康。② 他们的日常工作在园长、后勤园长的统一指导下进行。

第二节　幼儿园人力资源管理

一、人力资源管理的内涵

人力资源管理是指围绕组织的战略和目标，对组织的人、财、物、信息四大资源之一的人力资源进行管理，承担对人力资源的招、用、留、激励等各个环节的管理任务，保证组织及时得到所需的人力资源，并做好组织未来发展所需人才的储备与开发工作。③ 据此，幼儿园人力资源管理是幼儿园根据自身的发展战略，对幼儿园人力资源进行管理，完成对人力资源的招、用、留、激励等各个环节的协调，确保幼儿园能够及时得到所需的人力资源，并对人力资源进行配置并激励，为幼儿园未来发展做好人才储备、开发工作。

需要补充的是，虽然人力资源管理是对组织四大资源中的人力资源进行的管理，但并不意味着在人力资源管理实践过程中可以忽视对财、物、信息的掌握与管理。事实上，在对人力资源进行管理时，必定包含对财、物、信息的分析和管理。而且，只有正确把握财、物、信息等，才能实现科学的人力资源管理，而科学的人力资源管理又有利于实现对财、物、信息的有效管理。

二、幼儿园人力资源管理的流程

根据已有研究，结合幼儿园的实际，幼儿园的人力资源管理应当包含如下六个重要环节。

（一）幼儿园人力资源战略

战略规划所描绘的是，在组织内部优势、劣势，以及外部的机遇、威胁一定的情况下，组织为使自己取得并保持竞争优势而制定的行动计划。④ 组织战略规划一般可通过 SWOT 分析来进行，也就是，通过对组织内部的优势（strength）、劣势（weakness），组织外部的机遇（opportunity）、威胁（threats）的综合分析，制定出适合组织长期发展的战略，这种战略必须能够使组织内部自身力量与来自外部的力量达到平衡。组织的人力资源战略能够为组织今后的发展指明方向，明确组织将要解决的重要问题。同理，在开展人力资源管理工作时，必须首先明确组织的人力资源战略，这样才能使人力资源管理者明白“劲”该向何处使，如何使。不同的组织有不同的人力资源战略，对幼儿园来说，有的幼儿园是全国连锁性质的，其人力资源战略也应是全国性的。而对于乡镇民办幼儿园来说，维持幼儿园的基本生存，聘请基本合格的工作人员就是其人力资源战略。因此，不同幼儿园应根据本幼儿园的内外条件，以幼儿园的组织战略为依托，制定本园的人力资源战略。人力资源战略不仅是对组织战略的支持，还体现组织对待人

---

① 资料来源：http://www.moe.edu.cn/publicfiles/business/htmlfiles/moe/moe_621/201001/81893.html. 2012-1-2.

② 资料来源：http://www.moe.edu.cn/publicfiles/business/htmlfiles/moe/moe_621/201001/81893.html. 2012-1-12.

③ 莫寰，张延平，王满四等编著. 人力资源管理：原理、技巧与应用[M]. 北京：清华大学出版社，2007：4.

④ [美]加里·德斯勒著，刘昕等译. 人力资源管理（第六版）[M]. 北京：中国人民大学出版社，1999：667.

力这一资源的态度和价值观，并为如何进行人力资源管理提供方向与准则，因此，具有十分重要的意义。

（二）幼儿园人力资源需求预测

所谓幼儿园人力资源需求预测，就是在对幼儿园的各个职务进行工作分析的基础之上，根据幼儿园的规模，并结合《全日制、寄宿制幼儿园编制标准》，确定幼儿园需要的总人力资源与已有人力资源之间的差额，以此进一步明确幼儿园是否需要增减人力资源或调动人员的测评活动。通过人事需求预测，可以为确定是否有必要进行人事调动，是否存在人力资源不足、存在何种程度的不足，或者是否存在人力冗余，提供具体而科学的依据，使幼儿园人力资源得到尽可能最好的利用与发挥，并且为幼儿园及时作出人力资源调整提供客观依据。

（三）幼儿园人力资源获取和配置

人力资源获取就是人才的招、用、留和激励中的“招”，通俗地说，便是选人才。对幼儿园来说，人才的获取方式主要有国家编制分配与自主招聘两种，其中招聘是主要的人才获取方式。人员配置则包含了人才的用、留以及激励培训等。根据现代人力资源观点，人人都是可造之材，但前提是，要把人才放在正确的位置，使其人尽其才。这种观点改变了之前人才选用时，完全侧重于选拔人才的状态，逐渐把人才看成是可塑造、可发展的，相信只要能够合理发挥每个人的优势、潜能，就能使之为组织谋发展。因此，在人员获取和配置中，配置这一环节已日益成为人们关注的重点。

（四）幼儿园人力资源培训和开发

人力资源培训是对应人员配置而言的。在人员获取之后，组织通常会对员工进行必要的岗前培训，然后根据其培训表现等因素，对其进行岗位配置。当然，人力资源培训在员工工作期间也应根据需要安排进行，以帮助员工提高自身综合素质、专业技能。这种性质的培训与岗前培训都属于人力资源开发范畴。人力资源开发就是组织为了使其人力资源更具备竞争优势而进行的挖掘行为。人力资源的培训和开发，不仅可以改善员工的知识结构，提高其专业技能，还可以使员工对组织形成认同感，塑造员工的价值观。

（五）幼儿园薪酬管理

薪酬管理关涉到组织内的劳资关系、薪酬和福利待遇等。在幼儿园，薪酬管理体现为幼儿园举办方与园所工作人员之间的合作关系，以及薪酬配给、发放方式和福利待遇等。对于幼儿园工作人员的工资，目前我国还没有统一标准，但当前大部分幼儿园中工作人员工资待遇偏低，尤其是在乡镇的民办幼儿园，教职员工待遇严重偏低。但是随着《国家中长期教育改革和发展规划纲要（2010—2020年）》的颁布实施，以及政府对幼儿教育事业的日益重视和扶持，幼儿园教职员工的待遇也将得到较大提升。幼儿园对薪酬的管理将影响到其人才引进时的吸引力，以及人才工作积极性的发挥。

（六）幼儿园人力资源激励与考核

人力资源激励是为了克服员工在工作过程中可能出现的职业倦怠问题，或者是为了促使员工能以更加积极的精神状态和更好的方式创新性地工作。大部分人因为长期处于同样的工作环境，每天重复同样的工作内容，进行机械般的运转，或者是因为受到高压压迫，负担过重而导致身心俱疲，这些情况都会对所从事的工作失去兴趣，甚至产生厌烦等情绪。很显然，当员工产生职业倦怠时，将很难高效地完成组织所交给的任务，也不能为组织创造更多的价值。有调查表明，教师行业是最容易产生职业倦怠的行业之一，幼儿园是以教师为主要支撑的机构，因此对教师的激励工作就显得尤为重要。退一步讲，即便教职员工没有产生职业倦怠，一定的激励以促使他们更大程度地发挥自己的潜能，创造性地工作，也是必要的。

幼儿园人力资源考核是指对幼儿园内工作人员工作状况的考核，它既包括对管理层的考核，也包括对管理层以下执行层人员的考核。考核工作可以分为形成性考核与总结性考核两种。形成性考核主要用于促进教职员工在工作期间改善自己的工作方式、提高工作效率，它关注的是工作过程。总结性考核主要关注的是工作的结果，即考核教职员工是否达成了幼儿园的既定目标，以及工作过程中的表现如何。园所根据考核结果来确定对教职员工的奖惩，以及进行下个学期的人力资源管理规划。

第三节 幼儿园人力资源招募

人力资源管理的重要功能之一是，为组织选拔合格的人才，而这种功能主要通过人才的招募与任用来实现。人才的招募与任用是组织获得优秀人力资源的入口，是实施人力资源管理的前提。同时，公正有效的招募活动也是组织获得合格人力资源的保证。

一、幼儿园人力资源政策

一般地，制定招聘计划与招聘程序所使用的基本工具是书面的人力资源政策和工作说明书，[①]因此，在进行人才招募与任用前，最先应当制定的是幼儿园的人力资源政策。任何组织都有自己的人力资源政策，这是一种用于指导人力资源管理的指导性文件，更是相关的指导思想。人力资源政策一般包括：岗位分析说明、人员配备原则、人才招聘原则与方式、试用期规定、人员培训和开发制度、具体的人事管理制度、员工工作合同、人事升迁调配的准则、工作及休息时间规定、请假标准、绩效评估方法，以及解聘辞职标准等所有和人力资源相关的政策。人力资源政策为之后的人力资源管理活动提供了方向与准则，之后的人事制度、管理活动都必须以人力资源政策为标准，如果在实际的活动中发现偏离了人力资源政策，可以根据实际情况改善实践活动，或者修改人力资源政策本身，以促使组织目标的最终达成。

组织不同，人力资源政策就可能不同。幼儿园的人力资源政策要以幼儿园这一启蒙教育机构自身的本质特点为重点来确定。虽然幼儿园有效运行离不开安全、健康、卫生和交通等各部门的支持，但是，优秀的保教师资是幼儿园人力资源的重中之重。幼儿园园长在制定人力资源政策时，要充分考虑到保教团队的建设、保育员与教师的岗位分析、说明、试用制度、薪酬制度、考核与激励制度，以及培训与开发制度等，关键是要把保育人员与教师培养成一个具有强凝聚力的团队，并且对幼儿园具有高度认同感。

此外，相对于对招募、任用人才而言，人力资源政策只是大方向，只有具体的岗位分析与说明，才能使招募活动有的放矢，使人才招募活动为幼儿园找到真正有用的人才。

二、幼儿园岗位分析

岗位分析也可称为工作分析，是指为了搜集和确定组织中不同岗位的多方面信息的活动。通过岗位分析，可以明确不同工作的任务与性质。岗位分析一般要搜集的信息有：工作活动内容、工作对人的要求、工作的辅助条件和设备、工作的环境背景、工作的绩效标准等。通过岗位分析所获得的信息，可以明确不同岗位的职责，以及对人才的要求。将岗位分析活动所获得的信息和材料以书面的方式呈现则为岗位描述。岗位描述是岗位分析的成果，在人才招募时，可根据岗位描述来制定岗位说明，以清单的方式罗列不同岗位的信息，这样不仅有利于对人才进行招募，也有利于今后的人力资源管理工作。

岗位分析不只有利于人才招募，根据分析所得到工作性质还可以作为制定工作规范的依据，使幼儿园的不同工作都有章可循，各工作的执行方式和职权范围得以明确，从而使不同工作岗位虽然各行其职，但又同时能为组织目标服务，成为一个和谐的统一体。此外，幼儿园工作分析还可为之后的工作绩效评价、工资奖金发放标准的制定，以及教职员工的培训提供依据，因为这些工作都必须根据不同的工作性质与内容来确定。

岗位分析的信息收集方法多种多样，就幼儿园来看，可采用的方式主要有：

（一）收集已有的相关资料

幼儿园并不是一个新兴组织，因此必定会有已有的幼儿园相关研究，因此收集者可以从相关研究中寻找幼儿园岗位分析的信息。又因为幼儿园是基础教育的一个组成部分，日渐受到政府的关注与重视，因此，国家会通过相关法律法规对幼儿园不同的岗位进行规定，提出相关要求。

---

① [美]Dorothy June Sciarra & Anne G. Dorsey 著，张咏等译. 幼儿园的开办与管理[M]. 北京：中国轻工业出版社，2003：161.

（二）从下至上地收集资料

这种资料收集方法是岗位分析者通过对具体岗位中的工作人员，以及上层管理人员的综合调查来获取的。比如，首先，让教师自己来评价教师岗位应做什么、如何做、需要什么环境与辅助设备、教师应当具备什么素质和条件，以及工作中应怎样规范等。其次，逐层向上，对该岗位的上级及再上级管理者进行调查，让他们从组织的全局出发，提出关于该岗位的具体信息等。最后，综合收集到的关于教师岗位的所有信息，最终确定教师岗位的性质与任务，拟定教师岗位的工作要求和说明书。

根据加里·德斯勒的观点，制定岗位分析时应当遵循如下程序：确定工作分析之用途——搜集与工作有关之背景信息——选择代表性的工作进行分析——搜集工作分析信息——同承担工作的人共同审查收集到的信息——编写工作说明书与工作规范。① 制定幼儿园岗位分析也应参照执行如上程序。

三、幼儿园岗位说明

岗位说明是在岗位分析和岗位描述的基础上，为了进行人才招募而特别拟定的文件。它与岗位描述有区别。岗位说明主要侧重于某个岗位对招募人员应当具备的技能、条件，以及应完成的日常工作的说明，而岗位描述则比岗位说明更全面、细致。一般地，岗位描述包括：工作标识、工作关系、工作综述、工作职责、工作条件和环境、调任、晋升和培训机会等方面的信息。岗位说明书根据岗位描述中透露出的对人才需求的标准，来规定该岗位工作人员应当具备的经验、技能、性格和职责等，同时岗位说明也会明确该岗位的工作关系，告知工作条件与环境等。而对于调任、晋升，以及培训等信息，有些岗位说明会不同程度地予以说明或者不说明。根据岗位说明，招募人员可以清晰地知道自己选择人才的标准是什么，将岗位描述中的信息以具体的，甚至是量化的形式展现，可以很好地对应聘者进行甄别和筛选。

相关链接

保育员岗位描述②

岗位名称：保育员

任务：做好园长分配的保育工作

工作关系：对园长负责，并协助教师、厨师以及医务人员工作

工作时间：上午7:30—下午4:30

休假：一般性公立学校节假日休息

主要日常工作：

1. 负责本班房舍、设备、环境的清洁卫生工作；
2. 在教师指导下，管理幼儿生活，并配合本班教师组织教育活动；
3. 在医务人员和本班教师指导下，严格执行幼儿园安全、卫生保健制度；
4. 妥善保管幼儿衣物和本班的设备、教具、玩具。

临时职责：

1. 在幼儿园开展大型活动时需积极配合；
2. 在召开家长会时需帮忙招待家长。

工作晋升或培训：

拥有幼儿教师资格证的保育员可以根据情况晋升为幼儿教师。之后的晋升情况根据工作表现。幼儿园会根据情况提供相应的培训。

解聘或辞职：

解聘：在工作期间，出现国家规定的可直接解聘的情况，将对其进行直接解聘；根据其工作表现，无法胜任本职工作的，园长可对其提出解聘要求。

辞职：一般情况下，应当提前一个月时间向园长提出辞职请求。

---

① [美]加里·德斯勒著，刘昕等译. 人力资源管理(第六版)[M]. 北京：中国人民大学出版社，1999：78—80.

② 资源来源：http://wenku.baidu.com. 2011.7.6.

保育员岗位说明

岗位名称：保育员
资格：具备初中以上学历，并受过幼儿保育职业培训
要求：
1. 对孩子有爱心、责任心，做事积极主动，有团队意识，能吃苦耐劳；
2. 年龄：22—45 岁；
3. 有相关工作经验者优先。
职责：
1. 负责本班房舍、设备、环境的清洁卫生工作；
2. 在教师指导下，管理幼儿生活，并配合本班教师组织教育活动；
3. 在医务人员和本班教师指导下，严格执行幼儿园安全、卫生保健制度；
4. 妥善保管幼儿衣物和本班的设备、教具、玩具；
5. 在幼儿园开展大型活动时需积极配合；
6. 在召开家长会时需帮忙招待家长。
工作时间：上午 7:30—下午 4:30，一般性公立学校节假日休息
薪水：
（一般分试用期工资和转正后的工资，不同幼儿园的工资待遇标准不同）
联系人：×××
应聘方式：邮箱/电话/直接面试
截止日期：××××年××月××日
招聘单位：×××幼儿园

四、幼儿园招聘流程

一般地，在进行人才招聘前，需先确定组织的人事政策，然后根据岗位分析拟定岗位说明，然后再进行人才招聘。但是由于幼儿园实行园长负责制，而幼儿园园长往往由举办者任命或聘任，因此，如果需要对园长进行聘任，可以在幼儿园人事政策制定之前进行，然后由招聘到的园长根据幼儿园具体情况和人力资源战略制定出幼儿园人事政策。

在幼儿园人事政策的指导下，人才招聘的具体程序应为：

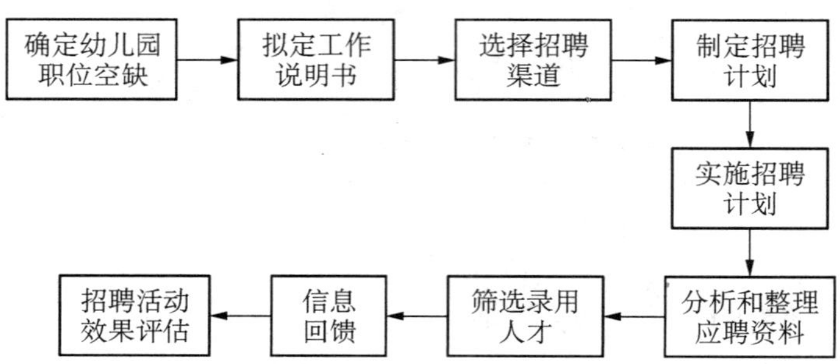

图 9－1　幼儿园人才招募流程

（一）确定职位空缺

确定幼儿园职位空缺是幼儿园进行人才招募的起点。职位空缺的确定需要通过人力资源总体规划与岗位分析工作来实现。岗位分析能够帮助清楚界定每一工作的职责范围，帮助幼儿园管理者知道哪些工作人力不足、无人处理，从而得知幼儿园哪方面存在职位空缺。确定了职位空缺，有时并不一定意味着幼儿园必须进行人员招聘。因为职位空缺可能是组织内部未能充分发挥人力资源的效用，或者是人员调配方面存在问题而造成的，所以，也可以通过内部人员调整来解决。只有那种不能通过人员内部调整，或者是数量上的确需要补充的情况下才需要进行人才招募。

（二）选择招聘渠道

根据职位空缺的性质，幼儿园可以确定从组织内部还是外部的渠道来招募人员。比如，当幼儿园需

要招募一名教学园长时，最好的办法是从幼儿园内部教师中选拔，因为幼儿园内部教师往往对本园情况比较了解，还有丰富的工作经验。此外，从园内选拔教学园长，也是给园内教师一个晋升的机会，能对教师起到激励作用。当幼儿园需要招聘较多位保育员或教师时，则需要采用对外招聘的方式来扩充幼儿园总体师资。

（三）制定招聘计划

详细的招聘计划一般是针对外部招聘来拟定的。幼儿园在确定好了需招聘的职位空缺、拟定好了详细的工作说明书后，园长就需要确定招聘的规模、招聘的范围、招聘的方式、招聘的时间，以及招聘的预算等，也就是要制定招聘计划。为了保证人才补充及时，在制定招聘计划时，时间很重要。一般地，由于招聘、人才选拔和录用本身比较耗时，所以，幼儿园在人才补充上，要做到未雨绸缪，提前储备人才。

（四）实施招聘计划

实施招聘计划是指将组织的职位空缺信息根据预定计划对外公布，吸引有意者前来应聘。根据预先设定的招聘范围、时间和预算来确定是通过人才市场、报纸广告、电视广告、网站广告或者发放传单等方式当中的哪种或者哪几种方式，来将幼儿园职位空缺的信息发布出去，使条件符合并有意者能够前来应聘。

（五）分析整理应聘资料

招募负责人员需对前来应聘者所提供的信息进行认真的分析与整理，从中初步筛选出符合幼儿园组织岗位需求的应聘者，让这部分人员进入下一轮的选拔。此外，如果条件允许，应将整理好的应聘资料建立数据库，方便日后的提取使用。

（六）筛选录用人才

经过初步信息筛选选中的应聘人员，如果人数超过幼儿园的岗位需求量，则幼儿园可以通过笔试测验、面试结合的方法来进行进一步筛选。如果人数不多，则可直接采用面试的方式，来确定应聘者是否能够胜任该岗位工作。在筛选录用人才阶段，用于笔试测验的试题必须是科学有效的，要能够达到甄别人才知识能力的目的。面试委员会的成员也必须由对需要招聘的岗位有较好了解和认识的人士组成，而且还要严格执行面试考官相关回避制度。

（七）信息回馈

无论是在信息初步筛选之后，还是在人员的筛选录用之后，对于入选者和落选者都应给予信息反馈。告知落选者应聘结果，可以方便他们及时寻找下一份工作。对于竞聘成功者，给予回馈信息则是今后双方合作所必要的基础。

（八）招聘效果评估

招聘效果评估不仅是对本次招聘的一个评价，同时也可以为下一次招聘活动提供借鉴与指导。招聘效果评估的主要评估指标有招聘资金成本、招聘时间成本、招募到的人员数量与质量，及相关比值。如果招聘投入的成本低，耗时短，而且招到了足够的优秀人员，那么此次招聘活动就是成功的。如果投入成本大、耗时长，前来应聘者少并且招到的人员不是很满意，那么此次的招募活动就不成功。对于成功的招募，应当总结其有效的信息发放渠道，汲取其人才招募计划的成功之处。如果人才招募不成功，那么就应当考虑是岗位说明做得不得当，还是招聘信息发放的渠道有问题。无论是成功的还是失败的招聘，都能为下一次的招聘活动提供借鉴与指导。

第四节　幼儿园人才培养与激励

成功的人才招聘可以帮助解决幼儿园人力资源短缺的困境，但是，它不能确保所招聘的人员一定会将其潜能全部发挥。所以，如何培养和激励这些员工，使其充分发挥自身潜能来服务于幼儿园，便成了接下来的重要工作。

一、幼儿园人才培养

幼儿园人才培养按其培养内容，可分为三个方面：奉献精神培养、岗位与环境适应性培养和专业技术能力培养。

(一) 奉献精神培养

加里·德斯勒认为,组织的成败很大程度上依赖于员工的奉献精神,组织只有赢得了员工的奉献精神,才能获得员工百分之百的付出。所以,他认为在人力资源管理时,培养员工的奉献精神十分重要。在他看来,员工的奉献精神可以通过树立人本主义的价值观、双向沟通、确保公平对待、在员工中创造团队意识、保障员工的就业安全、合理报酬和自我实现等方面来培养。[①] 也就是要在对员工充分尊重的基础上,通过为他们营造安全舒适的环境,满足他们物质上及自我实现的需要等方式,来培养员工的奉献精神。

(二) 岗位与环境适应性培养

当幼儿园拥有新员工之后,管理者应当使新员工尽快了解自己所从事的岗位的性质和环境。园长可以通过向新员工介绍幼儿园的历史与特色,使新员工能够对幼儿园有初步的认识。新员工在应聘时所看到的是岗位说明,它与岗位描述是有差别的,因此,园长应当为新员工提供详细的岗位描述书、幼儿园工作手册,以及相关的制度政策文本,使新员工能够明确自己的职责所在,了解应当直接听命于谁,对谁负责。管理者还要告知新员工其所需要的工作设备、工具所存放的地方,方便其工作时使用。此外,园长可以举办新人欢迎会,组织以老带新活动,这样不仅有利于新员工尽快适应工作环境,同时有利于他们对幼儿园产生归属感,有利于幼儿园的团队建设。

(三) 专业技术能力培养

为了满足幼儿园的发展需要,很多幼儿园都会开展内部人力资源开发活动,即通过各种方式对内部工作人员进行培训,以提高教职员工的责任心和专业技能水准。由于幼儿园的工作人员以保教人员为主,因此在培训过程中,也大多以他们为主。不过,作为园长,身负重责,因此,对园长的培训也应加以重视。一般比较常见的幼儿园培训方式有如下四种:

1. 专题讲座

为了解决幼儿园中比较常见的棘手问题,园长通过聘请专家、学者,或者资历深厚的优秀保教人员到幼儿园来做讲座,帮助幼儿园保教人员更好地解决日常工作中所遇到的难题。这种方式就是专题讲座。专题讲座具有较强的针对性,能够及时对保教工作中出现的共性问题进行分析、探讨,并加以解决。[②] 当然,专题讲座除了能够帮助解决问题外,还能为教职员工提供新思想、新观点,使他们能够时刻走在时代的前沿,了解自己的使命与职责。成功的专题讲座往往还具有很强的感染力,报告人自身的优秀品质能够吸引听讲者,激起他们积极向上的热情,是进行思想教育的良好方式。但是,开展专题讲座的成本一般较高,对于农村或者贫困地区的幼儿园来说,实行起来较为困难。对这个问题,教育行政部门应当发挥牵头作用,不妨通过政府买单与号召专家、学者进行公益讲座等相结合的方式来解决。

2. 专业培训

幼儿园专业培训是指独立于幼儿园之外,由专业人士组织起来的,为幼儿园园长、保教人员提供的专业技能训练。这种培训机构需要上报国家批准通过,并且其执教人员必须具备相应的学历与资格证书。目前,我国为幼儿园培训人才的专门机构不多,而且大多培训活动主要由大学承办。专业培训具有组织化、专业化以及理论化的特征。

3. 以老带新

这种培训方式主要是利用幼儿园内部自身的优秀资源,来帮助经验不足的新教职员工提高工作能力。这种培训方式应用广泛,成本低廉,而且有利于幼儿园内部的团队建设。但是,以老带新的方式因其师资往往没有经过相关的组织化、正规化训练,培训效果往往因人而异。

4. 观摩互评

幼儿园观摩互评活动可以分为两种,一种是幼儿园内部的,另一种是幼儿园间的。观摩活动是指由一个或几个教师组织活动或上课,而其他教师看和听,并进行评价与分析,以相互学习、相互促进的教学

---

① [美]加里·德斯勒著,刘昕等译.人力资源管理(第六版)[M].北京:中国人民大学出版社,1999:19—22.

② 秦明华,张欣主编.幼儿园组织与管理[M].上海:复旦大学出版社,2008:163.

交流活动。① 通过观摩活动，可以推广优秀教师的工作经验与方法，帮助改正不当的教学方式和方法，是一种提高教师专业技能的好途径。

二、幼儿园人才激励

幼儿园培养教职员工是为了提升其专业能力和工作责任感，使其具有更强的解决问题的能力，而激励教职员工是为了使其愿意为了幼儿园的发展而充分发挥自身潜能。但人才培养和人才激励的功能并不是孤立的，人才培养有时也能激励教职员工更加努力地工作。比如，为教职员工提供进修培训机会往往是一种常用的激励手段，而教职员工献身精神的培养与人才激励具有异曲同工的作用。事实上，人才的激励，就是为了培养教职员工的献身精神，使他们愿意为了幼儿园的发展而尽心尽责地工作。可以说，教职员工献身精神的实现，是人才激励的最高目的。结合幼儿园的实际情况，我们认为，幼儿园的人才激励可以通过如下六个方面来实现：

（一）树立“人高于一切”的价值观

自从美国学者舒尔茨提出人力资本理论以来，“人”的价值就日益受到重视。相对于土地和物质资源的投入，“人力资源”日渐成为各行业竞争成败的关键所在。“人力资源”的重要性，很大的程度上取决于它能为组织带来赢利的伸缩性。在幼儿园里，如果园长能够在日常管理中取得员工的尽力支持，每位员工都能竭尽所能，团结合作，将幼儿园所具备的人力资源以最佳的方式发挥出来，那么，幼儿园必定可以得到良好发展。但是，如果园长不得人心，单凭自己一个人苦干、蛮干，则很难使幼儿园可持续地发展。因此，幼儿园人才激励的第一条便是，要树立“人高于一切”的价值观，即管理者必须首先要拥有尊重人的观念，意识到自己不能只是做一个管人的“官”，而应该做一个能够充分利用不同人才优点的“管理者”和“服务者”。

（二）提供优越的就业环境

幼儿园的就业环境包括教职员工的吃住条件、办公环境、工作辅助设备、福利待遇、安全保障，以及内部文化等等方面。不同条件的幼儿园所能提供的就业环境不一样，但是，在幼儿园管理过程中不断改善教职员工的就业环境，也是一种激励教职员工的手段与方式。其中，创建幼儿园优秀的内部文化，提高教职员工的归属感和凝聚力所能带来的激励效用不可估量。

（三）充分利用经济报酬手段

经济报酬是激励的重要手段之一，在就业过程中，获得一定的经济报酬以维持日常生活需要，是教职员工工作的主要目的，所以，提高工资待遇、提供津贴、奖金和退休金等是很多幼儿园用来激励员工的主要手段。

（四）帮助教职员工自我实现

根据马斯洛的需要层次理论，人在解决了温饱等方面的基本需求之后，没有任何一种需要能比自我实现所能带来的激励效用更强烈。所以，若要充分发挥教职员工的工作积极性，就要为他们提供一种自我实现的平台，否则，他们很容易产生职业倦怠。为了促进教职员工的自我实现，园长必须在日常管理中对教职员工做到客观全面的了解，掌握不同教职员工的优点与缺点。为优秀者提供适宜的进修培训机会，同时也要依据情况为那些经验不足或能力欠缺的员工组织必要的培训与进修。这样做，才能满足不同层次的教职员工自我实现的需要。此外，幼儿园内部人事升迁制度也是一种满足教职员工自我实现的有效方式。园长在制定人事政策时，应设立一定的职位阶梯，以满足教职员工自我实现的需要。

（五）提供参与管理的机会

相对于被动的完成任务，人们更喜欢主动地去工作。有研究表明，如果让员工参与管理，他们会对自己所要完成的工作更了解，并且会具有更高的责任感。所以，如果幼儿园要提高教职员工的工作效率，不妨让部分教职员工以轮换的方式参与管理。因为权利与责任永远是一致的，当他们拥有更多的权利时，他们就同时拥有更多的责任和义务。当教职员工意识到自己只有更好地履行这些责任才能使自己参与管理的工作出色地完成时，他们便会提高自己的工作效率与责任心。当然，让教职员工参与管理也是幼

① 秦明华，张欣主编. 幼儿园组织与管理[M]. 上海：复旦大学出版社，2008：162.

儿园向教职员工表达重视与欣赏的一种方式，是对教职员工能力的肯定与鼓励。因此，当教职员工认为自己被管理者重视时，出于自我实现的需要，也会提升自身工作效率与工作责任感。

（六）打造团队合作意识

“人”与动物最大的区别是人具有社会性，人不能离开自己所赖以生存的社会，所以，要在幼儿园工作中激发教职员工的积极性，就必须为其营造良好的社会环境。人们在相处中会形成正式群体和非正式群体，正式群体是由相关文件所规定而形成的正式组织，具有明文规定的活动准则。而非正式群体则是在人们日常生活中由于喜好厌恶、个性特点和利益等原因而自然形成的，这种群体中会形成一些默认的活动准则。不管是正式群体还是非正式群体，它们都能影响人们日常工作的方式及其效率。在幼儿园日常工作中，如果能将教职员工组建成团队，并且使团队的核心思想与幼儿园发展的最终目标相适合，那么，这种团队不仅能使教职员工从中获得归属感和安全感，而且，还能使员工之间形成以团队合作意识为核心的非正式群体，这种群体可以激发他们互相合作的热情，以更好地完成本职工作。

第五节　幼儿园人力资源考评

一、幼儿园人力资源考评概述

幼儿园人力资源考评是指对幼儿园内的所有工作人员一定时期内的工作表现进行考核和评价。

通过考评活动，不仅可以奖优罚劣，还能初步了解不同教职员工的优缺点和本园所内的人力资源结构。根据人力资源考评的结果，园长能够知道，是否有必要辞退一些人、哪些人应当得到奖励与晋升、哪些人应当受到批评或鼓励。不仅如此，通过人力资源考评，还可以帮助发现幼儿园是否存在人力资源短缺或者冗余的问题。基于此，人力资源考评在幼儿园的人力资源管理中有着重要意义。可以说，人力资源考评是幼儿园进行不同阶段人力资源安排的参考标准，能够为接下来的人力资源管理指引方向。

幼儿园人力资源考评的对象主要是园长和教职员工。园长的考评主要由举办者、董事会、上级主管部门等主体执行，而教职员工的考评则主要由园长负责。人力资源考评并不只是为了得到一个考评结果，而是为了促进幼儿园内部人力资源结构的日益完善。

二、幼儿园人力资源考评方式

对幼儿园人力资源进行考评，应注意使用如下方式：

（一）自始至终的观察记录

幼儿园人力资源考评活动应自学期初教职员工工作开始时就展开，主要是观察记录，以便在学期末考评时作为重要依据。并且，过程大于结果，而结果是由过程决定的，所以，做好平时的观察记录，能够帮助解释为什么会有这样的考评结果。而这些观察记录就是我们对幼儿园教职员工进行定性评价的依据。在考评过程中不只要使用定量的方式，还要重视定性评价的价值。

（二）注重关键绩效指标考核

在幼儿园人力资源考评活动中使用企业中经常使用的关键绩效考核的方式有重要意义。这种考核方法与幼儿园发展战略相结合，归纳出关键性的绩效指标，以此对全体教职员工进行具有意义的考核。这种考核有利于幼儿园发展战略的执行和实现。

（三）自评与他评相结合

在幼儿园人力资源考评过程中，采取自评与他评相结合的方式，不仅能够帮助教职员工不断地进行自我认识和改进，而且，所获得的评价信息也更加全面、可靠。与此同时，这种评价方式尊重了教职员工，能够减轻他们对考评活动的抵触情绪。自评与他评相结合的方式有利于教职员工对自己的能力和不足进行客观的认识，能使他们清楚地意识到应当从哪里来改正和提高自己。

（四）以形成性评价为主

幼儿园人力资源考评以形成性评价为主是指，不管考评结果如何，管理者都要以促进教职员工的进一步发展为目的，而不是仅仅根据考评结果进行奖惩而已。对教职员工进行适时适当的奖惩是必要的，它能够起到激励与强化的作用，但是，奖惩只是手段，而非目的，人力资源考评的真正目的是，为了促使幼儿园内的所有工作人员不断提升自我，更加努力地工作。因此，管理者要善用人力资源考评结果来促进幼儿园人力资源的发展，调整幼儿园内部的人力资源结构，并且在必要的时候进行人力资源的增减。

总之，在幼儿园人力资源考评过程中，我们应该注重自始至终的观察记录，应当坚持定性与定量相结合、他评与自评相结合、以形成性评价为主的原则，并且合理使用关键绩效指标考核的方法。

相关链接

关键绩效指标体系①

一、关键绩效指标体系的概念

关键绩效指标（KPI，Key Performance Indicators）是指企业宏观战略目标决策经过层层分解产生的可操作性的战术目标，是宏观战略决策执行效果的监测指针。通常情况下，KPI 是用来反映策略执行效果的。

KPI 是衡量企业战略实施效果的关键指标。其目的是建立一种机制，将企业战略转化为内部过程和活动，以不断增强企业的核心竞争力和持续地取得高效益，使得绩效管理体系不仅成为激励、约束手段，更成为战略实施工具。KPI 不但是对组织和个人进行绩效目标设计的工具、绩效监控的对象、绩效评价的依据，更重要的是，KPI 的设置代表了企业运行管理的价值导向和战略方向。

战略导向的 KPI 指标体系与一般绩效考核体系之间的区别

	战略导向的 KPI 指标体系	一般绩效考核体系
假设前提	假定人们会采取一切必要的行动努力达到事先确定的目标。	假定人们不会主动采取行动以实现目标； 假定人们不清楚应采取什么行动以实现目标； 假定制定与实施战略与一般员工无关。
考核的目的	以战略为中心，指标体系的设计与运用都是为战略服务的。	以控制为中心，指标体系的设计与运用来源于控制的意图，也是为更有效地控制个人的行为服务。
指标的产生	在组织内部自上而下对战略目标进行层层分解产生。	通常是自下而上根据个人以往的绩效与目标产生的。
指标的来源	来源于组织的战略目标与竞争的需要。	来源于特定的程序，即对过去行为与绩效的修正。
指标的构成及作用	通过财务与非财务指标相结合，体现关注短期效益，兼顾长期发展的原则；指标本身不仅传达了结果，也传递了产生结果的过程。	以财务指标为主，非财务指标为辅，注重对过去绩效的评价（“what”），且指导绩效改进的出发点是过去绩效存在的问题，绩效改进行动与战略需要脱钩。
收入分配体系与战略的关系	与 KPI 指标的值、权重相搭配，有助于推进组织战略的实施。	与组织战略的相关程度不高，但与个人绩效的好坏密切相关。

二、建立战略导向的企业 KPI 指标体系的意义

1. 使 KPI 指标体系不仅成为企业员工行为的约束机制，同时发挥战略导向的牵引作用。

2. 通过员工的个人行为、目标与企业的战略相契合，使 KPI 指标体系有效地阐释与传播企业的战略，成为企业的战略实施工具。

3. 是对传统绩效考核理念（以控制为核心）的创新。战略导向的 KPI 指标体系在评价、监督员工行为的同时，强调战略在绩效考核过程中的核心作用。

---

① 资源来源：http://wenku.baidu.com.2011-7-6.

练习题

1. 幼儿园人力资源管理的流程是怎样的?
2. 幼儿园怎样从人才市场招募到合格员工?
3. 怎样对幼儿园人才进行培养?
4. 幼儿园人才激励的途径有哪些?
5. A 幼教集团人力资源管理系统由哪些模块构成?其特点是什么?

A 幼教集团的人力资源管理系统建设①

A 幼儿教育集团是一家地方知名的大型幼儿教育机构,该集团以提供中高档幼儿教育服务而为大众所熟知。A 集团缺乏现代化、系统化的人力资源管理制度,使得该集团吸纳、保留和激励员工的能力始终得不到提升。随着该集团的进一步成长,越来越需要重新构建其人力资源管理系统。于是该集团聘请了国内著名咨询公司为其进行战略、组织和人力资源系统的改造,形成了人力资源管理的三大机制和六大系统,并将其写入了集团的纲领性文件。其具体内容如下:

一、人力资源管理的三大机制

竞争淘汰机制:破除身份所有制,实行零成本身份转换,通过竞争淘汰优化组织生态,逐步实现从官本位向人才价值本位的过渡。

激励机制:尊重员工合理的利益追求,倡导为强者喝彩,建立以业绩、能力为主导,以物质激励为主、精神激励为辅的多元价值分配体系,打破高水平的"大锅饭"制度,让真正为集团作出贡献的人过上幸福生活。在价值分配中始终坚持:看过程更看结果,看表现更看业绩,看个体更看团队。

评价约束机制:建立以目标责任为核心的评价约束机制。通过目标分解,传递市场压力;通过目标监控,确保生产运行;将任务指标的完成情况与奖惩机制挂钩,激发员工动力,促进目标完成。

二、人力资源管理的六大系统

基于战略的人力资源规划系统:根据集团发展战略确定主业人才队伍和其他相关专业人才的培养、储备和开发,合理规划内部人才培养与外部人才引进,奠定坚实的人才基础。

基于素质模型的潜能评价系统:从组织战略、客户需要和竞争要求出发,总结各类高绩效员工的素质模型,使人才招聘和选拔建立在素质模型基础上,将合适的人放到合适的岗位。

基于任职资格的职业化行为评价系统:通过任职资格标准的建立及资格认证,牵引员工不断进步,为员工晋升与薪酬调整提供依据。

基于 KPI 指标的考核系统:建立分层分类的关键绩效评价体系,对中高层领导的考核强调结果指标,对中基层管理者的考核强调行为过程。

基于业绩与能力的薪酬分配系统:员工的收入直接取决于员工对集团的贡献,付出的价值越大,回报就越高。

基于职业生涯的培训开发系统:开放多条职业通道,并针对员工的职业生涯制定多样化的职业培训课程,帮助员工提高终身就业能力。

---

① 资源来源:http://wenku.baidu.com. 2011.7.6.

第十章　幼儿园信息化管理

学习目标：

1. 理解什么是幼儿园信息化管理；
2. 了解幼儿园信息主管的素养体系；
3. 掌握幼儿园信息化建设的具体流程；
4. 了解幼儿园信息化技术的应用情况。

第一节　幼儿园信息化及其管理内涵

一、幼儿园信息化

随着信息技术的迅猛发展，各项信息技术普遍运用到了社会的各个领域。特别是互联网技术的使用，使得信息的流通得到了前所未有的发展，为各行各业的发展带来了翻天覆地的变化。21 世纪以来，我国加快了教育信息化建设的步伐。在这样的背景下，幼儿园信息化整体上却起步较晚、发展滞后。近年来，随着人们越来越多地意识到学前教育的重要性，学前教育作为整个教育体系中最为基础的部分，也越来越受到教育行政部门的重视，幼儿园教育信息化在整个教育信息化建设进程中也备受重视。随着社会信息化水平的提高、国民经济水准的提升、社会人口结构的变化，要求幼儿园的教育教学、各项管理都必须顺应社会信息化发展的大潮，运用高效的信息化手段，为家长和社会提供高品质的幼儿教育服务。园长作为幼儿园全面工作的最高行政主管，面对快速变化的外部环境，势必要对幼儿园信息化发展过程进行管理，使得幼儿园信息化进程有条不紊地推进，从而满足社会需求。

二、幼儿园信息化管理内涵

所谓教育信息化，指的是在教育系统内由于信息技术的广泛使用而引起的信息文化衍生、发展，并培育信息文明的过程。所以，教育信息化发展存在着三个阶段：首先是信息技术在教育系统的使用，其次是信息文化的衍生与发展，最后是培育出高度的信息文明，实现人类福祉。

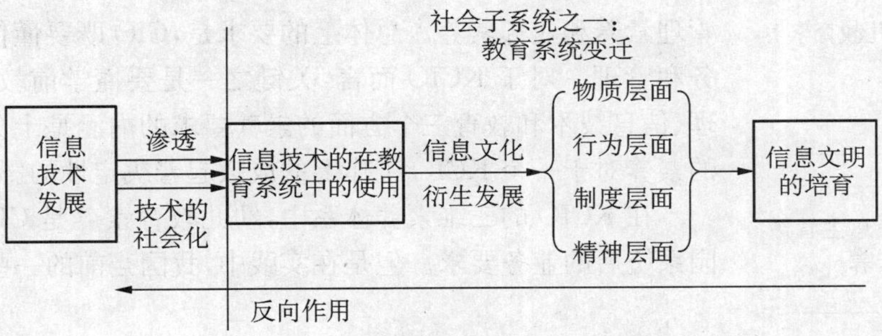

图 10－1　教育信息化的社会学发生图

幼儿园信息化属于教育信息化的一个子系统。所谓幼儿园信息化管理，就是对幼儿园信息化这一过程进行的计划、组织、协调和控制等活动。幼儿园信息化的过程包括信息技术在幼儿园系统的应用、幼儿园系统内信息文化的衍生和发展，以及幼儿园信息文明的提升三个阶段。幼儿园信息化管理的管理对象是“幼儿园信息化”这一复杂过程。

第二节　幼儿园信息主管

一、幼儿园信息主管的概念

在教育领域，学校信息主管是一个舶来品，它来源于企业领域的 CIO。CIO 是英文 Chief Informaion Officer 的简称，可以译为信息主管，或者最高信息官。美国权威的 *CIO* 杂志对 CIO 有详细的界定，即 CIO 是负责一个企业信息技术和系统的所有领域的高级官员。他们通过指导信息技术的利用来支持企业的目标。他们具备技术与业务过程等方面的知识，是将组织的技术调配战略与业务战略紧密结合在一起的最佳人选。① 据此可以认为，CIO 是企业主管信息化建设的最高专门负责人，他高度涉入企业的业务与发展战略。这一行政职位与传统的信息技术主管存在差异，其差异集中地体现在 CIO 与企业的业务和发展战略紧密地联系在一起，而传统的信息技术主管只管信息技术建设。这一点正是 CIO 概念质的规定性。

对一所中小型幼儿园而言，幼儿园最高行政主管即园长，需要对幼儿园信息化进行全面高效的管理，这些中小型幼儿园的园长就是其最高信息主管(CIO)。而对大型幼儿园来说，则需要设立专门的信息主管职位，招聘专门的具有管理幼儿园信息化进程素养的人才。

基于以上，幼儿园信息主管(KCIO)就是幼儿园信息化建设的最高主管。KCIO 与幼儿园教育实践，以及幼儿园发展战略紧密地联系在一起，属于幼儿园核心决策者之一。在企业界，从 20 世纪 80 年代开始，正是因为 CIO 理念在西方发达国家的兴起，而且形成了整套的管理理论与方法，才使信息技术管理“从单纯的技术性管理提高到决策层管理”。② 在幼儿园领域，也正是 KCIO 理念与体制，使教育技术管理从幼儿园管理的边缘走向中心，因为幼儿园信息主管不再只像传统的“教育技术中心主任”一样不关心幼儿园教育，也无权关心幼儿园发展战略。所以，KCIO 必须进入幼儿园管理的核心决策层。此是其一。其二，KCIO 必须与幼儿园核心业务——幼儿教育事业高度相关，必须是涉入教育实践的。这也与传统的“教育技术中心主任”的身份不一致。传统的“教育技术中心主任”只要负责把幼儿园网络建好并维持其正常运转，保障幼儿园多媒体教室正常使用，做好类似的技术活就够了，而 KCIO 要关注信息技术的课程整合，即考虑怎样的技术设计才能使教师更好地把信息技术整合进课堂教学实践中去，还要关注整个园内信息文明的提升，如信息伦理与法律方面的教育等问题。第三，KCIO 是幼儿园信息化发展的最高专门主管，KCIO 主管的是整个幼儿园的教育信息化发展。

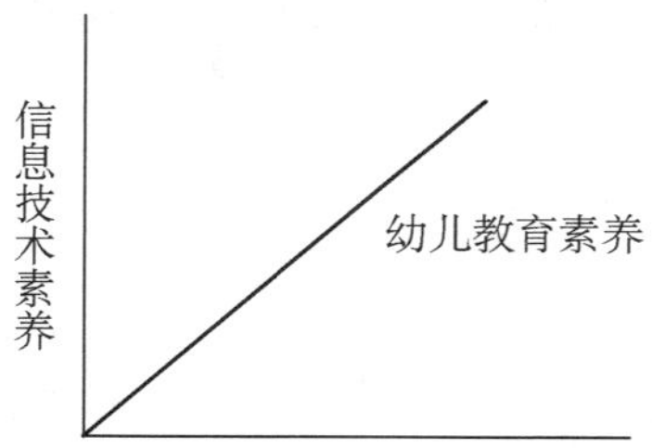

图 10-2　幼儿园信息主管的三维素养

二、幼儿园信息主管的素养

一般地，对企业 CIO 的素养要求主要是三个方面，即信息技术素养、管理素养和业务素养。总体上的要求是，CIO 既要懂信息技术，又要懂业务和管理。对于 KCIO 而言，关键之一是要懂学前教育。对 KCIO 在管理、信息技术和教育三个方面的素养要求的内涵是十分丰富的，这些细分的素养对于一个 KCIO 工作上的成败起着决定性的影响。

在 KCIO 的三维素养体系中，幼儿教育素养是 CIO 体制应用到幼儿园系统后的业务要求。但是在实践中，我国当前的一些 KCIO 或准 KCIO

① 霍国庆编著. 企业战略信息管理[M]. 北京：科学出版社，2001：389.

② 陆德著. 新经济与信息主管(CIO)和信息管理战略[M]. 北京：中国水利水电出版社，2002：48.

所具有的素养与理想的标准有差距。许多幼儿园的(准)KCIO出身于信息技术行业，这是因为许多幼儿园园长对教育信息化有一种单一的技术化理解，因此直接任命信息技术中心负责人为幼儿园的KCIO。这种教育背景的KCIO，如果不加强培训与学习，往往在管理素养和教育素养上有所欠缺。而事实上，我国当前在推行KCIO体制中遇到的一个主要问题就在这方面。对教育素养和管理素养的缺乏最为直接的后果是，一方面，这些KCIO不能从战略层次来考虑幼儿园的信息化发展问题，而信息技术的发展则是一日千里的，没有正确的教育信息化发展战略，往往会造成幼儿园信息化发展的方向失误和有限资源的巨大浪费。另一方面，由于缺乏教育素养，幼儿园的信息化发展往往与学校的主营业务——教育教学不能整合在一起。

相关链接

CIO的素质要求(节选)①

CIO在企业管理中的地位和职能决定了他应该具备比信息经理要高得多的素质要求。一个合格的CIO必须是管理与技术两方面的全能型人物。而且总的来说，CIO的组织管理水平比他的信息技术才能更重要。这似乎有悖于传统信息管理人员的素质要求。究其原因，主要在于二者职责的不同。传统信息管理人员的工作重点是对信息进行采集、加工和传播，信息经理的主要任务则是控制企业内部的信息流动，与之相应的是要求他们具备相当扎实的信息技术知识和信息系统开发能力。而CIO的工作重点在于通过充分开发和有效利用企业内外的信息资源来强化企业的竞争优势，改进高层管理的战略决策活动，因此，经营管理与决策能力对于CIO来说显得更为重要一些。综上所述，CIO应具备的基本素质要求是：

1. 管理经验。作为一个高层管理者，CIO必须对本行业的发展背景有全面的了解，对企业管理的目标有明确的认识，对经营决策和竞争环境的基本情况有充分的掌握，并且有丰富的管理实践经验。实践证明，一个成功的CIO，至少需要5至8年的管理经验积累。

2. 技术才能。通晓信息技术是CIO安身立命的根本。CIO应具备为企业经营管理与竞争战略发展的需要推荐与开发新技术的能力，对信息技术的发展动向及其对企业的影响有敏锐的洞察力，富有远见和技术创新精神。

3. 经营头脑。CIO的工作必须以提高企业的效益和竞争力为目标，因此，CIO要有精明的商业经营头脑，应了解信息技术何时何地何种情况下在哪些方面能为达成这一目标起到关键作用，能够把信息技术投资及时转变成对企业的回报，方可为自己在企业中树立起公认的有重大贡献的角色形象。

4. 领导能力。CIO要有领导威信和支配企业信息资源的权力，能建立一个有效的信息资源管理班子。要能指挥信息部门的工作，也能对企业的信息政策和策略起领导作用。

第三节 幼儿园信息化建设的流程

幼儿园实现信息化不是一蹴而就的事情，它是一个系统工程，需要一系列项目的支持，需要结合幼儿园内外环境的特点作全面细致的分析，制定详细的信息化项目计划，做好充分的人力、物力和财力准备。这些项目包括幼儿园信息化的基础性技术项目，还包括提升幼儿园信息文明的项目，如信息素养培养等。本节主要探讨的是技术性的信息化项目。

幼儿园要明确每一信息技术项目的目标，并研究实现这些目标的可行性；要有足够的人力、物力和财力预算，保证每一技术项目都能够在理想的环境中运行。另外，还要预期项目实施中可能会遇到的风险和阻力，做好应对意外事件的准备。在技术项目运行过程中，还要对项目进行有效的监督与调控，及时纠正运行过程中的错误。经过一段时间的运行，还要适时评估项目运行的效果，对其质量与效果进行评估，推陈出新，使幼儿园信息化技术系统不断得到完善。

---

① 资料来源：http://zhidao.baidu.com/question/8407909.html. 2012-3-29.

对幼儿园信息化基础性技术项目的建设，一般要遵循如下步骤：

一、信息化需求分析

对幼儿园信息化项目作需求分析就是要明确幼儿园信息化系统构建需要实施哪些技术项目。在实施幼儿园信息化建设的前期准备阶段，需要对项目作出客观且符合幼儿园自身发展需求的技术需求分析。要明确幼儿园需要哪些技术、怎样获得这些技术项目的支持。比如，一般情况下，幼儿园会从办公管理、辅助教育教学，以及对内对外沟通三个方面寻求信息化技术支持。为了更好地对外沟通宣传，幼儿园可以构建自己的网站，可以使用家校通等技术；为使教育教学信息化，可以建构内部网络，使课件资源共享，或通过与外网的联通获得更丰富的教育资源；为实现校园安全管理，可使用监控技术与设备。有些技术项目可以外包给专业的技术项目承接机构，将幼儿园对技术要实现的功能需求编制成功能需求书，提供给这些专业机构，从这些机构购得符合自己功能需求的办公管理系统软件、教育教学管理软件等。通常这些从外部购得的技术支持，因为外部机构技术比较成熟，因此既省时省力，又能保证使用过程中的安全便捷。当然有些简单的信息化技术也可以由自己来进行开发实现。总之，不管怎样，必须明确需要哪些技术，是通过购买，还是自己开发这些技术，这样才能开展下一步工作。

二、信息化项目预算

有效的项目预算对幼儿园信息化发展十分必要。充分的人力、物力和财力预算能够保障技术项目的顺利进行，能够避免项目运行中途因人力、物力和财力欠缺而造成拖延或中断。具体来说，应对技术项目涉及的人、物、资金进行预算，保障人力、物力和资金的来源充裕。

从人力方面来看，要确保有一支具备足够信息素养的队伍，确保大家会使用这些信息技术手段进行办公、教育教学等工作，保证技术能够充分被使用。如果花费了资金，构建了信息化工程，结果没人会使用和维护，就会造成很大的浪费。因此，在使用技术之前，进行相关的人员培训是必须的。培训内容必须包括技术使用方法及其后期维护。培训课程可以由技术项目承接单位负责，也可由幼儿园自己组织。另外，还要营造一个乐于使用信息化方式进行教育教学活动的良好氛围，使信息化方式深入人心，使幼儿园教职员工都有使用信息化技术的热情。只有这样，信息化技术、设备才能物尽其用，才能充分发挥其独特功效。

在物力和资金方面的预算也必不可少。实施和运行信息化项目，需要有大量的硬件和技术支持，这些硬件与技术的获得需要有充足的资金。另外，对这些硬件和技术进行后期更新、维护等也需要大量资金。幼儿园必须对这些资金的需求做出预算，根据自己的需要和财力选购合适的硬件和技术，既确保硬件技术够用，不浪费资源，也不出现硬件和技术资源匮乏，以致使用时捉襟见肘。

三、信息化项目实施

幼儿园信息化基础技术项目明确了需要哪些技术，决定了技术的实现方式，做好了充分的人力、财力和物力预算，接下来的工作就是将这些技术或设备各就各位，进行运行调试，这一过程至关重要，在技术和设备投入使用阶段，必须对其进行观测，检查设备运行的安全性和稳定性，对照幼儿园的功能需求，判断其是否符合原始需求，及时发现运行过程中存在的问题，以便及时整改，使其达到理想效果。

下面从安全监控、办公系统、教学信息化设备和幼儿园网站等几个维度，简要说明信息化技术项目在检测验收时需要注意的问题。

在对幼儿园安全监控系统运行的调控与检测中，要求管理者使用计算机监控器，对重点区域进行全方位监控，如通道、儿童活动区域，以及一些安全死角区域。要确保这些区域装有监控设备。运行调试设备时要检查这些重点监控区域是否都有安全监控系统的覆盖，发现问题要及时调整，为幼儿园安全管理工作做好有力的技术保障。

对办公系统，也要检测系统功能是否满足了功能需求，不符合功能需求的要与供应商协商解决，或通过其他途径自己解决。对于其他附带的、不在自己计划范围内的功能，要清楚其功能与相关使用方法，最好是从供应商处获得功能和使用的说明书。

对于幼儿园教学中的多媒体设备的使用，必须由专业人员进行调试和操作演示，确保设备能正常使用。最好让专业人员讲解使用过程中常出现的问题，演示如何解决这些问题，以避免在日后教学过程中出现问题时因没法解决而造成课堂尴尬。

在对幼儿园对外沟通和宣传的门户网站技术项目进行调试验收时，要检查网站的功能是否符合幼儿园需求，对其安全性问题、内容更新问题也不容忽视，这需要网站建设人员对幼儿园相关技术负责人进行专业指导。

四、设备的维护更新

经过一段时间的运行，这些信息技术系统和设备的使用基本正常运转，但这并不意味着幼儿园信息化系统的构建是一劳永逸的，它必须随着时代的需求而更新。新时期需要新的技术和功能来适应内外部环境的需求变化。比如，在通信工具没有得到普遍应用的时候，幼儿园与家长的沟通主要通过偶尔的面对面沟通，家长与教师的沟通机会很少，沟通也不彻底，可能导致教师对幼儿的情况了解得不全面，不利于教师教育教学工作的开展。当通信技术日趋完善、通信设备得到普遍应用时，这些问题便迎刃而解。家长可以通过电话经常与教师保持沟通，及时反映幼儿情况，教师掌握了幼儿的大量信息后，可有针对性地进行因材施教，保证幼儿的个性得到发展。随着时代的变迁，简单的电话等语音通信工具的使用已经不能满足人们的需要，网络技术的成熟带来了人们沟通方式的剧变。网络视频工具的出现，给人们的生活增添了生机。将其运用到幼儿园信息化中去，将使幼儿园的管理工作大大受益。家长不仅可以通过语言描述儿童的情况，还可以将儿童的实时情况传给教师，以便更好、更直接地解决问题。以上信息技术不断更新的事例说明，幼儿园的信息化手段不能墨守成规，必须随着技术的更新而不断地更新，要跟上时代的步伐。

所以，在实行幼儿园信息化管理的过程中，要特别关注技术与设备的维护和更新。可以通过与同行其他单位进行对比，也可以通过家长对幼儿园工作的意见来评判幼儿园信息化的成效，及时地从同行中或家长处获取更新的信息，对幼儿园信息化进行整改和完善，提高幼儿园的办学水平，从而增强自身的竞争力。

第四节　幼儿园信息技术的应用

一、信息技术在教学中的应用

信息技术的使用在幼儿园的教育教学中的主要表现形式以多媒体教学为主，多媒体技术的使用丰富了传统教学的内容，改善了传统教学中存在的不足。

在传统教学中，如教幼儿认识动物园里的动物，我们往往只是通过静态的图片或图画配合语言讲解的方法，给幼儿讲解大熊猫、狮子等动物。这种方法比较直观，但它不能很好地刺激幼儿的感官，不利于幼儿对动物的记忆，更不能扩展幼儿对这些动物的更深入的了解。通过这种教学，幼儿对这些动物只有一个空泛的具体形象和名称概念，这些动物的其他一些特征、生活习性等不能被幼儿深入地了解。

在多媒体教学中，通过视频、动画片的形式，将这些动物呈现给幼儿，无疑能激发幼儿的兴趣。将动物的叫声等生活习性，以形象生动的音频和视频展示给幼儿，会大大刺激幼儿进一步深入学习的欲望，让幼儿感受到学习也是一种乐趣，在一种快乐的情境中轻松地学习知识。

从上述对两种教学方法的对比中可以看出，在传统的教学中，不管是教学方法，还是教学内容，都有其自身难以克服的弱点。例如，教学内容不够丰富生动，不能很好地激发幼儿的学习兴趣；教学方法单一落后，无法适应幼儿身心发展需要；教师重复劳动，带来资源和人力的浪费等。而这些问题通过多媒体教学手段均可以加以解决。多媒体教学可以通过网络获取丰富而生动的资源，以动态多样的形式为幼儿呈现精彩的课程，其形象、直观和生动的特点很好地激发了幼儿的学习兴趣，带给幼儿多感官的刺激，既符合幼儿身心发展特点，又带来很好的教学效果，并且其可重复使用的特点，也避免了教师个人的重复劳动和教具制作材料的损耗。多媒体的这些优势，是传统教学中所没有的，将之与传统教学方法相结合，必将带来幼儿园教育效果的提升。

在幼儿园有效开展多媒体教学需要做如下工作：

(一) 购置所需硬件设备,组建多媒体教室

要在幼儿园使用多媒体教学,首先要配有完备的多媒体硬件设备。这些硬件设备主要包括:投影设备、计算机和音频设备等。接着再通过专业人员组建多媒体教室。

(二) 获取多媒体课件资源,开展教学活动

幼儿园多媒体课件资源的获得大致有如下四种途径:

1. 自制多媒体课件

可由教师个人或团队合作制作课件。比如,使用 PPT 软件制作多媒体课件。可先从网上下载所需的图片、动画等素材,将教学的内容以文字、动画等形式集中在一起,制作出生动活泼的课件。当然,自制课件需要一定的专业技能,可通过专业人士的指导或自学来学习使用相关软件并制作课件。幼儿园管理者应致力于全体教师信息技术能力的培养,要在精神上鼓励、在经济上支持教师学习使用多媒体制作课件的技术,并将这些技术在全园推广。

2. 网络课件加工修改

网络上能够通过多种方式获取幼儿园课件资源,但是许多课件资源对幼儿教师的课堂教学并不一定完全适合,这就需要对其进行一定程度上的修改加工。教师从网络上下载原始的课件资源,然后根据自己对幼儿教育的理解,以及幼儿园本土情况,进行加工和修改,是准备多媒体课件的第二种途径。

3. 资源共享获取课件

幼儿园和教师个人应该有资源共享的意识,将自己的资源与别人共享,这样每个教师拥有的资源量就会成倍增长。这种共享可以是幼儿园内部的资源共享,也可以是外部更多教师之间的共享。只有这样,我们才能人人享用丰富的课件资源。而且,每个人的精力是有限的,不可能把所有的精力都用到制作软件上,通过这种共享的方式,既减轻了工作负荷,又避免了课件资源的重复制作。

4. 网络下载课件资源

一些专业的幼儿教育网站有大量的课件资源,从这些网站也可以直接下载到符合幼儿园教学需求的课件资源,这种方式也是不错的选择。这些网站的幼儿园课件资源整体质量不差,有许多是挑选出来的优质课件,有些是专业人士做的。当然,也不可避免地有一些质量较差的课件,在选择课件资源时要根据自己的需求谨慎选择。网络下载课件资源有的是免费的,有的要付费。当然还要考虑到知识产权问题,避免侵权。

在运用多媒体教学方法时,不能忽视其不足之处。比如,过分依赖多媒体技术容易造成师幼之间情感交流的缺乏,对幼儿的身心健康成长不利。所以在使用多媒体教学时,要注意保证师幼之间的有效交流。此外,还要有足够丰富的高品质课件资源。应该明确的是,多媒体在幼儿园教学中不可能解决所有问题,无论教学媒体怎样先进,不管它的功能如何完善,都不可能完全取代传统的教学手段。多媒体教学与传统教学的关系应当是互补的。①

二、信息技术在管理中的应用

信息技术的使用不只对幼儿园教学起到较好的效果,它对幼儿园日常管理也大有裨益。充分而合理地利用信息技术,办公效率会大大提升,安全管理也更为有效。

(一) 信息技术在日常办公中的运用

办公软件的使用能够真正实现幼儿园办公的无纸化。只需要简单地安装几个办公软件,便可大大减轻办公负担。大量的文字工作、表格与图像处理工作可以通过软件来处理完成。可先收集所需资料,再在相关的处理软件中进行整理,然后存储在计算机中,随时备用,重复使用,这样大大提高了办公效率,节约了资源和空间。

常用的办公软件主要有:

1. 文字处理软件

在 Word 和 WPS 等办公软件中输入文本、图像等素材,能够对这些素材进行剪切、复制等。这些办公软件能够使办公变得容易、轻松,节约了大量的人力。

---

① 资料来源:http://www.docin.com/p-115148181.html.2012-3-18.

2. 表格处理软件

Excel 等软件能够帮助用户自动绘制表格，支持表格内数据的自动运算。在幼儿园日常办公管理中，表格经常用到。比如，幼儿个人基本信息表可以通过电子表格软件来做。制作幼儿的电子档案，这种档案不仅可以长期保存，信息不丢失，还可以根据需要随意增加或减少条目。与手工绘制表格相比，真是有着天壤之别。使用这些软件，表格处理工作就变得轻而易举。

3. 图像处理软件

Photoshop 等软件用来处理一些图片类的资料，比如在给幼儿做电子档案时，可以用来处理儿童的电子照片，使其大小、像素和色彩等方面的规格更符合要求，以便存放到幼儿电子档案中。再如，幼儿园做展板宣传用的照片，也可以通过该工具进行美化处理，使其达到更好的宣传效果。

（二）信息技术在后勤管理中的运用

后勤管理是幼儿园管理中的重要组成部分，科学而高效的后勤管理是提高幼儿园整体管理水平的有力保障。后勤管理信息化会给幼儿园后勤管理带来前所未有的高效体验。信息化的后勤管理可以通过基于网络平台的管理系统软件平台来实现。该软件可以从专业软件开发商处购买获得。幼儿园可以根据自己的需要，规划好管理软件需要哪些模板功能，将自己的功能需要书交给技术开发商，让其量身打造合适的管理软件。①

一般地，幼儿园后勤管理工作涉及物资管理、安全管理和营养卫生保健管理等方面，以上几个方面的管理内容可分化为几个相应的模块，构成整个后勤管理系统。

1. 安全管理模块

幼儿园安全是幼儿园工作的重中之重。幼儿园安全管理需要定期上传各类安全常识，如消防安全知识、紧急情况下的逃生、自救常识和突发事故的紧急处理等。安全知识模块在丰富教职员工安全防护知识、提高教职员工防护能力的同时，更增强了教职员工的安全防护意识，在幼儿园内营造了人人讲安全、事事安全第一的氛围。该模块还可以通过技术连接到安全监控系统，收集安全监控系统监控到的画面，通过安全监控系统实时地对整个幼儿园的安全状况进行监控。

2. 营养卫生保健模块

在幼儿成长过程中，充足合理的营养摄入犹为重要。有些幼儿偏食挑食，会造成营养不良，幼儿园要注意给幼儿提供营养、科学的食物搭配，并想方设法帮助幼儿改掉偏食挑食的习惯。在营养饮食方面，营养模块大有用武之地。这一模块通过从各种渠道收集营养食谱，帮助伙食人员参照食谱为幼儿准备饭菜。该模块中的食谱详细记录了各种饭菜所需的食料与做法，使得厨房做出的食物能真正符合幼儿的营养饮食标准。而对于偏食挑食的问题，该模块中存有各种教育幼儿不要偏食挑食的动画短片，这些动画短片往往比口头上教育幼儿不要偏食挑食更有效果。

另外，幼儿园是一个人员活动相对密集的场所，容易滋生细菌类的传染病，所以幼儿园保健工作也相当重要，该模块收集到一些安全保健知识和短片，可以很好地教会幼儿如何做好个人卫生保健工作。

3. 物资管理模块

这个模块可以细化为不同类型的功能模块，如设备报修功能模块、物品进出库功能模块等。

三、信息技术在家园沟通中的应用

在幼儿园管理中，幼儿园与家长之间的沟通是必不可少的。如何让家长及时了解幼儿在园表现，如何及时发布幼儿园的相关信息给家长，如何实现家长与幼儿园的良好沟通，让家长更信任且配合幼儿园的工作，这些通过“家校通”类网络短信发送平台便可以实现。

该类技术实用，而且使用灵便，幼儿园可以直接从运营商处购买到该业务。前期的技术、设备与软件安装，以及后期维修工作幼儿园都不用操心，商家会全部负责。软件的操作方法简单易懂，一学就会，教师只需将要发送的信息内容编辑好，用电脑上安装好的这类操作软件，以类似短信的形式发送给家长；家长只需要一部手机，就可以及时接收到信息，了解孩子在幼儿园的成长点滴，以及时配合教师的工作。这

---

① 资料来源：http://kt.wxjy.com.cn/e_showdiary.asp?diaryid=234&userid=127. 2012-3-18.

类平台既提升了家长满意度，又减轻了教师的工作压力，使教师的教育工作收到了事半功倍的效果。具体来说，可以通过“家校通”类信息技术完成以下工作：

（一）发送幼儿信息，反馈幼儿在园点滴①

每位幼儿家长都希望了解自己孩子在园的生活与学习情况。这时，“家校通”类教育网络平台义不容辞地肩负起了传递信息的任务。在空余时间，教师可以运用短信的方式和家长作个别交流，告知家长孩子在某方面取得的进步、在园表现等。此外，可在“家校通”类软件中有针对性地发布一些前沿的教育理念，家长可以通过阅读与学习来掌握科学育儿的方法。

“家校通”类软件为家园沟通建立了及时、快捷的双向互动渠道，这类软件的使用，使我们摆脱了时空等因素的障碍，能够及时发布信息、传递资源、共享资源和互动交流。它在现代幼儿园管理中有着不可替代的优势，是现代信息技术与幼儿园管理的有机结合。利用“家校通”类平台，通过教育网络互动，可促进幼儿园与家长之间的沟通，使幼儿园教育、家庭教育和幼儿自我教育三位一体，取得一致性的教育效果。通过“家校通”类网络平台，幼儿园与家庭建立了一种合作、互补的双向互动关系，在家园互动中发挥着重要的桥梁纽带作用。

（二）发送教务信息，实现家园有效沟通

使用“家校通”类软件，教师可以及时发布幼儿园、班级的各类通知到家长手机上。比如，幼儿园的上课时间安排、活动安排等，家长可以在第一时间掌握信息，做好相关准备工作。家长还可以将自己在育儿中遇到的问题反馈给教师，以便教师能够有针对性地教育孩子。这种互动短信交流方式使得双方的交流更透彻、更全面，也更有意义，并且促进了家长与教师之间的情感交流，使得双方能够齐心协力，相互配合，做好幼儿教育工作。

四、幼儿园网站建设

如何更好地宣传自己，如何获取更丰富的资源，以提升自己的管理品质，这些都是当前幼儿园需要考虑的问题。随着信息社会的到来，幼儿园网站应运而生，它的高效宣传沟通为幼儿园管理提供了强有力的支撑平台，为幼儿管理工作带来的好处是直观的：幼儿园网站可以全面展现幼儿园的特色和实力，快速提升幼儿园品牌形象；幼儿园通过合理的网络推广，能够有力地推动幼儿园招生工作；通过网站实时发布园务信息，能够使家长和教师更为便捷地了解幼儿园的相关信息；通过网站的BBS论坛，能够使幼儿园与家长、家长与家长间的沟通更为通畅；充分利用网络的便捷性和无限拓展性，可为幼儿园建立起完整而丰富的在线幼儿档案系统；利用网络应用的互动性，可将家长与幼儿园之间的纸质沟通转移到网上，使得教师和家长之间的沟通更为便捷。当然，幼儿园网站为幼儿园带来的功效远不止这些，但是，前提是幼儿园要建立有效的网站，而不能盲目地建立网站。

（一）幼儿园网站建设中的问题

通过对当前一些幼儿园网站的细致分析，可以发现，这些网站经常存在如下问题：②

1. 网站制作水平较低，存在技术问题

幼儿园网站建设主要是教育资源与网络技术的结合。幼儿园网站建设需要综合运用一系列网络技术，只有提高网站技术含量，才能使网站运行良好。然而，当前一些幼儿园网站普遍存在这样一些技术问题：

（1）图片与影音文件分辨率低

有的幼儿园网站的图片和影音资料非常模糊，大大降低了访问者的浏览兴趣。

（2）超链接发生错误

有的幼儿园网站常常会出现超链接错误的情况，访问者等了很久也看不到页面显示，往往十分失望。

（3）网页下载速度很慢

有的幼儿园网站打开首页要两三分钟，尤其在下载一些影音文件时，常常是等了很久还打不开，即使能打开，文件的连续性也很差。

---

① 陈童.以校讯通为平台，促进家园教育一体化的研究[EB/OL]. http://wenku.baidu.com/view/e5672603a6c30c2259019e7a.html.2012-3-19.

② 袁培华.关于幼儿园网站建设的问题与建议[EB/OL]. http://www.etec.edu.cn/etec/cms/article.jsp?articleId=4028e3e523c18aff0124af255d530183.2012-3-19.

2. 网页色彩等搭配不和谐，缺乏观赏性

网页的色彩、结构、背景和底纹等搭配和谐、工整美观，会增添网站的艺术气息，提升其文化品位。然而，目前大多幼儿园网站对此重视不够。比如，有的幼儿园网站首页的色彩对比过于强烈，文字和图形等过于追求动态效果；有的则为了尽可能多地提供信息，把页面塞得满满的，图片、文字和动画应有尽有，但这样的设计与布局往往会使访问者眼花缭乱，一片茫然。

3. 网站缺少访问者分析，针对性不强

幼儿园在网站建设前，应先分析网站的访问者可能是哪些人群，他们想通过网站获得什么样的信息，然后再有针对性地选择和甄别相关资料，为访问者提供必要的教育信息与指导。当前一般地，幼儿园在建设网站时，往往缺少访问者分析，提供的信息过于简单，或者理论性太强，从而导致访问者兴趣不高，网站作用难以发挥。如有些幼儿园网站，除了提供园务信息和幼儿活动图片外，别无信息；有些幼儿园网站仅限于将"文件法规"、"宏观决策"、"教育理论"和"网上图书"等有关信息简单照搬到网页上，未作进一步的解读与阐述，致使大多数访问者难以真正理解这些信息；还有些幼儿园网站内容成了幼儿园各方面工作的简单堆砌，不能满足访问者的真正需要。

（二）幼儿园网站建设的建议

一个好的幼儿园网站应该是集教育性、技术性、艺术性于一体的信息平台。教育性是指网站要提供丰富的教育信息，为访问者提供必要的教育咨询与指导；技术性是指所使用的网络技术能够支持网站良好运行，让访问者方便快捷地得到所需要的信息；艺术性是指网页的色彩、结构和背景等搭配和谐，给人以美的享受。具体而言，幼儿园网站建设应做到如下三点：

1. 综合运用技术，提供安全、开放和快捷的网络环境

首先，幼儿园网站的网页设计要尽可能简约，图片、动画等多媒体资料要尽量缩小字节，节省空间。可以使用作图软件对图形进行"瘦身"处理，可以使用媒体制作软件对影音文件进行加工，选取其中最有价值的片段推荐给访问者。

其次，幼儿园网站在发布信息前，应先通过在浏览器中的预览功能来检查或测试各个网页中的链接是否正确、是否存在死链、文件大小是否合理等，尽量清除网页中存在的问题。

最后，幼儿园网站投入使用后，要做好日常维护工作，为访问者提供安全、开放和快捷的网络环境。网站制作是一项专业性较强的工作，需由专业人士来完成。幼儿园一方面可请专业人员来制作，另一方面还可吸纳有这方面特长的家长和教师参与幼儿园网站的建设与维护工作，加强网站管理的力量。

另外，现在一些门户网站都提供构建博客的平台，因此也可以为幼儿园内各个班级建立博客。这些班级博客虽然是分散的，但是可以在幼儿园网站上集中建立链接。博客可以承担幼儿园网站的一些功能，而且不需要幼儿园自己提供空间，建立班级博客能够为幼儿园网站减轻空间负担。

2. 网页设计要色彩和谐，布局合理

一般地，良好的网页设计可以使访问者受到美的熏陶。在色彩运用上，幼儿园网站应做到网页整体色彩效果和谐，局部允许有一些对比强烈的色彩。比如，某一幼儿园网站首页整体色调为浅粉色，顶部是以浅紫色为背景的 Flash 动画，中部的各个栏目分别以橘红色、紫色和橘黄色图案为背景，以突出这些栏目的重要性。这样的色彩搭配，给人以轻松活泼、浑然一体的感觉。幼儿园网站的多数网页是由图片与文字构成的。在页面布局上，要尽量做到合理利用空间，根据需求将整个页面合理划分为几个板块，将自己需要展示的主要信息内容分门别类地放到各个板块中，做到页面空间分布有序。

3. 分析访问者，明确目标，提升教育性

幼儿园网站的访问者主要是教师与家长。教师主要是本园教师和幼教同行，家长主要是在园幼儿家长，以及部分即将入园或已经离园的幼儿家长。

对于教师来说，他们需要和感兴趣的信息主要涉及：如何组织幼儿教育活动？所以，教育活动案例及其评析，各领域教育活动的音像资料等受欢迎；如何提高科研能力和水平？所以，专家科研专题讲座的音像资料、教育科研论文等受欢迎；如何进行个别教育？所以，对好动幼儿、偏食挑食幼儿和攻击性幼儿等的教育经验等受欢迎。对于家长来说，他们需要和感兴趣的信息是：幼儿园教学内容；幼儿在园表现；幼儿园安全、伙食、卫生情况；家庭教育经验；对幼儿成长过程中存在的问题的分析与解答；幼儿园对家长所提意见的反馈等。

基于以上分析，幼儿园建设网站的目标应定位在如下两个方面：一是，为教师了解幼儿园各项工作、交流经验、专业学习搭建平台，提高教师的业务素质和教育水平，促进教师的专业发展；二是，为家长了解幼儿在园情况、获得科学育儿指导、参与幼儿园管理提供交流和沟通的平台，以实现家园密切合作，共同提高幼教质量。这样的目标定位，突出了幼儿园网站的教育性，彰显了幼儿园网站的特色。

根据建设幼儿园网站的目标，幼儿园网站要规范其功能、栏目设置和信息提供，具体要注意的事项如下：

(1) 功用职能

幼儿园网站要实现提高教师专业发展、指导家庭教育和增进家园互动等功能。充分发挥这些功能，才会使网站具有鲜明的服务特色，也才会增强网站的专业性。

(2) 栏目设置

幼儿园网站应该充分考虑教师和家长的需要，设计一些他们感兴趣的和有针对性的栏目，如教育活动展示、幼儿个案研究、幼儿成长记录、家庭教育论坛和家园直通车等。这些栏目简单明了，针对性较强，能吸引教师和家长的注意，激发他们访问网站的兴趣，彰显网站的教育功能。

(3) 信息提供

幼儿园网站应多提供访问者需要和感兴趣的教育信息，如优秀的教育案例及其评析、教师撰写的教育日志、教育活动的文献音像资料等。幼儿园要动员全园教职员工开发和利用教育信息。教育信息还应包括家长所提供的教学建议、育儿经验与典型实例等，这些信息经过整理、加工，形成具有推广价值的经验，对提高家庭教育的质量、转变家长的教育观念、促进家园密切合作具有重要作用。同时，幼儿园还可以从各种学前教育刊物、音像资料中选择最新信息，这些信息在不侵权的前提下，可以成为教师和家长共享的资源。有条件的幼儿园还可请学前教育专家长期关注网站，对网站访问者所碰到的各种问题及时予以指导。

练习题

1. 什么是幼儿园信息化管理？
2. 幼儿园信息主管需要具备什么素养？这一职位与普通的网络中心负责人有什么不同？
3. 幼儿园信息化建设的流程是怎样的？
4. 评估幼儿园网站的标准是什么？
5. 下面是某幼儿园网站的截图，请从管理和幼儿教育的角度进行评价。

幼儿园网站示例①

① 资料来源：http://www.51yey.com/vip/. 2012-5-7.

第十一章　幼儿园财务管理

学习目标：

1. 掌握幼儿园教育服务收费定价的方法；
2. 学会为幼儿园编制简单的财务报表；
3. 学会对幼儿园进行经济效益评估。

第一节　幼儿园财务管理概述

一、幼儿园财务管理的意义

财务管理是指组织处理与资金财产相关的各种计划、组织、指挥、协调、控制活动的总称。幼儿园财务管理是对幼儿园资金财产进行管理的活动，具体地说，包括幼儿园资金财产的筹集、使用和分配等，也包括幼儿园相关财务关系的处理，以及幼儿园经济效益的评估等。

在过去很长时间里，我国公立幼儿园主要依靠政府拨款来完成日常的运营，但是由于至今我国幼儿教育并没有纳入义务教育范畴，因此实际上公立幼儿园的政府财政投入十分有限。当前我国广大公立幼儿园形成了“等、靠、要”的财政依赖现象，政府财政投入难以充裕，幼儿园往往陷入基础设施老旧、物质资源匮乏、师资力量跟不上的危险境地。要避免这种状况的发生，幼儿园就要用一种积极主动的态度来对待本园的财务管理，形成自主经营、独立核算、自我约束、自我积累的新型财务管理模式。这不仅有利于提高幼儿园自身的效益，对园内幼儿的发展和整个社会的进步都有积极正面的影响。

对私立幼儿园而言，由于其自身运营自负盈亏，财务管理的重要性更为凸显。

二、幼儿园财务管理的内容

幼儿园财务管理主要包括如下几个方面的内容：

(一) 树立科学的财务管理理念

要想进行一项革新，首先必须要有革新的理念。健全财务管理理念对于我国当前很多幼儿园来说就是一项革新。要想让幼儿园管理者摒弃原本落后的管钱方法，接受新的财务管理模式，需要社会各界的共同努力。首先，教育行政机关要公布相关的文件，让幼儿园管理者以及相关人员、各级院校的相关专业学生学习先进的财务管理思想；其次，各种媒体，特别是教育类媒体，应对在财务管理方面做得好的国内外幼儿园进行宣传报道，让幼儿园经营者认识到财务管理在幼儿园的生存发展进程中所能起到的重要作用。科学的财务理念至少包括：教育是一项公益事业，幼儿教育具有重要的公益性，不能把幼儿教育作为单一的营利工具，这样必然会违背幼儿教育的宗旨，也不可能真正把幼儿教育做好；经营幼儿教育事业需要注意“节流”，对各种形式的幼儿园资源要合理、节约使用；严格的成本核算是对幼儿园运营费用进行监控的关键等。

(二) 建立完善的财务管理制度

完善的财务制度是幼儿园财务管理得以顺利进行的前提。幼儿园财务管理制度主要包括由专门人员管理财务，拟定财务计划，做好财务预算和结算，以及对现金、票据的管理等。幼儿园要设置会计、出纳岗位，定岗招人。幼儿园如果有了独立的会计和出纳人员，可以在很大程度上保障幼儿园资金使用上的合理性。如果幼儿园规模较小，也可以由园长代理出纳这一角色，但会计和出纳不能由同一个人担任。幼儿园要以确保保教质量为前提，做好财务预算。会计人员在记账、算账、报账等工作上要做到账实相符、账账相符、账表相符和表表相符。出纳人员要管理好园内的现金和票据等，做好财务档案工作，妥善保管各种财务资料，认真履行出纳人员的岗位责任。幼儿园年终要做好决算工作，编制利润报表，通过报表了解这一年来各项资金的使用情况，评估是否存在浪费或其他不合理支出，分析总结，找出规律，为下一年度的财政预算打好基础。

（三）建立健全的财产管理制度

幼儿园财产是确保园内幼儿日常活动的基础，财产管理的重要性在某种程度上来说甚至超过财务管理，所以更要有一套健全的制度来保障幼儿园财产发挥最优的功效。幼儿园财产主要包括幼儿园所有的土地、建筑物、活动场地、环境设施、交通工具；各办公室、班级内配备的各种电器、电脑、电教设施、文件柜、桌、椅、沙发等物品；各类图书、电教设备、教具等物品；音乐器材、美术器材、体育器材，以及幼儿园常规维修购置的材料、配件及其他物品等。建立健全财产管理制度，可以有效提高资源使用效率，减少浪费，以及其他无意义的损耗。为了保障财产合理运用，幼儿园要指定责任人实行财产保管责任制，责任人负责财产的日常保管以及维护工作。一般可指定某物品的使用者为责任人，以便更好地对物品进行维护，提高物品的使用寿命。如发生人为损坏物品现象，则由人为损坏者进行赔偿。还要制定定期检查制度。每一学期由园长组织，对园内的财产进行清查、修护。清查的结果要落实到责任人，并进行登记备案。从安全的角度出发，对物品进行维修，并尽量延长物品的使用寿命。幼儿园会计人员要登记好财产管理的账簿。会计人员准确记录财产状况，包括借用园内物品要进行登记，在一定期限内归还；如有损坏要负责维修或照原价赔偿；借出单价过大的物品时要经过园长签字同意，否则不予外借。

（四）确定合理的收费价格

在当前幼儿教育没有纳入义务教育范畴的情形下，幼儿园，特别是私立幼儿园的高质量运营需要向幼儿家长分摊一定的教育服务成本。那么，怎样确定幼儿园教育收费的收费价格就非常关键。要确定合理的幼儿教育服务价格，首先要核算幼儿园运营成本，还要考虑幼儿园具体的经营和竞争战略，这一点对私立幼儿园尤其重要。

（五）编制科学的财务报表

幼儿园财务管理需要编制科学而详细、准确的财务报表。财务报表中的数据能够从财务角度反映幼儿园财务运营状况，并对运营中浪费等现象进行约束。幼儿园要以财务报表为“抓手”，坚持“量入为出，精打细算”的原则，厉行节约，合理分配，提高资金的使用效率。财务人员要认真做好园内各项资金的管理工作，定期在园内合适的范围内公布财务收支报表，不做假账，不做账外账，不私设小金库。另外，编制科学的财务报表也是评估幼儿园运营经济效益的基础。

第二节　幼儿园收费定价

幼儿园向社会和家长提供的是幼儿教育服务。幼儿教育服务收费定价是影响幼儿园生存发展的重要因素之一。幼儿园的收费标准不仅直接影响着招收学生的数量以及幼儿园的合理利润，更是在与其他幼儿园进行经营竞争中超越对手的重要举措。此外，“便宜没好货，好货不便宜”的传统思想，使具体的幼儿园收费标准能够在一定程度上向社会传达其所提供的教育服务质量的高低。所以，幼儿园收费定价需要进行多方面的考量，影响重大。

下面介绍一些幼儿园收费定价的相关知识，但是在具体实践中到底怎样来确定幼儿园教育服务收费标准，还要依照实际情况来进行比较和选择。

一、影响幼儿园收费定价的因素

(一) 服务成本

成本是构成幼儿教育服务价格的主体，是幼儿园服务价格的底线。幼儿园成本是指幼儿园在运营过程中所产生的各项费用的总额。幼儿园成本主要包括人工费用、租金、水电费用、伙食费用、固定资产折旧等。特别需要强调的是，我们在计算幼儿园服务成本时，较容易把固定资产折旧忽略掉。低于幼儿教育服务成本价格来进行收费定价通常被视为亏损。当然也有例外，比如为了扩大幼儿园知名度、打开市场、赢得竞争，有时也会以低于服务成本的价格进行收费定价。但是，这种低价方法只能在短期内进行，长期的亏损必然会导致破产。

(二) 市场需求

幼教市场的需求是影响幼儿教育服务收费定价的重要因素之一。对普通商品来说，如果其他因素保持不变，消费者对某一产品需求量的变化与这一产品价格变化的方向是相反的，如果产品价格降低，则需求量增加；产品价格增加，则需求量降低。另外，需求的价格弹性反映需求量对价格的敏感程度，以需求变动的百分比与价格变动的百分比之比值来计算，亦即价格变动百分之一，就会使需求变动百分之几。缺乏弹性的商品适宜于稳定价格或适当提价；富有弹性的商品适宜以适当降价来扩大销量。以上普通商品的价格与市场需求之间的规律对幼儿教育服务收费定价来说同样有效。

(三) 市场竞争

一般来说，企业定价的自由度首先取决于市场竞争格局。竞争者的价格策略、促销手段等的变化，都会对企业的定价产生影响。企业必须采取适当的方式，了解竞争对手所提供的产品质量、价格，以及对方的实力，以便在竞争中取得胜利。一般情况下，在竞争激烈的环境中，价格普遍会偏低；在竞争者较少的情况下，价格通常会高一些。市场竞争对幼儿园教育服务的收费定价同样有较大影响。

(四) 定价目标

定价目标指通过特定水平的价格制定或调整达到幼儿园的预期目的。任何幼儿园制定服务收费价格，都要按其目标市场战略和市场定位战略的要求来进行，定价目标也必须在整体目标的指引下被确立，而不能在相互之间产生冲突。

幼儿教育服务收费的定价要考虑的因素较多，定价目标也是多种多样的。常见的定价目标主要有如下四种：

1. 以维持幼儿园生存为目标

当生存比利润更重要的时候，价格可以低于成本，以保障幼儿园的继续生存。这一情形主要是针对一些在竞争十分激烈的市场条件下的私立幼儿园而言的，当幼儿园的生存比合理营利更为重要时，可以使教育服务收费定价暂时性地低于其成本，以保障幼儿园的继续生存。

2. 以当期利润最大化为目标

利润是考量企业运营好坏的一项综合指标，是企业资金的主要来源。当期利润最大化就是以当期的总收入减去总成本的差额最大化为基点，来确定商品的价格。但是由于幼儿教育具有强烈的公益性，所以需要慎重采用以当前利润最大化为目标的服务收费定价策略。

3. 以市场占有率最大化为目标

认真研究竞争对手的营销策略，依据幼儿园自身实力进行竞争，以占领市场并保护既得市场。

4. 以产品质量最优化为目标

属于高端市场的定价目标，一切以质量为先，看轻价格的其他影响因素。这种策略在当前私立幼教市场中较多地被采用。同样地，因为幼儿教育的公益性，采用这一策略来进行幼教服务收费定价时，要注意营利的合理性。

二、幼儿园收费定价的基本方法

定价方法的选择是制定定价策略的基础，是确立最终价格的关键步骤。幼儿园教育服务价格的最终确立受到服务成本、定价目标、市场需求和市场竞争等多种因素的影响，所以在选择幼儿教育服务收费定价方法时要全面考虑以上因素的影响与制约。一般说来,幼儿园教育服务收费常用的定价方法有三种:成本导向定价法、需求导向定价法和竞争导向定价法。

(一) 成本导向定价法

成本导向定价法就是以成本价格为基础,加上预期收益,完全按照卖方的意愿来确定价格的一种定价方法。这种方法的优点是简单实用,保证不亏本,因此在实际工作中得到了比较广泛的应用。成本导向定价法有时会根据市场的需求情况,以及竞争情况作出相应的调整。具体应用到幼儿园教育服务定价上,有以下两种常用的细分方法:

1. 成本加成定价法

幼儿教育服务单价=单位教育服务生产成本×(1+成本利润率)

这种定价方法简单易学,确保了幼儿园有一定的利润获得。但是,幼儿园教育服务定价并不能总是在理想状态中进行,这种方法忽视了竞争与市场等其他因素对幼儿园的影响,所以有时会造成幼儿园招生困难。

2. 目标利润定价法

幼儿教育服务单价=总成本×(1+目标收益率)/招生人数

这种方法是根据幼儿园预期招生总量总成本来确定目标利润的定价方法。这种方法一般用于在市场上具有一定影响力的、市场占有率较高或具有垄断性质的幼儿园。目标利润定价法的缺点是只从卖方的利益出发,没有考虑竞争因素和市场需求的情况。具体地说,它只是从幼儿园利益出发,而没有考虑市场需求及其竞争性。

(二) 需求导向定价法

需求导向定价法是指在考虑市场的需求强度和消费者对产品感觉的差异的基础上进行定价决策的方法。这种定价方法不是依照成本的变化而变化的,而是依照需求和消费者对产品价值的认可程度来进行价格的调整,是一种以消费者需求为中心的新型理论模式。这种方法的优点在于,它能够更好地把握幼教市场,把握消费者心理,以消费者的认知度和需求度来确定价格,便于形成品牌效应。常用的需求导向定价法有认知定价法和逆向定价法两种,但逆向定价法主要应用于有中间商存在时的产品的定价法,在幼儿园教育服务收费定价中较少涉及。

认知定价法首先要通过调查,了解消费者即广大家长对特定的幼儿教育服务的认知价值,并以此认知价值为基础进行定价的一种方法。它的重点不在于这一幼儿教育服务究竟有多少价值,而在于消费者即广大家长认为该幼儿教育服务有多少价值,愿意花多少钱来购买。

消费者的认知价值是幼儿教育服务价格制定的最高限度,在经过幼儿园一系列有效宣传,提升消费者的心理感知价格后,消费者对产品价值的认可有时会远远超出产品的成本,这时幼儿教育服务的利润就会较大。此外,认知价值还会产生教育服务高、中、低端在消费者心里的一个分级。所以,认知价值定价法的重点在于提升消费者的心理感知价值。

(三) 竞争导向定价法

竞争导向定价法是指幼儿园在进行教育服务收费定价时,主要以竞争对手的价格为基础,结合自身的情况,选择有利于本幼儿园进行市场竞争的价格来定价的方法。这种方法并不过多地考虑成本和市场的需求,通常是为了在激烈的幼教市场竞争中取胜,而仅在一定时期内使用。常用的幼儿园教育服务收费竞争导向定价法有随行就市定价法等。随行就市定价法就是指按照当时幼教行业平均价格水平来进行定价的一种方法。这种定价方法制定出的幼儿教育服务收费价格在行业中并不一定能取得竞争优势,通常是新成立的幼儿园刚进入市场时,在没有具体的成本数据,没有明确谁是竞争对手,没有确立自己的定位和在行业中的地位的情况下,使用的一种定价方法。

第三节　幼儿园财务报表

幼儿园财务报表是指幼儿园在日常会计核算数据的基础上,按照规定的格式、内容和方法定期编制的,综合反映幼儿园某一特定时期财务状况和某一特定时期运营成果的书面文件。幼儿园财务报表可以将大量的数据转化成对决策者有用的信息，对幼儿园偿债能力、合理营利能力、运营能力作出评价，及时发现问题、解决问题，使幼儿园得以稳定地发展。

幼儿园财务报表编制的基本要求包括：报表数据真实可靠；报表各项目数据口径一致；报表内容完整反映幼儿园财务活动；报表编写及时；报表清晰明了。

一般地，企业在运行过程中编制的财务报表内容多为“四表一注”，即资产负债表、利润表、所有者权益变动表、现金流量表，以及附注，因其涉及大量的会计科目，过于繁琐，并不完全适用于幼儿园日常的财务管理，所以这里以简洁性和实用性为报表编制的基本要求，列举一下幼儿园财务管理中最常用的两种报表：预算表的编制和现金流量表的编制。

一、预算表的编制

预算，顾名思义，就是事先的预估计算。任何一所幼儿园，不论规模大小，它掌握的资源总是有限的。它的全部资源都是为了满足其提供一定量的教育服务，并达到自己的目标利润。为了以较少的资源浪费取得尽可能大的对内对外经济效益，就必须事前做好预算工作。

幼儿园的财务预算表就是把未来一定时期内的财务计划以表格的形式确定下来，并依照此表的预算方案进行财务活动的书面计划的统称。合理的预算表对幼儿园在一定时期内的整体运营具有很多益处，主要体现在：

（一）战略眼光控制全局，客观评定工作业绩

预算只有在通盘考虑全局的基础上才能制定完成，编制合理的预算表使得幼儿园经营者不得不用战略眼光通晓全局，合理协调幼儿园内部各部门、各组织之间的关系，以及幼儿园与外部竞争者和社会大众之间的关系，并将财务实践与预算进行对比，及时发现各部门及个人工作的实际情况，客观评定工作业绩。

（二）有效控制园内财务，合理使用经费

幼儿园预算制定完成，并经上级批准后就要付诸执行。在日常经济活动中，偶尔会有偏离预算或与预算脱节的时候，这就要及时地发现偏差，依照预算内容要求进行合理调控，采取适当的措施，保证科学地使用经费，厉行节约，精打细算，完成既定目标。

（三）优化幼儿园资源配置，减少浪费现象

资源是某组织或某地区内拥有的物力、财力、人力等各种要素的总称。幼儿园有四类资源是必须的：材料、设备、空间和人力。合理的财务预算可以高效地利用、组合这些资源，提高效益，减少浪费现象的发生。

一个科学合理的幼儿园预算需要编制者具有严谨的工作态度。编制幼儿园财务预算表要遵守以下原则：效益优先原则，实行总量平衡，进行全面预算管理；积极稳健原则，确保以收定支，加强财务风险控制；权责对等原则，确保切实可行，围绕经营战略实施。①

相关链接

表 11－1　幼儿园预算样表

编制单位：××幼儿园　　　　××年度　　　　单位：元

	项目	数量	年
收入	小班学杂费		
	中班学杂费		
	大班学杂费		
	学前班学杂费		
	保育费		
	保险费		
	伙食费		

① 罗绍德主编．非会计人员财务管理（第二版）[M]．北京：清华大学出版社，2009：170.

续 表

	项目　　数量　　年
总收入	
费用	主管薪金 教师薪金 其他员工薪金 福利 设备购买及维修费 保险费 食物费
总费用	
总计	

二、现金流量表的编制

现金流量表是指反映幼儿园一定时期资金流入和流出情况的会计报表。如果说预算表是一年的财务计划，那么现金流量表是追踪和分析该计划实施程度的工具。现金流量表可以直接体现出预算的执行情况，在幼儿园日常财务管理中占有十分重要的地位。

现金流量表在幼儿园的作用主要体现在：

（一）监控资金使用

幼儿园现金流量表有助于幼儿园了解资金使用情况，在一定程度上可以保障资金能够按照计划得到合理的运用。幼儿园的财务一旦出现什么状况，可以及时找到源头，并尽快对问题进行改正。

（二）预测资金走向

幼儿园现金流量表有助于预测幼儿园未来一段时期内的资金走向。评估过去是为了预见未来。通过现金流量表准确反映过去一段时间内的财务状况，可以对未来的现金流向作出一定的预测，并且帮助幼儿园管理者在管理过程中作出有利于幼儿园发展的决定。

（三）公开资金信息

幼儿园现金流量表可以进行一定程度的公开，让教职员工了解园内的资金走向，增加教职员工的主人翁意识。相比于预算表，资金流量表的公开会更安全，因为预算表的公开有时会在一定程度上被有准备的竞争对手所利用，会使幼儿园陷入被动的局面。

相关链接

表 11－2　幼儿园现金流量样表

编制单位：××幼儿园　　　　××年度　　　　单位：元

项目		本期金额	上期金额
收入	学杂费		
	保育费		
	保险费		
	伙食费		
费用	员工工资		
	福利		
	设备购买及维修费		
	保险费		
	食物费		
利润			

幼儿园财务报表的记录可以使用纸质的表格，当然目前大部分幼儿园都有条件用电脑做记录。幼儿园在用电脑编制财务报表的时候要做好保存的工作，可以通过刻录光盘等方法长久留存，防止丢失。

目前网络上有很多免费软件都可以进行财务账目的统计工作，但是为了信息的安全性，建议使用正规公司提供的财务软件。微软的 Excel 就有很好的数据统计功能，可以满足幼儿园财务处理的基本需求。

第四节　幼儿园经济效益

一、幼儿园经济效益的概念

经济效益是指组织在合理利用资源、保护环境的前提下，在从事经济活动过程中所取得的有用劳动成果和全部劳动耗费之间的比例。高的经济效益是指以尽可能少的劳动耗费取得尽可能多的劳动成果，或者是以同样的劳动耗费取得更多的劳动成果。经济效益评价就是人们对于经济活动中单位资源消耗经济收益程度的评价。

一般来说，幼儿园经营主要有两种效益。一种是社会效益。幼儿园无论是公立的还是私立的，都必须把社会效益放在重要的地位，这是由幼儿教育事业的社会性和公益性决定的。另一种是经济效益。同样地，对幼儿园而言，无论是公立的还是私立的，都要考虑其运营的经济效益。公立幼儿园要节约成本，高效运营。私立幼儿园相对而言，更需要追求在教育质量保障下的高的经济效益。评价幼儿园经济效益就是从经济的角度考察其运行的投入产出比。

考察幼儿园的经济效益要从两个层面入手：第一个层面是幼儿园内部经济效益。它所涉及的是幼儿园资源利用效率的问题，通过这一层面的考察，可以使我们清楚地认识到幼儿园的人才培养数量、质量与资源消耗之间的关系；第二个层面是幼儿园外部经济效益，即社会经济效益。这一层面的考察可以使我们了解到幼儿教育最终对整个社会人才培养的贡献，甚至是对未来社会经济所可能起到的作用。

一些人认为，幼儿园的社会经济效益太微弱了，对人才的培养起不到什么大的作用，这种观点是不准确的。近年来，国内外许多研究已经证实，学前教育的投入是社会回报率最高的一种投资活动。美国著名的“成本—效率追踪研究”表明，接受 1—2 年优质学前教育的儿童与未接受学前教育的儿童相比，其学业成就高，就业率和工作经济收入也高。① 2000 年诺贝尔经济学奖获得者赫克曼教授在《促进人力资本的政策》一文中指出，在其他条件相同的情形下，幼儿园时期对一个人投资 1 美元，将比幼儿园之后投资同样的金额收益更大，所以，“将人力资本的投入直接指向幼儿是对社会公共资金更有效的利用”。1999 年，OECD 教育政策分析明确指出，“幼儿教育是向终身学习的第一笔投资，……是一项意义远大的政策援助”。该年的 OECD 幼儿教育总结报告的标题是“儿童早期教育与保育：从投资中获益最多的教育阶段”。在金融危机严重的情况下，2008 年 10 月，欧盟又决定投资 5 亿欧元帮助其成员国发展学前教育事业。②

当然，对于幼儿园的管理者来说，幼儿园内部经济效益是其更加关注的。幼儿园虽然是教育事业，带有相当的公益性，但也要高度重视运营的经济效益，重视投入产出比，重视人才数量、质量与幼儿园培养模式之间的关系。需要明确的是，把经济效益提到一定高度并不是说一定要获取多大的利润，而是要确保幼儿园能有足够的收益得以继续运行下去，或者举办者能够获得合理的回报，这对幼教事业的长远发展有利，尤其是在学前教育政府投入有限的当前。如果一所幼儿园完全没有经济效益的要求，那么它就难以长期生存下去。

---

① 中国学前教育发展战略研究课题组编. 中国学前教育发展战略研究[M]. 北京：教育科学出版社，2010：238.

② 中国学前教育发展战略研究课题组编. 中国学前教育发展战略研究[M]. 北京：教育科学出版社，2010：238.

二、幼儿园经济效益的评价

幼儿园的经济效益评价主要有如下几种形式：

（一）形成性评价

形成性评价是在幼儿园运营过程中，为使幼儿园办学水平、经济效益持续提升，不断获取反馈信息以便改进办学实践而进行的系统性评价。它是在幼儿园运营活动中进行的，目的是为了找出幼儿园实际办学中的不足，为幼儿园管理者不断改进办学实践、提高经济效益提供依据。

（二）目的性评价

从经济的角度考虑，幼儿园需要其自身具备外在经济效益，也就是幼儿教育要为社会经济的发展作出贡献。幼儿教育具有这一外在功能，关键是幼儿教育需要符合教育规律以及幼儿成长规律，科学合理地开展相关的教育活动。另一方面，幼儿园也需要具有内在的经济效益，关注投入产出比，为幼儿园更好地长期生存和发展作出贡献。对幼儿园的经济效益进行目的性评价就是从其内在经济效益和外在经济效益两个目标维度来进行的、强调目标达成率的评价。

（三）可比性评价

幼儿园办学经济效益的大小是通过经济量的比较来鉴别的。因此，必须能以数量表示，并具有可比的条件，从各方面进行对比。这种对比主要是：实际达到的幼儿园经济效益与预定的要求达到的幼儿园经济效益之间的对比；目前水平的幼儿园经济效益与历史水平的幼儿园经济效益之间的对比；本幼儿园经济效益与社会同类型幼儿园经济效益的对比。

三、提高幼儿园效益的途径

想要有效地提高幼儿园内外经济效益，需要考虑的因素很多。每家幼儿园首先要了解自身的优势和劣势，从优势着手，依照自身特色来作具体的调整。一般地，幼儿园采取以下方法，可以在一定程度上提高自身运营的经济效益：

（一）合理采购，节俭办园

对于幼儿园来说，节俭也是一种提高经济效益的有效手段。幼儿园的部分文具、玩具，以及食物都属于消耗品，长期来看，消耗品的费用十分庞大。货比三家或大量购买可以取得一个较合理的折扣。另外，需要时常盘点幼儿园物资，若发现有过剩物品就应暂停该物品的购买，避免浪费现象的发生。

（二）适当改变经营规模

“向规模要效益”一直以来都是很多企业的口号，但对于幼儿园来说，却稍有不同。幼儿园不能单一地靠扩大规模来取得经济效益，有时也需要减小规模。比如，某幼儿园管理者已经预见了该地区未来五年内幼儿的数量是一个很明显的下降趋势，那么就不应该因为眼前学生数量较多而大量地聘用教师，建设新校舍。在特定时期，适当地缩小幼儿园规模、为长远作打算才能取得一个持续且稳定的经济效益。

（三）打造优秀文化，培养卓越员工

企业可以通过打造优秀的企业文化来提高员工的劳动积极性，建设优秀员工队伍。幼儿园也是一样。通过构建优秀的幼儿园文化，通过园内文化的传播、影响，不断提升园内教职员工的素质，进而使得他们能够从思想意识、工作水平等多方面发挥积极作用，实现内在与外在经济效益新的增长。

练习题

1. 幼儿园财务管理的内容有哪些？
2. 怎样对幼儿园教育服务收费进行定价？
3. 怎样编制幼儿园财务报表？
4. 如何评价幼儿园运营的经济效益？
5. 请仔细学习本章内容。根据已学知识并上网查找相关知识，把案例中所省略的第四、五、六、七、十一条补全。

幼儿园财务管理细则(摘编)①

第一条　园长要对本单位的财务工作全面负责。

第二条　幼儿园财务管理实行"统一领导,统一管理"的制度。幼儿园财务活动在园长的领导下,由上级财务部门统一管理。没有单独设置财务机构的幼儿园,实行"集中管理,分园核算"的制度。园内设会计、出纳各一名,记流水账,在园长的领导下,管理园内财务活动,统一向中心财务机构报账。

第三条　幼儿园财务人员应认真履行工作职责,有权要求本单位有关部门、人员严格执行国家有关财经纪律和财务会计制度,有权参与本单位经费编制计划、签订经济合同等有关财务活动,有权监督、检查本单位有关财务收支、资金使用及财产保管等情况。

第四条　预算管理(略)。

第五条　收入管理(略)。

第六条　支出管理(略)。

第七条　资产管理(略)。

第八条　代管款管理。

幼儿园的代管款包括代办费,伙食费。幼儿园应对代办费、伙食费进行独立核算。

1. 代办费　幼儿园应严格按照教育局的有关规定收取代办费,并严格控制代办费的支出项目,严禁支列无关的费用,代办费应每学期结算支出明细,向家长公布,清退余款。

2. 伙食费　幼儿园应按标准(65 元/月/生)收取幼儿伙食费。支出幼儿一餐两点、净水、餐后水果及食堂使用的水电煤费等其他成本。

应根据制定的食谱采购每日食品,严格控制采购数量。

不得在幼儿伙食费中列支无关的内容。

教师伙食应与幼儿伙食严格分开,单独建账。保证幼儿伙食专款专用,严禁挤占幼儿伙食费。

食堂应建立物品进库、出库、每日过秤记录,每月进行盘库。

幼儿园应建立公示制度。每日公布购菜明细,每月公布伙食费使用明细及库存情况,接受家长监督。

第九条　财务清算。

幼儿园发生划转、撤并或园长、主管会计离任、外调时,应进行幼儿园财务清算。在上级主管部门的监督指导下,对园内的财务、债权、债务进行全面清理,做好移交、接收的交接工作,并妥善处理各遗留问题。

第十条　财务报告

1. 各幼儿园应根据每月经费的使用情况,编制月财务报表,报送上级主管部门。对于一些财务变动情况及本期或者下期财务状况发生重大影响的事项应附说明,对于存在的问题应提出改进措施。

2. 学期末应对本学期收支情况进行财务分析,包括预算收支完成率,人员支出与公用支出及大型维修、设备支出占事业支出的比率,并与制定的预算作对应比较。

第十一条　财务监督(略)。

第十二条　本管理细则自 2012 年 1 月 1 日起试行。

---

① 资料来源:http://news. 9ask. cnhtjfhtzs2011011036007. shtml. 2012 - 3 - 5.

第十二章　幼儿教育法律法规

学习目标：

1. 了解幼儿教育法律法规的体系；
2. 了解幼儿园登记注册条件；
3. 掌握幼儿园事故责任原则；
4. 掌握幼儿园事故法律责任类型。

第一节　幼儿教育法律法规概述

一、幼儿教育法律法规的体系

幼儿教育法律法规，是指国家和政府规范幼儿园教育教学、经营管理活动的规范性文件。幼儿教育法律法规体系由如下部分组成：①

(一) 国家法律法规

主要有：《中华人民共和国宪法》、《中华人民共和国未成年人保护法》(下称《未成年人保护法》)、《中华人民共和国教育法》(下称《教育法》)、《中华人民共和国母婴保护法》、《中华人民共和国教师法》(下称《教师法》)和《中华人民共和国民办教育促进法》等。

(二) 国家部委颁布的条例、规程和纲要

这类规章较多，主要有：《托儿所、幼儿园卫生保健管理办法》、《国家中长期教育改革和发展规划纲要(2010—2020)》、《关于当前发展学前教育的若干意见》、《中小学幼儿园安全管理办法》、《学生伤害事故处理办法》、《幼儿园教育指导纲要(试行)》、《幼儿园工作规程》和《幼儿园管理条例》等。

(三) 地方政府、教育行政部门颁布的关于幼儿教育的地方性规章

地方性规章的规范范围并不是全国性的，但是对当地幼儿教育的发展有重大影响。如《吉林省幼儿园工作管理规定(试行)》、《黑龙江省保护未成年人条例》等。

相关链接

幼儿园有关的法律法规(节选)②

一、民法的有关规定

最高人民法院《关于贯彻中华人民共和国〈民法通则〉若干问题的意见(试行)》第一百六十条：在幼儿园、学校生活、学习的无民事行为能力的人或者在精神病院治疗的精神病人，受到伤害或者给他人造成损

---

① 罗长国、胡玉智主编．幼儿园管理[M]．北京：高等教育出版社，2011：150.

② 资料来源：http://wenku.baidu.com/view/2cb1bdf0f61fb7360b4c6579.html. 2012-4-10.

害，单位有过错的，可以责令这些单位适当给予赔偿。

二、《教育法》中的有关规定

《教育法》第四十四条：教育、体育、卫生行政部门和学校及其他教育机构应当完善体育、卫生保健设施，保护学生的身心健康。第七十三条：明知校舍或者教学设施有危险，而不采取措施，造成人员伤亡或者重大财产损失的，对直接负责的主管人员和其他直接责任人员，应依法追究刑事责任。

三、《未成年人保护法》中的有关规定

《未成年人保护法》第三章"学校保护"第五条：学校、幼儿园的教职员应当尊重未成年人的人格尊严，不得对未成年学生和儿童实施体罚、变相体罚或者其他侮辱人格尊严的行为。第十六条第一款：学校不得使未成年学生在危及人身安全和健康的校舍和其他教育教学设施中活动。第十七条：学校和幼儿园安排未成年学生和儿童参加集会、文化娱乐、社会实践等集体活动，应当有利于未成年人的健康成长，防止发生人身安全事故。第十九条：幼儿园应当做好保育、教育工作，促进幼儿在体质、智力、品德等方面和谐发展。第四章"社会保护"第二十六条：儿童食品、玩具、用具和游戏设施，不得有害于儿童的安全和健康。第二十七条：任何人不得在中小学、幼儿园、托儿所的教室、寝室、活动室和其他未成年人集中活动的室内吸烟。第六章"法律责任"第四十八条：学校、幼儿园、托儿所的教职员对未成年学生和儿童实施体罚或者变相体罚，情节严重的，由其所在单位或者上级机关给予行政处分。第五十二条：明知校舍有倒塌的危险而不采取措施，致使校舍倒塌，造成伤亡的，依照刑法第一百八十七条的规定追究刑事责任。

四、《幼儿园工作规程》中的有关规定

《幼儿园工作规程》中规定幼儿园的任务是：实行保育与教育相结合的原则，对幼儿实施体、智、德、美全面发展的教育，促进其身心和谐发展。第三章"幼儿园的卫生保健"第十二条：幼儿园必须切实做好幼儿生理和心理卫生保健工作。幼儿园应严格执行卫生部颁布的《托儿所、幼儿园卫生保健管理办法》以及其他有关卫生保健制度。第十三—二十条明确规定了幼儿园应当制定有关制度，对在园幼儿的衣、食、住、行全面照管及对幼儿进行安全教育。这些制度即是幼教工作者必须遵守的法规。第六章"幼儿园的工作人员"第四十一条是奖惩条款。如果教职工在安全、卫生、保健等方面出现失职，显然适用本条的罚则。第八章"幼儿园与幼儿家庭"第四十七条规定：幼儿园应主动与幼儿家庭配合，帮助家长创设良好的家庭教育环境，向家长宣传科学保育、教育幼儿的知识，共同担负教育幼儿的任务。

五、《幼儿园管理条例》中的有关规定

《幼儿园管理条例》第三条：幼儿园的保育和教育工作应当促进幼儿在体、智、德、美诸方面和谐发展。在幼儿全面发展教育中，幼儿体育始终是第一位的，而幼儿体育中首要的内容是安全、卫生、自我保护意识与能力的教育与培养。第三章"幼儿园的保育和教育工作"第十三条：幼儿园应当贯彻保育与教育相结合的原则，创设与幼儿的教育和发展相适应的和谐环境，引导幼儿个性的健康发展，幼儿园应当保障幼儿的身体健康，培养幼儿良好生活卫生习惯，促进幼儿的智力发展，培养幼儿热爱祖国的情感以及良好的品德行为。由本条可见，虽未明确规定幼儿园为幼儿的监护人，但幼儿园却承担着类似监护的职责。第十六、十七、十八、二十、二十一条都明确具体地强调了幼儿园在幼儿安全卫生方面应尽的职责。第五章，是奖罚则，幼教工作者也必须了解。

六、国家教委（部）文件中的有关规定（略）

二、幼儿教育法律法规的作用

幼儿教育法律法规是教育法的组成部分，幼儿教育法律法规的贯彻实施对于促进我国教育事业的发展，尤其是基础教育事业的发展，提高民族素质，培养建设人才，具有重要的意义。随着《幼儿园管理条例》、《幼儿园工作规程》、《幼儿园教育指导纲要（试行）》，以及其他幼儿教育法律法规的颁布实施，我国幼儿教育正在不断走上法制化、规范化的轨道。具体而言，幼儿教育法律法规的作用体现在如下四个方面：①

① 谢春姣. 浅论学前教育法律法规的作用[J]. 科教文汇，2008(6上)：150.

（一）指引作用

幼儿教育法律法规是国家以法律法规的形式向各种社会团体和个人宣布的关于幼儿教育的规定与指示。明确要求幼儿园等各有关机关、团体和个人必须执行这些条文。它明确规定哪些是赞成和鼓励的，哪些是教育行政部门规定必须做的或禁止做的。这反映了幼儿教育的价值取向和政策指引，这种指引有正向指引和负面指引。正向指引是指幼儿教育法律法规能够从正面或者积极方面，指引人们按照规定可以做的方面去做。比如，《幼儿园教育指导纲要（试行）》中指出："幼儿园应为幼儿提供健康、丰富的生活和活动环境，满足他们多方面的需要，使他们在快乐的童年生活中获得有益于身心发展的经验；幼儿园教育应尊重幼儿的人格和权利，尊重幼儿身心发展的规律和学习特点，以游戏为基本活动，保教并重，关注个别差异，促进每个幼儿富有个性的发展。"这是从正面对人们的教育行为起指引作用的。负面指引是指幼儿教育法律法规能够从消极的方面指引人们不能做和不该做什么。比如，《幼儿园管理条例》规定："具有下列情形之一的单位或者个人，由教育行政部门建议有关部门对责任人员给予行政处分：(1)体罚或变相体罚幼儿的；(2)使用有毒、有害物质制作教具、玩具的；(3)克扣、挪用幼儿园经费的……前款所列情形，情节严重，构成犯罪的，由司法机关依法追究刑事责任。"

（二）教育作用

幼儿教育法律法规的颁布实质是要教育和规范人们学习并遵守幼儿教育法律法规的规定，并运用其来保护自己的权益与儿童的权利，教育其他团体或个人对幼儿教育和幼儿的重视。幼儿教育法律法规的制定是从幼儿园教育的基本理念、基本原理和基本规律出发，具体地规定了幼儿园教育的基本内容范畴、目标以及基本的实践规范和要求、幼儿园工作人员的基本要求、幼儿园的保教工作的要求、奖励与处罚等，形成了对幼儿教育的普遍的、稳定的教育行为规范。比如，《幼儿园工作规程》明确规定，幼儿园教育工作的原则是：体、智、德、美诸方面的教育应互相渗透，有机结合。遵循幼儿身心发展的规律，符合幼儿的年龄特点，注重个体差异，因人施教，引导幼儿个性健康发展。面向全体幼儿，热爱幼儿，坚持积极鼓励、启发诱导的正面教育。合理地综合组织各方面的教育内容，并渗透于幼儿一日生活的各项活动中，充分发挥各种教育手段的交互作用。创设与教育相适应的良好环境，为幼儿提供活动和表现能力的机会与条件。以游戏为基本活动，寓教育于各项活动之中。这些行为规范要逐渐内化为从业者的思想意识，深入到每个幼儿教育工作者的心中，并转化为教育行为。这一过程就是幼儿教育法律法规的教育作用的体现。此外，幼儿教育法律法规对合法教育行为的保护与鼓励，对本人和他人有示范激励作用；对不合法行为的制裁和惩罚，对本人和他人有警告提醒作用。这两种方式都发挥了幼儿教育法律法规的教育作用。

（三）保障作用

首先，幼儿教育法律法规有利于保障和促进依法治教，提高幼儿教育工作的效率。幼儿教育法律法规对法律关系主体的法律地位、权利和义务等作了明确的规定，并对违反幼儿教育法律法规的法律责任、罚处形式作了具体规定。这些规定为依法治教提供了基本的法律依据，从而有利于保障、促进依法治教目的的实现。幼儿教育法律法规对幼儿教育的地位、基本制度、师资、教育投入与条件保障都作了明确规定，并通过自身强制作用为幼儿教育事业的发展创造了良好的外部环境，因而对幼儿教育事业的发展起着巨大的保障和促进作用。同时，幼儿教育法律法规对幼儿教育活动的组织和实施都有明确规定，幼儿园和各级行政部门按照幼儿教育法律法规进行管理，可以避免工作中的随意性和盲目性，有利于提高幼儿教育工作的效率。

其次，幼儿教育法律法规的颁布有利于保障幼儿学习的权利和被尊重的权利。比如，《幼儿园教育指导纲要（试行）》规定：幼儿园教育应尊重幼儿的人格和权利，尊重幼儿身心发展的规律、学习特点，以游戏为基本活动，保教并重，关注个别差异，保证每个幼儿能够得到富有个性的发展。

（四）评价作用

幼儿教育法律法规作为国家普遍性、强制性的教育行为标准，具有判断、衡量人们教育行为的作用。主要体现在：一是幼儿教育法律法规对办园、管理和评估等评价具有客观性，它明确规定了哪些是可以做的，哪些是不可以做的。例如，《幼儿园管理条例》是我国举办、管理和评估幼儿园的基本依据，它明确规定了幼儿园的任务、管理体制和原则，举办幼儿园的条件、保教工作的目标和原则，以及法律责任和执法、监督等，因而，它是个人和团体办园的评价标准，不会因人而异。二是对幼儿教育工作者的教育行为，以及教育质量的评价具有指导性。教师和保育工作者的教育行为要符合《幼儿园工作规程》、《幼儿园管理条例》和《幼儿园教育指导纲要(试行)》等的有关规定。

第二节　幼儿园法人地位与注册

创办幼儿园,无论是公立的,还是私立的,都必须依法登记注册。从法律角度来看,幼儿园是具有法人资格、从事幼儿教育活动、以法律形式被确定下来的,具有一定硬件、软件条件的保教机构。①

一、幼儿园的法人资格

我国《民法通则》规定:"法人是具有民事权利能力和民事行为能力,依法独立享有民事权利和承担民事义务的组织。法人的民事权利能力和民事行为能力,从法人成立时产生,到法人终止时消灭。"

依据《民法通则》规定,法人应当具备如下四个条件:依法成立(包括设立宗旨、目的符合国家和社会公共利益的要求,其组织机构、设立方式、经营范围符合国家法律与政策的要求,其成立程序符合法律法规的要求);有必要的财产或者经费(独立财产是指法人财产、经费与法人的规模相适应。特别法、单行法有规定的,依照其规定);有自己的名称、组织机构和场所;能够独立承担民事责任。

根据上述规定,"独立法人资格"的要件关键在于具备独立的民事行为能力,能够独立承担民事责任。法人是相对于民法上"自然人"的概念提出的,是法律所创设的主体。法人与自然人的区别在于,法人不具备自然人所享有的,如人格权等一系列专属于人身的权利。

《民法通则》第五十条规定:"有独立经费的机关从成立之日起,具有法人资格。具备法人条件的事业单位、社会团体,依法不需要办理法人登记的,从成立之日起,具有法人资格;依法需要办理法人登记的,经核准登记,取得法人资格。"②

对我国广大幼儿园来说,存在公立与私立两种情形。公立幼儿园在我国被纳入事业单位性质,属于事业单位法人;私立幼儿园归入"民办非企业法人"。客观地讲,由于公立与私立幼儿园的法人类型不同,两类幼儿园之间存在着不平等的现象。③

但是无论是公立还是私立幼儿园,享有独立的法人地位都必须具备法人条件,也就是以上所列的依法成立;有必要的财产或者经费;有自己的名称、组织机构和场所以及能够独立承担民事责任等四个方面。

二、幼儿园登记注册的条件

我国教育法律法规对幼儿园设置条件进行规定,较早的是1989年国务院通过的《幼儿园管理条例》,其中对举办幼儿园应具备的基本条件、审批程序等都作了详细规定。《教育法》对教育机构的设立条件也作了全面规定,涵盖了《幼儿园管理条例》规定的幼儿园设置条件。针对社会力量办学的实际情况,1997年,国务院发布了《社会力量办学条例》,对社会力量举办各类教育机构问题,按照《教育法》的规定作出了更为具体的规范。根据如上法律法规,包括一些地方性规定,一般地,在我国境内设置幼儿园必须具备以下七个实体条件:④

(一) 必须符合幼儿园建筑规范

在幼儿园建筑的规划、设计和建造过程中,应按相关机构和原国家教委《托儿所、幼儿园建筑设计规范》要求,充分考虑到幼儿园的辐射半径、接纳对象、园所规模和班级人数等有关事项,确定幼儿园选择基地的条件,以及总平面设计要求。

(二) 必须将幼儿园设置在安全区域内

由于幼儿园园所环境对幼儿的健康成长影响极大,《幼儿园管理条例》规定,"必须将幼儿园设置在安

---

① 吕英著.民办幼儿园的创办与管理[M].北京:学苑出版社,2010:7.

② 资料来源:http://baike.baidu.com/view/1255522.htm.2012-4-10.

③ 董圣足.我国学校法人类属及存在问题[EB/OL].http://wenku.baidu.com/view/d896abd5b14e852458fb5740.html.2012-4-12.

④ 吕英著.民办幼儿园的创办与管理[M].北京:学苑出版社,2010:8—10.

全区域内"，"严禁在污染区和危险区内设置幼儿园"。

（三）必须按国家标准配备教具、玩具

在设施设备方面，主要应考虑到幼儿的特点，对其生活用具、教具、玩具种类规格等相关法律法规作了具体要求。特别提出幼儿园教具、玩具应具有教育意义，并符合安全、卫生和教育的要求。

（四）必须有符合标准的场所和设施

教学场所、教育设施设备等是进行幼儿教育活动的物质条件。《教育法》明确规定，申请拟设立的幼儿教育机构，根据其准则、层次和规模的不同要求，必须具备相应的园舍、场地、教学设施、设备和图书资料等硬件。《幼儿园管理条例》规定，"举办幼儿园必须具有与保育、教育的要求相适应的园舍和设施"，"幼儿园的园舍和设施，必须符合国家的卫生标准和安全标准"。与此同时，《幼儿园工作规程》也作了更为具体的规范。

（五）必须有必备的办园资金和稳定的经济基础

必备的办园资金是幼儿园进行正常教育教学活动所必需的，也是幼儿园作为权利主体进行各种法律活动、独立享受权利和承担义务的物质保证。必备的办园资金与稳定的经济基础是指幼儿园有独立的财产，这种财产要与自身的办园性质、规模和范围相适应。申请设立幼儿园时，举办者应根据教育行政主管机构的规定，做好办园资金的筹集与管理工作，搞好资金的收支预算，并保证通过合法渠道，筹集到设立幼儿园所必需的启动资金。

（六）必须有组织机构和章程

幼儿园作为一种社会组织，必须有健全的内部管理机构和管理人员，并且要有机构章程。幼儿园的办园章程是对办园宗旨、内部管理体制，以及财务活动等重大基本问题进行全面规范的自律性文件，它是幼儿园依法自主管理的主要依据。

（七）必须有合格的保教与医务人员

教师是幼儿园组织的最主要的成员，是幼儿园实施教育活动的人力资源保障。申请设立幼儿园，必须有可靠的教职员来源。通过聘任，建立起一支数量和质量都合乎《教师法》，以及国家其他有关规定的保教队伍。其中，特别要保证承担教育教学任务的人员必须具备《教师法》规定的教师资格，取得相应的教师资格证书。另外，保教人员、医务人员的数量还应和拟设立的幼儿园规模、任务相适应。《幼儿园管理条例》中明确规定，如果上述人员不具备相应资格或是数量低于规模的要求，都不符合法律规定的幼儿园设立条件。

一般地，幼儿园的登记注册需要具备如上实体条件。在办理具体的登记注册手续时，应根据当地受理机构的要求，提交相应的材料。各地方教育行政管理部门对幼儿园的登记注册有不同的文件提交要求，但是所有的这些要求都必须以国家和地方相关法律法规为依据，而不能与之相抵触。

相关链接

某县民办幼儿园设立审批需提交的材料①

（一）筹设批复意见书（复印件）。

（二）筹设情况报告（原件），由所在乡镇（街道）政府和教育学区签署意见并盖章。

（三）符合法规的拟办幼儿园的章程。

内容应包括：幼儿园名称、地址、办园宗旨、规模、形式等；幼儿园资产的数额、来源、性质等；理事会、董事会或者其他形式决策机构的产生方法、人员构成、任期、议事规则等；幼儿园的法定代表人；出资人是否要求取得合理回报；幼儿园自行终止的事由；章程修改程序等。民办幼儿园需首届董事会全体成员签名。

（四）拟任园长或主要行政负责人、拟聘教师以及其他工作人员的身份证、学历证书、专业资格证、健康证明、工资待遇材料、聘任合同等复印件（验原件）。

① 资料来源：http://www.rajyj.com/showarticle.aspx? ID=1628. 2012-4-13.

（五）拟办幼儿园的资产及经费来源的证明材料（原件）。

（六）提供“四证”：

1. 房产证或租赁合同（验原件、交复印件）。

2. 建筑质量检测合格证（原件）。

3. 消防验收合格意见书（验原件、交复印件）。

4. 食堂卫生许可证和卫生保健合格意见（验原件、交复印件）。

（七）合作办园的需提供正式合作办学协议书（原件）。

1. 统一的办园思想、办园目标。

2. 明确各方权利和义务。

3. 合作各方签字、盖章。

（八）幼儿园设施设备清单（原件）。

（九）审批部门按法律法规要求提供的其他材料。

第三节　幼儿园事故法律责任

一、幼儿园事故责任原则

幼儿园事故发生的原因十分复杂，所以再有经验的教师都很难保证完全杜绝事故的发生，因此，对待幼儿园事故的正确态度应该是：提高安全意识，防患于未然，尽量把园内事故消灭在萌芽状态。一旦发生了园内事故，应学会运用法律手段妥善加以解决，以免影响幼儿园正常工作。

目前发生在我国各类幼儿园中的事故，可以根据以下标准来进行分类：幼儿园、教师方面有无过错？如果有，是属于什么性质的过错？幼儿园、教师方面的过错与幼儿人身伤害事故之间有无因果关系？人身伤害事故后果的严重程度怎样？

以上标准不仅是对幼儿园事故分类的依据，还是判断幼儿园在幼儿伤害事故中应否承担责任，以及承担责任的大小等问题时不应忽略的因素。我国目前对幼儿园事故中幼儿园承担法律责任的明确规定，可见于最高人民法院《关于贯彻中华人民共和国〈民法通则〉若干问题的意见（试行）》第一百六十条：“在幼儿园、学校生活、学习的无民事行为能力的人或者在精神病院治疗的精神病人，受到伤害或者给他人造成损害，单位有过错的，可以责令这些单位适当给予赔偿。”幼儿园在赔偿问题上实行的是“过错原则”，也就是，幼儿园对在园幼儿伤害承担责任与否，要看事故的发生与幼儿园管理职责的履行有无直接因果关系，要看与幼儿园教育教学活动有无联系，要看幼儿园教职员工在履行职责中有无主观故意。对于不履行职责或错误地履行职责，无论是以作为的形式，还是以不作为的形式，都应承担民事责任。如，由于幼儿园工作人员擅离职守或虐待幼儿而造成的幼儿伤害，由于活动器材的不安全而给幼儿造成的伤害等。简单地说，幼儿园法律责任承担的原则就是：如果幼儿园有过错，应适当赔偿。没有过错，则不予赔偿。如果幼儿园和教职员工都没有过错的话，则由当事人适当分担经济损失。如果是幼儿的过错致他人损害，则由其父母或其他监护人承担赔偿责任。

二、幼儿园事故法律责任类型

可以把纷繁复杂的幼儿园事故分为以下七种情形：①

（一）情形一

幼儿园、教师无任何过错，对所发生的幼儿人身伤害事故不用负法律责任。

（二）情形二

在幼儿人身事故中应负法律责任的幼儿园，如果不具备法人资格，则其隶属的上级主管部门应该负

① 资料来源：http://www.jswl.cn/course/jyzcfg/09/09022.htm. 2012－4－13.

连带赔偿责任。

相关链接

《中国青年报》1999 年 10 月 7 日报道：1994 年 8 月 5 日中午，6 岁的小宁宁在江苏盐城汽车运输总公司幼儿园里吃完饭后，就到自己座位上玩积木。这时，另一个小朋友嚷着也要玩，小宁宁拔腿就跑，碰倒了放在桌腿旁的一瓶珍丰牌啤酒，酒瓶爆裂，小宁宁倒在地上，右眼、面部、小腿多处被飞起的玻璃片划破，当即被送往医院救治。外伤缝合后，他的右眼因疤痕而闭合不全，角膜穿孔致疤痕形成，瞳孔呈不规则状，视力仅 0.4，需作角膜移植手术。法院审理认为，原告是一名 6 岁幼儿，无民事行为能力，根据有关法律规定，在幼儿园内其监管职能应由幼儿园承担，幼儿园违反有关规定，将啤酒带进园里并放在地上，使原告在玩耍时不慎碰倒，酒瓶爆裂致伤并留下残疾，幼儿园应负全部责任。因幼儿园不具备法人资格，其上级主管部门运输总公司应负连带赔偿责任。由于酒瓶倒地后才爆裂，又无足够证据证明产品有质量问题，故不予支持原告要求珍丰集团承担赔偿责任的请求。法院作出一审判决，判令被告幼儿园一次性赔偿人民币 16959 元，并由运输总公司负连带责任。

（三）情形三

幼儿园、教师有某些过失，但不构成事故原因，只是条件，这种情形，只需承担部分责任。

如果幼儿园、教师在工作中有某些过失，但这些过失不是构成幼儿人身事故的原因，而仅是发生事故的一种条件，则幼儿园、教师应该承担部分责任。所谓构成事故的原因指的是，直接造成事故后果、与事故结果具有必然的联系。而条件只是促成事故结果的发生，为事故结果的发生提供了可能性，与事故结果只有一般的联系，而没有必然联系。

相关链接

5 岁的荣海洋放学后和 4 岁的荣政等人一起在附近的幼儿园操场上玩。当荣海洋攀爬球架时，球架突然倒地，将站在球架底下的荣政当场砸死。其父母将幼儿园告上法庭，要求其赔偿。

我国《民法通则》第一百二十六条规定："建筑物或者其他设施以及建筑物上的搁置物、悬挂物发生倒塌、脱落、坠落造成他人损害的，它的所有人或者管理人应当承担民事责任，但能够证明自己没有过错的除外。"对于本案来说，被告能否证明自己没有过错是关键所在。由被告就免责事由进行举证，实行举证责任倒置，它不同于过错责任中的"谁主张，谁举证"的举证原则。在适用无过错责任时，原告只要举出损害事实及损害事实和被告的行为之间有因果关系即可，再由被告就存在的法定免责事由进行举证，被告不能仅仅证明他已尽到了注意义务或没有一般的过失就可以被免除责任。幼儿园的球架不是用来攀爬的体育设施，幼儿园的义务是维护球架的正常使用，而球架是在外力的作用下倒塌的。但是荣海洋和荣政是未成年人，对攀爬球架的后果没有预见性。根据民法规定，幼儿园作为球架的管理人负有管理本园设施以及教育幼儿的责任，因此不能推卸责任。法庭最后作出判决，被告幼儿园与荣海洋各支付金额不等的赔偿。

（四）情形四

直接由幼儿园、教师在工作中造成的人身事故，应由幼儿园、教师承担法律责任。

（五）情形五

对于因幼儿园管理失当等原因导致幼儿在园受到伤害，或者给他人造成损害的，幼儿园应承担部分责任。

（六）情形六

由于幼儿园、工作人员明知或应该知道自己的行为会造成较严重或很严重的损害后果，却违反职责规定行为，并造成事故发生的，应由行为人承担法律责任。

相关链接

某幼儿园食堂工作人员李某在一次例行体检中被发现为乙肝病毒携带者。园长张某知道这一情况后，认为病情并不严重，又考虑到他是自己的亲戚，遂未将其辞退或另行安排工作。在春末夏初时节李某患重感冒，乙肝病情发作，在感冒好了之后，李某隐瞒乙肝病发的事实，像往常一样到食堂上班。不久，幼儿体检时发现有30名学生同时被感染上了乙肝病毒。经有关部门调查，正是由李某乙肝传染所致。学生家长遂将幼儿园告上法庭。

责任认定：(1)园长张某明知却又没有及时将李某辞退，最终导致事故发生；(2)《食品卫生法》第二十六条规定："食品生产经营人员每年必须进行健康检查；新参加工作和临时参加工作的生产经营人员必须进行健康检查，取得健康证明后方可参加工作。凡患有痢疾、伤寒、病毒性肝炎等传染病(包括病原携带者)，活动性肺结核，化脓性或者渗出性皮肤病以及其他有碍食品卫生的疾病的，不得参加接触直接入口食品的工作。"因此，幼儿园对此事故依法承担全部责任。法院判决幼儿园对被感染上病毒的30名学生赔偿医疗费、交通费、护理费等约15万元。

(七) 情形七

对于在幼儿园园外发生的幼儿伤害事故，如果活动是由幼儿园组织的，并且幼儿园的确有过错的，则幼儿园应负法律责任。

相关链接

2011年4月初，A幼儿园与某旅行社签订合同，约定该校180名学生参加由该旅行社组织的某一日游活动，费用为每人55元。其后，幼儿园对幼儿和家长发出春游通知，并在出行前组织了安全教育。4月11日，幼儿园6个班共180名幼儿参加春游，旅行社派出导游，幼儿园则由20多名教师带队。到达春游景区后，部分教师把幼儿交给景区导游及其他教师后便自行活动，没有全程陪同、管理幼儿。下午集合时，一个风筝突然插入B幼儿的左眼。B幼儿为此多次就医，花去医药费2.6万余元，并最终落下了八级伤残。B幼儿家长起诉幼儿园侵权，认为幼儿园在组织学生春游过程中，正班主任未全程陪同幼儿，幼儿园未依法履行教育、管理、保护及预防幼儿发生人身安全事故的法定义务。A幼儿园则辩称，该幼儿园已明确告知家长，春游由旅行社以组团出游的方式承办，费用直接由旅行社收取，幼儿园仅仅起到协调作用，幼儿在旅行中发生的任何事故，均与旅行社有直接关系，因此应由旅行社赔偿B幼儿的损失。

责任认定：法院认为，签订旅行组团合同的双方当事人是A幼儿园与旅行社，幼儿B与旅行社之间并无合同关系，也不存在合同纠纷。根据我国《未成年人保护法》，幼儿园组织幼儿参加集体活动，应防止发生人身安全事故。A幼儿园在春游中没有尽到必要的注意义务，应对幼儿B的受伤承担全部责任。判决幼儿园应承担全部侵权责任，赔偿幼儿B13万余元。

以上列举了七种情形的幼儿园事故，各有其不同的情节。对幼儿园的幼儿人身事故，应以事实与法律为依据，具体情况要具体分析。必须严格区分有无过失、造成事故的原因与条件，以及工作中的失误、故意和一般的工作行为之间的原则界限。既不应混淆是非和责任，伤害幼儿园和教育工作者的积极性，也不能放纵违法行为。要分清法律责任，实事求是地妥善处理。那种把所有在园发生的人身事故或与教师有关的人身事故都归由幼儿园负责的想法和做法都是不对的。

练习题

1. 怎样理解幼儿教育法律法规的作用？
2. 幼儿园登记注册的条件有哪些？

3. 怎样理解幼儿园的法人地位?
4. 幼儿园事故责任认定有哪些原则?
5. 在下述案例中,幼儿园承担什么样的责任? 如果你是幼儿园园长,你会怎样处理这一事故?

幼儿在园发高烧抢救

A幼儿园是一新开的乡镇大型幼儿园。在九月份开学的第一天就发生了一件事故:小一班幼儿乐乐在下午四点时被教师发现发高烧了。按照幼儿园的制度,小一班生活老师第一时间把孩子带到了园办公室,打电话给家长,请家长接回。但是正在等待乐乐家长来接的过程中,乐乐突然被发现失去了知觉,而且口吐白沫。园长赶紧拨打120电话,请求医院派车过来抢救。乐乐十分钟后被送到了镇医院,通过抢救,慢慢恢复了知觉。大家终于松了口气,这时乐乐妈妈才赶到。后来乐乐住了一周医院才康复回家。住院过程中总共花了2348元。

幼儿园事后从乐乐家了解到,乐乐在上幼儿园前一天就在家得了感冒,并持续发低烧。爸爸妈妈在家里忙着打牌,让乐乐吃了点药就不理她了。第二天送乐乐上幼儿园时,乐乐爸爸也忘了给教师讲乐乐生病了,更没有带药到幼儿园让教师喂药。

主要参考文献

1. [荷]西科・范・吉尔德著,朱务诚等译. 全球品牌战略[M]. 上海:上海人民出版社,2008.
2. [美]Dorothy June Sciarra & Anne G. Dorsey 著,张咏等译. 幼儿园的开办与管理[M]. 北京:中国轻工业出版社,2003.
3. [美]Laverne Warner 等著,曹宇译. 幼儿园班级管理技巧 150[M]. 北京:中国轻工业出版社,2011.
4. [美]加里・德斯勒著,刘昕等译. 人力资源管理(第六版)[M]. 北京:中国人民大学出版社,1999.
5. [美]帕特丽夏・F・荷尔瑞恩等著,严冷等译. 幼儿园管理:儿童发展中心管理学(第五版)[M]. 上海:华东师范大学出版社,2007.
6. [美]斯蒂芬・罗宾斯等著,孙健敏等译. 管理学(第 7 版)[M]. 北京:中国人民大学出版社,2004.
7. 林荣瑞编著. 品质管理[M]. 厦门:厦门大学出版社,1996.
8. 陈海燕. 幼儿园社会课程实施的个案研究[D]. 西南大学,2008.
9. 方林主编. 新编新华词典[M]. 长沙:湖南人民出版社,2009.
10. 郭咸纲著. 西方管理思想史[M]. 北京:经济管理出版社,2009.
11. 何幼华主编. 幼儿园管理创意设计[M]. 上海:华东师范大学出版社,2006.
12. 黄崴主编. 教育法学[M]. 广州:广东高等教育出版社,2002.
13. 霍国庆编著. 企业战略信息管理[M]. 北京:科学出版社,2001.
14. 霍力岩著. 学前教育评价[M]. 北京:北京师范大学出版社,2004.
15. 江积海编著. 战略管理定位与路径[M]. 北京:北京大学出版社,2011.
16. 蒋璟萍著. 新经济时代的品牌理论[M]. 北京:中国社会科学出版社,2009.
17. 靳希斌编著. 教育经济学(第四版)[M]. 北京:人民教育出版社,2009.
18. 李季湄,肖湘宁著. 幼儿园教育[M]. 北京:北京师范大学出版社,2003.
19. 梁亚珠主编. 园长工作十万个怎么办[M]. 北京:北京少儿出版社,2009.
20. 刘冀生编著. 企业战略管理[M]. 北京:清华大学出版社,2003.
21. 刘苏主编. 现代幼儿园管理[M]. 广州:华南理工大学出版社,2003.
22. 陆德著. 新经济与信息主管(CIO)和信息管理战略[M]. 北京:中国水利水电出版社,2002.
23. 栾文彦. 民办幼儿园教师参与课程决策的个案研究[D]. 西南大学,2010.
24. 罗绍德主编. 非会计人员财务管理(第二版)[M]. 北京:清华大学出版社,2009.
25. 罗长国,胡玉智主编. 幼儿园管理[M]. 北京:高等教育出版社,2011.
26. 吕英著. 民办幼儿园的创办与管理[M]. 北京:学苑出版社,2010.
27. 毛波军主编. 财务会计[M]. 北京:高等教育出版社,2010.
28. 糜仲春著. 企业竞争性情报[M]. 重庆:重庆出版社,2001.
29. 莫寰,张延平,王满四等编著. 人力资源管理:原理、技巧与应用[M]. 北京:清华大学出版社,2007.
30. 秦明华,张欣主编. 幼儿园组织与管理[M]. 上海:复旦大学出版社,2008.
31. 孙葆森等著. 幼儿教育法规与政策概论[M]. 北京:北京师范大学出版社,1998.
32. 唐淑,虞永平主编. 幼儿园班级管理[M]. 南京:南京师范大学出版社,2007.
33. 陶金玲著. 民办幼儿园管理概论[M]. 天津:天津教育出版社,2010.
34. 王萍. 幼儿园课程实施现状与特征的个案研究[D]. 东北师范大学,2010.
35. 王普华主编. 幼儿园管理[M]. 北京:高等教育出版社,2010.
36. 王志成. 幼儿园园长课程领导的个案研究[D]. 西南大学,2007.
37. 萧宗六著. 学校管理学[M]. 北京:人民教育出版社,2001.
38. 谢秀丽编著. 幼儿园工作管理[M]. 广州:广东高等教育出版社,2000.
39. 邢利娅主编. 幼儿园管理[M]. 北京:高等教育出版社,2010.

40. 鄢超云著. 学前教育评价[M]. 北京:高等教育出版社,2010.
41. 杨再鹏主编. 幼儿园班级管理[M]. 北京:首都师范大学出版社,2008.
42. 张燕,邢利娅主编. 幼儿园管理案例及评析[M]. 北京:北京师范大学出版社,2002.
43. 张燕主编. 学前教育管理学[M]. 北京:北京师范大学出版社,1995.
44. 张燕著. 学前教育管理学[M]. 北京:北京师范大学出版社,2002.
45. 张燕著. 幼儿园管理[M]. 北京:北京师范大学出版社,1997.
46. 赵敏编著. 幼儿心理健康教育与教师心理健康[M]. 北京:首都师范大学出版社,2008.
47. 中国学前教育发展战略研究课题组编. 中国学前教育发展战略研究[M]. 北京:教育科学出版社,2010.
48. 周南主编. 幼儿园组织与管理[M]. 北京:北京师范大学出版社,1994.
49. 周三多,陈传明,鲁明泓编著. 管理学原理与方法[M]. 上海:复旦大学出版社,2003.
50. 朱家雄,张亚军主编. 给幼儿园园长的建议[M]. 上海:华东师范大学出版社,2010.
51. 蔡红梅. 幼儿园课程开发的内涵及特点分析[J]. 南京晓庄学院学报,2004(4).
52. 陈时见,严仲连. 论幼儿园的园本课程开发[J]. 学前教育研究,2001(2).
53. 丁文珍. 幼儿园事故及其法律责任承担[J]. 中华女子学院学报,2002(10).
54. 冯晓霞. 多元智能理论与幼儿园教育评价改革:发展性教育评价的理念[J]. 学前教育研究,2003(9).
55. 侯莉敏. 幼儿园整合性课程的思考与建构[J]. 早期教育,2002(8).
56. 姜勇,刘爱云. 幼儿园组织氛围的访谈研究[J]. 学前教育研究,2007(2).
57. 姜勇,刘霞. 当前我国幼儿园课程评价存在的问题与对策[J]. 教育导刊,2002(6).
58. 谢春姣. 浅论学前教育法律法规的作用[J]. 科教文汇,2008(6 上).
59. 许继红. 5S 管理在幼儿园中的综合运用[J]. 幼教园地,2010(4).
60. 杨明全. 试论中小学校长的课程领导[J]. 河南教育,2003(2).
61. 殷静,向建秋. 幼儿园课程实施的问题及对策[J]. 成都大学学报(教育科学版),2008(11).
62. 陈童. 以校讯通为平台,促进家园教育一体化的研究[EB/OL]. http://wenku. baidu. com/.
63. 董圣足. 我国学校法人类属及存在问题[EB/OL]. http://wenku. baidu. com/.
64. 沈旭红. 幼儿园安全监控的实施与思考[EB/OL]. http://www. cnsece. com/.
65. 王义熙. 大班幼儿身心发展的特点[EB/OL]. http://www. ankang06. org/.
66. 袁培华. 关于幼儿园网站建设的问题与建议[EB/OL]. http://www. etec. edu. cn/.
67. http://edu. pcbaby. com. cn/brain/hdf/1002/896940. html.
68. http://kt. wxjy. com. cn/e_showdiary. asp? diaryid=234&userid=127.
69. http://lp. hgxy. com. cn/Article/news_view. asp? newsid=1484.
70. http://news. 9ask. cnhtjfhtzs2011011036007. shtml.
71. http://www. 5ykj. com/Article/cygwgzzd/71769. htm.
72. http://www. ankang06. org/space/? action-viewgroup-itemid-1004155039.
73. http://www. edu. cn/20060712/3199459. shtml.
74. http://www. etec. edu. cn/.
75. http://www. heshanshi. gov. cn/show. asp? id=593.
76. http://www. hmdjsjy. com/web/ReadNews. asp? newsid=2111.
77. http://www. htxq. comneiwuUploadFiles_894320100420100430104831571. doc.
78. http://www. iwee. org.
79. http://www. jswl. cn/course/jyzcfg/09/09022. htm.
80. http://www. jy135. com/html/guanlizhidu/ywjy/2010/0409/26804. html.
81. http://www. moe. edu. cn/.
82. http://www. rajyj. com/showarticle. aspx? ID=1628.
83. http://www. wohoedu. com/Web/d_0DC2019C_doc. html.
84. http://www. xmyey. cn/ReadNews. asp? NewsID=1650.
85. http://www. yr. jmw. com. cn/jingyingjiqy/93769. html.
86. http://www. zgjyrz. com/news_show. asp? pid=3658&ping=.
87. http://yuanzhang. yojochina. com/guanli/2010091461658. html.

后　记

《幼儿园经营与管理》在炎热的夏日定稿了。编写本教材的初衷来自于我给本科生上课选教材时窘迫的感受。编一本具有管理实践意义的教材，一直是我的期望。在华东师范大学出版社赵建军君的鼓励、协助下，本书编写终于启动。教材酝酿与编写过程前后耗时良久，其间的辛苦也只有经历过才可体会。

本教材是集体劳动的结晶。教材编写工作是由浙江师范大学发展规划处蔡连玉副教授组织，并领导团队一起完成的。具体编写分工情况是：第一、第九章：蔡连玉、张建琴；第二、第五、第七章：蔡连玉、胡敏；第三章：蔡连玉、黄芳琳；第四、第六章：蔡连玉、傅书红；第八章：蔡连玉、邹莹；第十章：蔡连玉、袁允；第十一章：蔡连玉、张磊；第十二章：蔡连玉、蔡婷婷。全书体系设计、统稿等工作由蔡连玉承担。非常感谢我的编写团队，其中有我的研究生，还有同样讲授本门课程的年轻教师。教材编写在当前高校激励体系的背景下，往往会大家全无动力，但是它毕竟是课程建设的关键所在。所以要感谢与我一起执著前行的年轻教师和研究生，我们在编写过程中也得到了进一步的成长！

编辑朱建宝为本书的出版付出了辛勤劳动，诚挚感谢！在编写过程中，我本人经历了工作上的调动，是浙江师范大学的杨天平教授、眭依凡教授、王宪平博士给予我鼓励和人文关怀，使我能够来到尖峰山下，坐拥国内最为开放的图书馆，静心工作。编写过程中，使用了与幼儿园经营与管理相关的已有成果，特此向有关人士致谢！

在教材编写过程中，我们坚守的一个宗旨是：简洁、全面。本教材可供高中后职教生、本专科生、研究生使用。对当前的幼儿教育实践，我们有着许多忧虑。一是师资教育上的“技能化”。幼儿教师对幼儿本应有的爱心被技能所遮蔽，得不到重视。另一是幼儿教育“小学化”。这一做法更是对幼儿想象力、创造性的虐杀。所以，教材中我们介绍了国外华德福、瑞吉欧的一些教育理念，希望我们的幼儿教育举办者和管理者能够重点关注这一问题，给幼儿以真正的童年，像农民种庄稼一样做幼儿教育，遵循幼儿的身心特点，让幼儿慢慢成长。这是语文大家吕淑湘几十年前给我们的教导，也是（幼儿）教育的根本规律。

教材中肯定有需要改进之处，敬请读者和专家批评指正。如果本教材能够对当前我国幼儿教育的师资和管理人员培养，以及幼儿园实践作出一点点贡献，我们将备感开心！

蔡连玉

2012 年 7 月 8 日于尖峰山下

图书在版编目(CIP)数据

幼儿园经营与管理/蔡连玉主编. —上海:华东师范大学出版社,2013.3
ISBN 978-7-5675-0460-8

Ⅰ.①幼… Ⅱ.①蔡… Ⅲ.①幼儿园—组织管理—教材 Ⅳ.①G617

中国版本图书馆 CIP 数据核字(2013)第 053606 号

高职高专学前教育专业系列教材
幼儿园经营与管理

主　　编　蔡连玉
责任编辑　吴海红
责任校对　王丽平
封面设计　陆　弦
封面作品　陈晓鸣

出版发行　华东师范大学出版社
社　　址　上海市中山北路 3663 号　邮编 200062
网　　址　www.ecnupress.com.cn
电　　话　021-60821666　行政传真 021-62572105
客服电话　021-62865537　门市(邮购)电话 021-62869887
地　　址　上海市中山北路 3663 号华东师范大学校内先锋路口
网　　店　http://hdsdcbs.tmall.com

印 刷 者　上海市崇明县裕安印刷厂
开　　本　890×1240　16 开
印　　张　9
字　　数　265 千字
版　　次　2013 年 12 月第一版
印　　次　2018 年 9 月第六次
书　　号　ISBN 978-7-5675-0460-8/G·6288
定　　价　27.00 元

出 版 人　王　焰